本书获以下基金项目支持：

1. 教育部语合中心国际中文教育研究项目"印尼本土中文教师梯队建设和人才库动态构建研究"（21YH39D）

2. 中国高等教育学会引进国外智力工作分会2022年度高等教育科学研究规划课题"'一带一路'倡议下中国高校印尼办学机遇与推进策略研究"（22YZ0406）

3. 宁波大学教改项目"基于OBE理念的国际中文教育课程内容设计及考核体系研究"（JYXMXYB2021025）

4. 浙江省国际学生国情教育名师工作室

"一带一路"
国际中文人才培养模式研究

基于复杂动态理论视角

郭旭 著

中国社会科学出版社

图书在版编目（CIP）数据

"一带一路"国际中文人才培养模式研究：基于复杂动态理论视角／郭旭著. —北京：中国社会科学出版社，2023.11
ISBN 978-7-5227-2659-5

Ⅰ.①一… Ⅱ.①郭… Ⅲ.①高等学校—中文—人才培养—培养模式—研究—中国　Ⅳ.①H19

中国国家版本馆 CIP 数据核字（2023）第 191679 号

出 版 人	赵剑英
责任编辑	安　芳
责任校对	张爱华
责任印制	李寡寡

出　　版	中国社会科学出版社
社　　址	北京鼓楼西大街甲 158 号
邮　　编	100720
网　　址	http://www.csspw.cn
发 行 部	010-84083685
门 市 部	010-84029450
经　　销	新华书店及其他书店

印　　刷	北京明恒达印务有限公司
装　　订	廊坊市广阳区广增装订厂
版　　次	2023 年 11 月第 1 版
印　　次	2023 年 11 月第 1 次印刷

开　　本	710×1000　1/16
印　　张	17.25
插　　页	2
字　　数	268 千字
定　　价	89.00 元

凡购买中国社会科学出版社图书，如有质量问题请与本社营销中心联系调换
电话：010-84083683
版权所有　侵权必究

目　　录

第一章　绪论 …………………………………………………（1）
　第一节　选题缘由 ……………………………………………（1）
　第二节　概念界定 ……………………………………………（5）
　第三节　研究综述 ……………………………………………（8）
　第四节　研究方法 ……………………………………………（33）
　第五节　研究问题 ……………………………………………（39）

第二章　复杂动态理论下"一带一路"人才培养模式研究………（53）
　第一节　"一带一路"国际中文人才培养模式复杂性特征 ………（53）
　第二节　复杂动态理论下"一带一路"国际中文人才培养
　　　　　系统分析 ……………………………………………（64）
　第三节　复杂动态理论下"一带一路"国际中文人才培养
　　　　　模式构建 ……………………………………………（75）

第三章　"一带一路"国际中文人才培养宏观模式研究…………（80）
　第一节　国际中文人才培养模式建构的理论分析 ……………（81）
　第二节　"一带一路"国际中文人才培养面临的挑战 …………（84）
　第三节　"一带一路"视野下国际中文人才培养模式 …………（89）
　第四节　"一带一路"国际中文人才需求分析 …………………（92）
　第五节　"一带一路"国际中文人才培养模式要素分析 ………（109）
　第六节　"一带一路"国际中文人才培养模式构建 ……………（123）

第四章 "一带一路"国际中文人才培养中观模式研究 …… (133)
 第一节 "一带一路"东南亚中文人才培养模式研究 …… (135)
 第二节 "一带一路"西亚北非中文人才培养模式研究 …… (156)
 第三节 "一带一路"中亚中文人才培养模式研究 …… (183)
 第四节 "一带一路"南亚中文人才培养模式研究 …… (192)
 第五节 "一带一路"中东欧中文人才培养模式研究 …… (208)
 第六节 "一带一路"独联体中文人才培养模式研究 …… (218)

第五章 "一带一路"国际中文人才培养模式微观研究
  ——以印度尼西亚为例 …… (228)
 第一节 "一带一路"倡议下的印尼中文人才培养 …… (230)
 第二节 "一带一路"中国—印尼经贸投资大数据分析 …… (236)
 第三节 "一带一路"印尼中文人才培养要素分析及模式构建 …… (239)

第六章 结论 …… (242)
 第一节 研究结论 …… (242)
 第二节 模式的应用 …… (243)
 第三节 局限与展望 …… (246)

参考文献 …… (248)

后　记 …… (271)

第一章

绪　论

第一节　选题缘由

　　面对国际问题的新挑战和全球化治理赤字，习近平总书记 2013 年提出"一带一路"倡议，截至 2022 年，倡议的提出得到了全球 6 大地区至少 65 个国家和地区的响应、支持和参与，以"五通"为桥梁建设人类命运共同体，无论是促进新常态下全球经济的繁盛，还是推动多元文化共兴、促进文明互鉴交流方面，都取得了令人瞩目的实质性的成果。这是中国面对当今世界复杂深刻的变化、国际金融危机深层次影响显现、世界经济发展分化、国际投资贸易格局和多边投资贸易规则酝酿深刻调整的情况下提出的中国解决方案，人类命运共同体凝聚世界各国理念共识，[①]"一带一路"倡议则是将人类命运共同体的理念付诸行动的伟大实践。[②]

　　国际金融中心（IFF）2019 年对 30 个具有代表性的国家和地区的中央银行进行调查，结果显示 85% 受访央行认为"一带一路"倡议项目至关重要，44% 央行认为"一带一路"千载难逢，35% 央行正在建设合作机制，100% 受访央行认为"一带一路"项目会带来确定性的经济增长，

[①] 赵柯：《"一带一路"：为人类命运共同体建设提供理念领导力》，中国网，2017 年 7 月 19 日。http://opinion.china.com.cn/opinion_95_168395.html。

[②] 陈须隆：《"一带一路"建设是构建人类命运共同体的伟大实践》，《求是》2018 年 8 月。http://www.qstheory.cn/dukan/qs/2018-04/15/c_1122669693.htm。

并且不会受到中美贸易战有关政治压力的影响。① 国家信息中国的"一带一路"大数据年度报告及贸易报告的统计数据,全球舆论对"一带一路"建设的积极情绪也提升近 10 个百分点。②

我国与"一带一路"沿线国家的直接投资和贸易合作取得了非常大的进展。根据国家统计局 2022 年 2 月发布的统计公报显示,2021 年中国对沿线国家进出口总额达到了 11.6 万亿元,较上一年增长 23.6%,较同期我国外贸整体增速高出 2.2 个百分点,年增长率达到了 7.5 个百分点。其中进出口、服务进出口增长显著;对"一带一路"沿线国家直接投资、对外承包工程呈现出稳中求进的态势;对沿线国家输出劳动力,即劳务合作派出近五十万人。③ 另外,根据国家信息中心、"一带一路"大数据中心、中国海关公布的数据,截至 2021 年,我国与"一带一路"沿线国家产业链供应链合作更加密切,能源、农业、矿产等领域合作向好,是民营企业表现活跃,2021 年民营企业对"一带一路"沿线国家进出口 6.21 万亿元,增长了 25.6%。④

"一带一路"倡议让中国产业依国别需求走出国门,全方位服务世界各国的经济建设,在这个过程中人才无疑起着支撑和促进作用。"一带一路"建设为中文复合型人才培养带来巨大机遇的同时,也对人才培养模式提出了新的挑战和要求。如何更好地为沿线国家提供合格的国别化中文人才?如何根据"一带一路"需求更具针对性地培养"中文+专业"的复合层次人才?如何克服与沿线国家合作时带来的文化、经济、宗教、哲学、法律、劳务和教育等一系列问题?这些都是必须解决的核心问题。

"一带一路"为区域教育的大开放、大交流和大融合提供了大契机,⑤中国对"一带一路"沿线国家的贸易投资是物质基础,也是教育区域融

---

① 国际金融中心(IFF):《中国报告(2019)》。
② 国家信息中心、"一带一路"大数据中心:《"一带一路"大数据报告(2018)》第 9 页。
③ 国家统计局:《2019 经济和社会发展统计公报》,《人民日报》2020 年 2 月 29 日,第 5、6、7 版。
④ 国家信息中心、"一带一路"大数据中心:《"一带一路"大数据报告(2018)》,商务印书馆 2019 年版,第 9 页。
⑤ 教育部:《推进共建"一带一路"教育行动》,教外〔2016〕46 号,http://www.moe.edu.cn/srcsite/A20/s7068/201608/t20160811_274679.html。

合发展的现实需要。作为建设人类命运共同体的"一带一路"倡议的呼应，中国教育部签发的文件《推进共建"一带一路"教育行动》（以下简称《教育行动》）基本确定了今后教育合作和人才国际化培养的方向。截至 2021 年 11 月底，中国政府已与 143 个国家和 32 个国际组织签署 200 余份合作文件。[①]"一带一路"倡议显示出越来越强大的生命力。

《教育行动》设计了教育政策沟通、教育合作渠道畅通、促进沿线国家语言互通、推进沿线国家民心相通和推动学历学位认证标准连通等"教育行动五通"，在这五个重点举措当中，除了第一条是政策性的沟通之外，紧接着就是把语言的互通列为首要解决的问题，毋庸讳言，互通的首选语言是汉语，尤其是在大部分属于发展中国家的"一带一路"，在英语为第一语言的新加坡也是如此，中文是他们的第二语言。作为互学互通、文明互鉴、相互合作的手段之一，中文国际传播的意义得以彰显，它不但建立在中国十几年中文国际传播的深厚基础之上，还深深扎根于中国和"一带一路"沿线国家深入务实合作的土壤中。因此，"一带一路"国际中文教育共同体建设作为教育部《教育行动》的重要组成部分，也是中国"一带一路"倡议落实的优先工作方向和现实需求。

教育部文件《教育行动》的核心是为"一带一路"在沿线国家的建设培养人才，因为经贸合作和人才培养是"一带一路"建设发展的鸟之双翼、车之两轮落实到为"一带一路"建设铺路搭桥语言方面，语言互通是"五通"的基础，"一带一路"国际中文人才培养则其管籥之所在，人才问题既是中国企业海外拓展的关键要素，也是"一带一路"沿线国家与中国合作进行经济建设的重要议题。

倡议从提出到今天，国际中文人才培养的一系列愿景已经开始显露实绩，各种教育合作计划、人才培养计划逐步实施，政府设立的各级奖学金也相继到位；"一带一路"人才培养专著《国别化人才需求与人才培养研究》很早对此问题做了积极的探索，该书作者郑通涛教授 20 世纪 80 年代就开始在中国首倡复杂动态理论，而后将之运用在"一带一路"人才培养研究领域，取得了丰硕的成果，为本研究提供诸多有益的启发和

---

① 中国"一带一路"网，https：//www.yidaiyilu.gov.cn/。

借鉴。① 但是就目前实际情况而论,"一带一路"建设人才需求与中国和沿线国家当前人才培养模式之间存在着明显的脱节问题,重视人才培养模式的改革和创新是培养杰出人才的关键。②

目前,学界对中文的国际传播和国际中文人才培养的研究深入而且细致,但是站在系统的层面,对国际中文人才培养模式的研究则显得有些单薄,有的学者提出加强孔子学院的功能并扩大其影响,作为国家形象代表的孔子学院更像是一个政府机构,不可能应对所有人才培养的复杂状况;还有的学者提出建立高校联盟,甚至建立国际中文教育共同体,③ 推进学分互认等一体化进程,但是这仅仅从一国的政策出发做出的战略推演,仅仅停留在可能的顶层设计阶段,尽管已经确立了一些保障性措施,就国际中文人才培养的效果而言尚无确切的有效性保证。

本书的目的正是针对于此而逐步展开的,面对着十几年来林林总总中文国际传播和中文相关人才培养方面在国际范围内的广泛实践,他们为国际中文人才培养模式的构建提供了深厚的基础。从普遍的国际中文人才培养实践中提取人才培养模式并非难事,真正的困难之处在于何以保障国际中文人才培养模式的适用性和有效性,它深深根植于各国的语言政策、政治经济、语言文化、交流合作、地域风俗、学习者特征等因素之中。因此,在实际的操作上,需要通过对"一带一路"建设大数据分析,以国际中文人才的现实需求为导向和驱动,实现中国和"一带一路"沿线国家人才培养各界的紧密合作,促进"一带一路"国际中文人才培养的规划和推进;在全球化的背景下对人才的国际化培养进行顶层设计,构建人才培养的区域化模式和国别化模式,探索人才国际化培养的普遍规律;与此同时,还需在宏阔的全球化节奏中认真总结真实有效的语言人才培养成功典范,条分缕析、吸取借鉴,从而构建出真实而有效的"一带一路"国际中文人才培养模式,为中国新时期人才的国际化

---

① 郑通涛:《"一带一路"国别化人才需求与人才培养研究》,世界图书出版公司2018年版。

② 董泽芳、邹泽沛:《常春藤大学一流本科人才培养模式的特点与启示》,《高等教育研究》2019年第10期。

③ 李化树:《中国—东盟高等教育共同体建设行动框架》,社会科学文献出版社2017年版。

培养提供理论参考和培养借鉴。

"一带一路"重点建设的"五通"在各个专业和层面广泛展开,新的形势对中文人才的内涵和培养方式提出了新的要求,当前的中文国际化人才培养模式则显得较为薄弱和单一,急需培养模式的转型和创新发展。在这些急需的国际化人才培养中,中文教学成为首要的和最基本的语言培养环节,"一带一路"视野下的国际中文人才培养模式要立足全球视野,借鉴英语、法语、德语、日语在全球范围内人才培养的有效模式,结合有史以来汉语人才培养的成功典范,根植中文国际传播所在的国情和地域特点,以与如"一带一路"沿线国家和地区的合作发展、互鉴交流等现实需求为基础,在坚实而系统的调查分析基础上重新确定"一带一路"国际中文人才的培养要素、培养模式和培养机制。

第二节 概念界定

一 国际中文人才

2018年12月在第13届孔子学院大会上,时任国务院副总理孙春兰发表主旨演讲,重点强调推动孔子学院高质量发展,为构建人类命运共同体贡献力量,其中最主要的内容除了在教学方法和教学质量评估提出创新的要求之外,主要集中在提出"汉语+项目"的重要议题,另外,其对促进中国和世界各国合作办学提供了政策上的引导,鼓励各国各界发挥优势所长,为世界各国的积极发展以及中国和沿线各国共建的"一带一路"提供人才支撑,最终的目的是构建国际中文教育共同体。大会明确提出了打造"汉语"为引领的"+"各领域各层次人才,并阐述了合作办学、课程设置、平台建设、培养过程等基础性问题。

"汉语+"新型国际中文人才的培养实际上是对近年来学界一直讨论的"语言+"型汉语人才的一种回应,更明确地将语言锁定在汉语上。以孔子学院为代表的人才培养模式就是"语言教学+器用文化"[1],以

---

[1] 胡范铸、陈佳璇、张虹倩:《目标设定、路径选择、队伍建设:新时代汉语国际教育的重新认识》,《世界汉语教学》2018年第32期。

"五通"为重点的"一带一路"建设需要对国际中文人才培养提出更高要求,跨学科、跨语言、跨文化、跨国界的"中文+专业"型人才的融合培养成为新的命题,这种"中文+专业"型人才实际上就是"一带一路"倡议下的中文复合型人才,这正是著者提出"一带一路"国际中文人才的重要意涵。事实证明,共建"一带一路"不仅为世界各国发展提供了新机遇,也为中国开放发展开辟了新天地。2019年12月9日,国际中文教育大会在长沙开幕,再次强调国际中文教育的重要议题,提出了市场化运作的概念,重申国际中文人才的培养要适应本土化需求、适应国际发展的趋势,把建设世界高水平并且又开放包容的中文教育体系作为工作的目标。这些政策的出台不但规定了"中文"概念的内涵,也为"一带一路"国际中文人才的系统培养提供了政策依据。

二　人才培养模式

人才培养模式是根据人才培养的目标和需求而制定出具有一定周期的系统性计划,包括人才培养的理念和目标、主客体、路径发展和制度模式等要素。① 落实到"一带一路"国际中文人才培养模式上来,主要包括两个方面的内容:首先是为什么培养?其次是怎样培养?为什么培养涉及培养理念和目标问题,它是促进人类命运共同体建设,服务于"一带一路"具体建设工作;怎样培养包括培养主体、培养内容、培养方式、培养评价等内容。② "一带一路"国际中文人才培养的主体不但包括服务于"一带一路"建设的学生,还包括在地培养这些学生的师资力量;培养内容已经超出了汉语本身,包括外语、专业技能以及交际能力等方面的培养,概括起来就是"中文+";培养方式方面,学分互认、证书融通等国际的紧密合作是大势所趋,跨文化、跨学科、跨校园多元化培养成为新的主流;政府引导、高校落实、企业反馈、智库研究等共同组成人才培养评价队伍,实践和理论的紧密结合建立起完善的人才培养评价体

---

① 董泽芳:《高校人才培养模式的概念界定与要素解析》,《大学教育科学》2012年第3期。

② 聂建峰:《关于大学人才培养模式几个关键问题的分析》,《国家教育行政学院学报》2018年第3期。

系。通过这一系列的过程构建起"一带一路"国际中文人才培养模式。

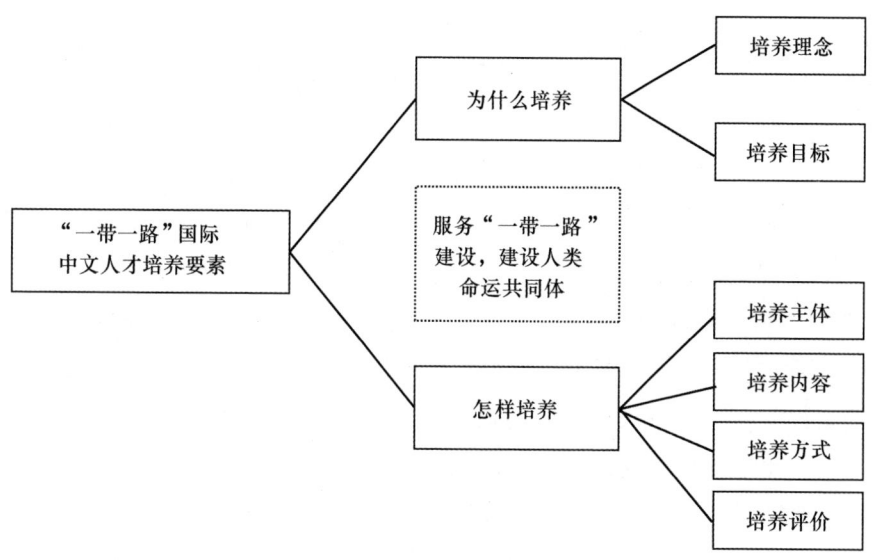

图 1-1 "一带一路"国际中文人才培养要素

"一带一路"建设的不断推进产生了大量的人才缺口,人才的匮乏对中国高等教育提出了新的挑战。以人才需求类型、地域分布、素质特征为出发点,基于"一带一路"建设需要提出的中文复合型人才培养模式包含如下六个要素:1. 培养理念。人才培养需要树立"全球观"理念和"全人类"的格局感,契合建设人类命运共同体愿景;2. 培养目标。人才培养的直接目标是为"一带一路"建设提供人才支撑;3. 培养主体。高校不再是新形势下人才培养的唯一主体,而是转变成中外政府、高校、智库、企业和社会组织等组成的联合体;4. 培养内容。建立在现状调查之上的培养内容,以提升学生的汉语交际能力为主,同时融合"一带一路"所需的专业知识,落实"中文+"的政策方针;5. 培养方式。"一带一路"沿线国家不同国情要求人才培养要以国别化的方式进行;6. 培养评价。在满足国际人才培养五个标准的前提下,人才培养评价体系由多方参与建设而成,从而保障人才培养质量;模式还需借助大数据挖掘、数据库建设、AI 技术等手段,提高人才培养效率。最终构建起以需求为导向的"一带一路"国际中文人才培养模式，为"一带一路"教育共同体建设工作提供学理支撑和应用借鉴。

第三节 研究综述

一 "一带一路"倡议下国际中文人才内涵研究现状

要研究"一带一路"国际中文人才培养模式的构建问题，必须先厘清"一带一路"国际中文人才的概念及其内涵。通观现有关于这个议题的国内外研究成果，围绕本文研究的重点，经过详细的梳理之后，立足研究的前沿成果，对探讨本书中心研究议题则大有裨益。因此，本书对于文献梳理的思路从最核心的概念开始，首先讨论人才的定义是什么，考察人才定义的深层意涵是什么，通过这个深层的意涵和时代发展的要求过渡到国际中文人才的定义和要求是什么，最后对"一带一路"国际中文人才的要求和内涵进行重新定位，必须先讨论清楚这个中心概念，才有可能在此基础上讨论如何培养及培养模式的问题。厘清国际中文人才培养模式的历史轨迹以及现阶段"一带一路"国际中文人才培养模式的最新尝试及成果，最后落实到"一带一路"国际汉语教育共同体的中心议题上来，通过对上述问题的探讨和分析，总结出现阶段"一带一路"国际中文人才培养的问题，为下文解决这个问题做好铺垫。

（一）关于人才定义的研究

关于人才定义的讨论，这是个既古老又现代的问题，从人类社会形成以来一直伴随着对人才的渴求，然而随着时代的变迁，人才的内涵和要求因时因地而变，因此，在讨论"一带一路"国际中文人才培养模式这个大问题之前，首先挖掘出当代人才定义的深层意涵。

《辞海》对人才的定义是"有才识学问的人，德才兼备的人"[①]。人才概念和内涵的早期讨论主要集中于人才的品德、创造、才能与贡献，这只是对人才特质的基本概念性的界定，总体上来看缺乏系统而层次性的划分，关于这个问题，曾砥平等（2000）从系统工程的角度思考，认

---

① 辞海编辑委员会：《辞海》，上海辞书出版社1979年版。

为人才的核心是知识（Knowledge）、能力（Ability）、素质（Quality），并对这些能力进行分层分析：①

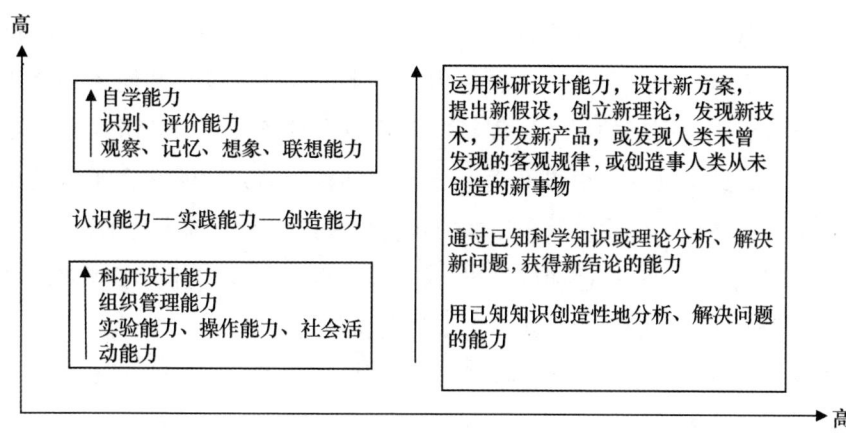

图1-2 人才能力结构图

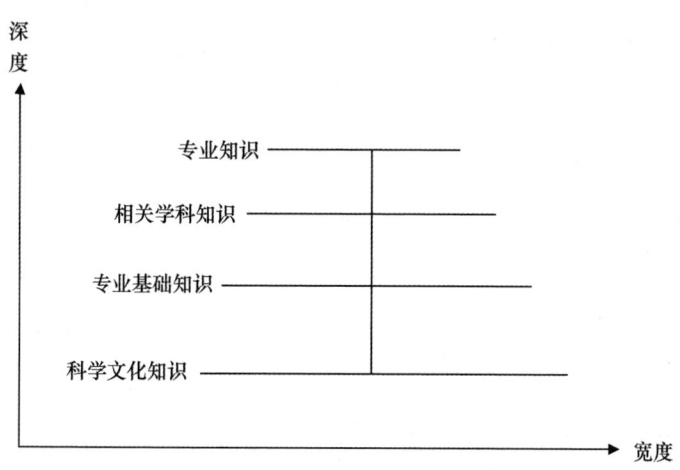

图1-3 人才知识结构图

---

① 曾砥平等：《KAQ 的结构内涵与高层次人才培养》，《学位与研究生教育》2000 年第 3 期。

他们对素质的探讨则显得比较笼统且形而上，就国际化人才的内涵而言，国内外学者从不同角度进行了诠释，包括兼容并包精神、人文情怀和专业技能等，甚至包含健康的体魄等内容。随着时代的发展和科技的进步，对人才的创新能力也备受关注，朱晓妹等（2013）认为，创新型人才是指具有创新意识和创新能力，从事创新性活动，并能为社会和组织创造价值和贡献的人才。创新型人才通常具备较高的学历或专业知识、技能，其本身具有很强的学习能力和创新能力，能够在企业的成长过程中根据环境的变化，运用良好的自我应变能力来对其自身加以调整，从而更好地应对各种机遇和挑战。[1] 陈权等（2015）也对此作了呼应，提出了拔尖创新人才的概念，并建立其测度和理论模型。

还有研究者根据职能和层次对人才进行了分类定义，将人才划分为应用型人才和理论型人才，潘懋元等（2009）认为人才应该是在一定的理论和行业规范之下，将抽象的知识转化为具体工作内容的一类的总称。[2] 王威（2017）运用德尔菲法分析应用型创新人才内涵，强调人才的专业能力、社会能力和方法能力。[3] 师慧丽（2017）概括技能型人才包含职业操守、决策能力、创新精神和社交能力。[4] 对人才专业型、学术型和职业型的划分是社会大分工的必然结果，在一段历史时期内能够解释人才的内涵并以此确定培养路径，但是随着技术的进步，各个学科之间呈现出了跨学科的现象，对人才的要求也从单一型转变为复合型，杨会（2017）将"互联网+"和创新、创意和创业的"三创"人才进行叠加式研究。[5]

这里所谈论的"人才"这个词是中国特有的概念，通常意义上泛指

---

[1] 朱晓妹、林井萍、张金玲：《创新型人才的内涵与界定》，《科技管理研究》2013年第1期。

[2] 潘懋元、石慧霞：《应用型人才培养的历史探源》，《江苏高教》2009年第1期。

[3] 王威：《基于德尔菲法的应用型创新人才内涵特征实证研究》，《中国成人教育》2017年第18期。

[4] 师慧丽：《工业4.0时代技术技能型人才：内涵、能力与培养》，《职业技术教育》2017年第38卷总第866期。

[5] 杨会：《"互联网+"时代的"三创"人才：内涵、特征及培养路径——以数字媒体艺术专业为例》，《教育理论与实践》2017年第37卷第3期。

才华出众的人,全国人才工作会议以发布中央文件的方式也对人才概念进行了基本层面的表述,即"只要具有一定的知识或技能,能够进行创造性劳动,为推进社会主义物质文明、政治文明、精神文明建设,在建设中国特色社会主义伟大事业中作出积极贡献,都是党和国家需要的人才"。通过对人才定义和概念的梳理,可以清晰地看到人才内涵从多元向专业再向复合发展的轨迹,总之,在"一带一路"背景之下的人才素质要求掌握专业知识和多语种表达能力,还要熟悉掌握国际惯例,具有宽广的国际化视野和强烈的创新意识,还需要在国际舞台上有独立工作能力等不同层面,顾伟勤、梅德明(2008)概括为"国际视野、国际情怀、国际知识"(world vision, world passion, world knowledge)。

(二)国际中文人才内涵研究

随着中国成为世界第二大经济体,中国的道路自信和文化自信扎实地建立起来,与之相呼应的是软实力的建设迫切需求,汉语"走出去"的国家方略也应运而生,从2003年至今十几年的国际汉语传播实践,全球500多家孔子学院的国际汉语教育探索,站在人才培养的角度汇总起来,都在指向一种新型的人才标准,即是在上节已经论述过的综合型人才,如果再加上国际中文的因素,便是综合型国际中文人才。

2007年国务院学位委员会学位办召开了全国汉语国际教育硕士专业学位教育指导委员会大会,通过了《汉语国际教育硕士专业学位研究生指导性培养方案》,其中关于该学位的培养目标的要求,国际汉语人才是胜任汉语作为第二语言教学的高层次、应用型和复合型专门人才。此专业的学位获得者应具有中文及中华文化的相关知识、熟练使用中文为第二语言、可以满足交际需要的外语水平和必要的跨文化交际能力。彭兰玉、郭格(2016)认为汉语教育国际人才应该是集汉语功底、外语功底、心理素质、课堂组织技能、研究能力、预测能力、应急能力、课件能力、管理能力、文化技艺、外语教学知识、中国学知识、百科知识于一身的综合性人才。[①]

---

① 彭兰玉、郭格:《汉语教育国际人才培养的视野构架、细节构架》,《湖南社会科学》2016年4月。

杨吉春（2015）认为国际汉语人才应该是集掌握专业基础知识和基本技能的"知"、把知识和技能运用到具体的实践活动当中的"行"和具有研究意识和一定的研究能力并在实践活动中发现问题、思考问题和解决问题的"研"等三者相结合的实践型人才。① 吴勇毅（2012）认为国际汉语人才必须精通汉语和外语的"双语"能力、中外文化兼修的"双文化"素养、汉语作为第二语言/外语的教学能力和中华文化国际传播能力的"双能力"。② 赵世举（2015）将语言能力上升到国家实力的层面，语言人才应具备应用能力、教学和研究能力以及语言资源开发能力。③ 当然，吴勇毅和赵世举是立足国际化的环境，单纯从对外汉语教学和研究的角度论述国际中文人才概念的。

钱玉莲（2014）把人才规格概括"三型一化"：跨学科复合型、实践性应用型、研究性创新型和跨文化国际化人才。④ 沈骑（2017）认为国际汉语人才应具备精通外语、通晓国际法，对国际经济贸易金融、科学技术状况、法律法规制度熟悉，了解对象国的民族文化、宗教习俗，拥有国际视野的高层次能力，是"精通多种语言的'语型'人才、精通'专业+外'的'复合型'人才以及精通国际区域与国别问题的'研究型'人才"⑤。

通过以上关于国际中文人才素质能力要求种种论述的梳理，我们发现国际中文人才的内涵是因时而变的，紧随国家发展的大方向，国家发展所要求即是人才内涵所需，从国家进行文化软实力构建，汉语作为国家软实力的重要组成部分进行国际社会的传播，不但是交流工具，更是

---

① 杨吉春：《汉语国际教育专业本科"知—行—研"人才培养模式探索》，《民族教育研究》2015年第26卷第1期。
② 吴勇毅：《孔子学院与国际汉语教育的公共外交价值》，《新疆师范大学学报（哲学社会科学版）》2012年第33卷第4期。
③ 赵世举：《全球竞争中的国家语言能力》，《中国社会科学》2015年第3期。
④ 钱玉莲：《"三型一化"汉语国际教育本科专业人才培养方案的探索》，《中国大学教学》2014年第6期。
⑤ 沈骑：《"一带一路"倡议下的中国语言规划的五大任务》，《光明日报》2017年5月7日。

文化交流的重要先行力量,[1] 陆俭明（2015）还把国人形象的塑造也包括进来。[2] 随着国家的发展，汉语人才承担的职能越来越多，也就决定了国际中文人才的内涵和要求从单纯的语言教学和研究之外，还必须加上专业的因素，这也呼应了国务院学位办公室规定的"语言+专业"复合型人才的要求。

（三）"一带一路"国际中文人才研究

从 2013 年起中国提出"一带一路"倡议到 2017 年在北京召开"一带一路"高峰论坛，"一带一路"的工作正稳步有序地深入开展，李宇明（2015）认为"一带一路"需要语言铺路和服务，[3] 围绕"一带一路"重点建设的"五通"之中，陆俭明（2016）认为语言互通是"五通"的基础。[4] 通过这些专家的论述可以发现，在"一带一路"倡议的大举措中，既然语言的地位如此重要，那么什么样的人才才符合"一带一路"的要求呢？"一带一路"国际中文人才又究竟有哪些内涵？关于这些问题，学者们立足不同的层面和领域展开了深入的讨论。早在"一带一路"倡议提出之时，文秋芳（2014）在教育部的资政报告中已经阐述"一带一路"小语种国家需要的人才标准是复合型"语言+专业技能"。[5] 赵世举（2015）论述道"一带一路"建设会带来大量工程技术人员、经贸人员、交通运输人员、法律政治人士、文学艺术工作者、历史地理研究者等跨国工作或在本国从事国际业务，因而，就这些人士而言，不仅需要过硬的专业知识和业务能力，而且需要掌握工作目标国家和地区的语言，"外语+专业"的复合型人才是必然需求。[6] 邢欣、张全生（2016）在对

---

[1] 周泉：《汉语搭桥"一带一路"的文化战略意义》，《新闻战线》2017 年 2 月（下）。
[2] 陆俭明：《汉语国际教育与中华文化国际传播》，《同济大学学报（社会科学版）》2015 年第 26 卷第 2 期。
[3] 李宇明：《"一带一路"需要语言铺路》，《人民日报》2015 年 9 月 25 日第 7 版。
[4] 陆俭明：《"一带一路"建设需要语言铺路搭桥》，《文化软实力研究》2016 年第 2 期第 1 卷。
[5] 文秋芳：《亟待制定"一带一路"小语种人才培养战略规划》，《教育部咨政报告》2014 年。
[6] 赵世举：《"一带一路"建设的语言需求及服务对策》，《云南师范大学学报（哲学社会科学版）》2015 年第 47 卷第 4 期。

"一带一路"中国企业在中亚国家的走访中发现其对人才的要求为：一是具备专业领域知识和双语或多语能力；二是具备跨文化交际与人际沟通能力；三是具有应变突发事件和吃苦实干的能力。[①]

徐琳、胡宗锋（2018）在沈骑研究的基础上详细阐述了在"一带一路"的背景之下"外语+专业型"人才和"复语型"人才也正是构建国际汉语教育共同体所需，"复语型"人才主要是指既通晓国际通用语、跨区域通用语，又掌握所属国官方语言，甚至民族部族土语土话的语言人才，此类语言人才的价值在于具有跨文化的沟通能力及不同文化之间的交往能力；而"外语+专业型"人才则包括从事工程技术、经贸金融、交通运输、地质勘探、外交、司法及安全领域中的维和等工作以及历史、文化、考古、地理等来自不同行业领域或学术专业的工作人员。[②]

周庆生（2018）从实践的角度通过对"一带一路"沿线国家和企业的详细调查，对外方当地初通汉语人才、外方当地复合型双语人才、外方当地双通人才和中方双通及复合型人才进行比较分析，得出的主要结论之一便是适对"一带一路"建设的人才匮乏，但从另外一个角度来看，可以发现"一带一路"建设所要求的人才素质包括深度了解两国社会文化、风土人情，能够熟练运用两国语言、顺畅进行跨文化交际，与此同时，还必须熟悉其所从事相关行业的业务。[③]

陈颖（2017）通过对东盟国家自贸区潜在语言市场的调查访谈研究，认为东盟国家需求的人才类型是"东盟语言+专业能力"的中国人或"汉语+专业能"的"一带一路"人才等。[④] 洪柳（2018）通过对"一带一路"背景下东盟国家汉语教育发展的研究，认为"一带一路"建设所需不但是基本交际型通用汉语人才和了解中国文化、精通中文的高级汉

[①] 邢欣、张全生：《"一带一路"倡议下的语言需求与语言服务》，《中国语文》2016 年第 6 期总第 375 期。

[②] 徐琳、胡宗锋：《"一带一路"建设视阈下语言规划之语言能力与服务》，《西北大学学报（哲学社会科学版）》2018 年第 48 卷第 2 期。

[③] 周庆生：《"一带一路"与语言沟通》，《新疆师范大学学报（哲学社会科学版）》2018 年第 39 卷第 2 期。

[④] 陈颖：《"一带一路"背景下中国—东盟自贸区的潜在语言市场研究——基于中国—东盟博览会调查数据的实证分析》，《语言文字应用》2017 年第 3 期。

语人才，还是具有良好的汉语基础知识、了解"一带一路"沿线国家语言文化并且知华友华的高层次汉语国际人才。①

通过以上对"一带一路"背景下国际中文人才的内涵和要求研究成果的系统梳理，各研究者们基本达成一致的共识，即"一带一路"所需人才包含两个层面的意义：第一个层面是对语言知识的精通与掌握，这种语言至少是双语或者更多，但有一点是确切的，那就是必须掌握的这门语言是汉语，这是一个最基本的层面；第二个层面是语言所附丽的专业技能，服务于"一带一路"各行各业，这是一个应用的层面。而事实上，"一带一路"中文复合型人才的内涵远不止以上两个层面，还包括交际能力、管理能力、突破能力、适应能力、创新能力等内容，因此，"一带一路"中文复合型人才的内涵和要求虽然论者繁多，但是尚未形成一致标准而又全面的意见，需要对其进行重新定位，才能进一步开展有针对性的培养工作。总之，语言互联互通是构建"一带一路""利益共同体、责任共同体、生命共同体"的道路和桥梁，是民心相通、互尊互信、合作共赢、包容发展的重要途径。

二 "一带一路"倡议下中文人才培养模式研究现状

首先需要对人才培养模式的概念进行界定。学者们从人才培养模式的理论出发，逐步推演，结合中国一直以来在世界范围内进行的国际中文教育实践，抽绎出相关理论和普遍规律，最终并将其用于指导国际中文人才培养实践。

早在20世纪90年代，中国在高等教育改革进程中频繁提出"培养模式"的概念。一般认为"人才培养模式是学校为学生构建的知识、能力、素质结构，以及实现这种结构的方式，它从根本上规定了人才特征并集中地体现了教育思想和教育观念"。下面从孔子学院人才培养模式、国际合作办学及大学联盟等人才培养模式切入分别梳理学者们的观点。

---

① 洪柳：《"一带一路"背景下东盟国家汉语教育发展研究》，《河北师范大学学报（教育科学版）》2018年第20卷第2期。

(一) 孔子学院国际中文人才培养模式研究

中国因为有着悠久的历史，作为世界文明重要一支的中华文明五千年来不曾断绝，并且以其深厚的影响力在亚洲地区形成以中华文明为核心的汉文化圈，对周边国家有着深刻的影响。随着封建制度的结束，经过艰难探索而树立社会主义制度并蓬勃发展到今天的中国，汉语这门古老的语言又焕发出新的活力，这是中华民族在新时期经过跨越式发展并实现其伟大复兴的黄钟大吕，语言文化勃兴的背后是经济的发展和大体量的经济规模，以及对世界的影响力，公元 1500 年前后的西班牙语言学家内布里亚向西班牙女王伊莎贝拉说过的话一语中的："语言永远与实力相伴。"

时任国务院副总理刘延东在大会上指出"提升语言能力已成为当今时代的重要命题"，这个命题的背后是对满足当今形势发展的国际中文人才的培养，孔子学院在世界各地普遍开展便是对这一诉求的回应。如果说先前中国培养国际中文人才是独立区域性人才培养系统和以中华文化为轴心的人才培养模式的话，国家汉办在世界范围内积极开展的以孔子学院为基地的国际中文人才培养模式则是以开放包容、文明互鉴、共同发展为主旨的现代性人才培养方式，国际中文的学习者也由之前诸如从商务的《朴通事》《老乞大》等到近代基督教士的自觉学习等零星行为，到现在全球 500 多所孔子学院对国际中文人才的规模化主动培养，其培养人才的努力为后续"一带一路"国际中文人才培养提供了实践基础和培养镜鉴，值得认真研究。

李军、田小红（2015）站在中国大学国际化的角度论述了孔子学院十年来的人才模式，总结了人才培养的经验并提供了政策性前瞻研究。他们把孔子学院的模式划分为国际合作模式和功能服务模式，在国家汉办的《孔子学院章程》中也有纲领性的规定，据此，他们将国际合作模式分为国家汉办主导的孔子学院的功能服务模式、主办大学主导社区服务模式和相互协作的社区服务及研究型三种模式。[①] 从形式上而言，孔子

---

① 李军、田小红：《中国大学国际化的一个全球试验——孔子学院十年之路的模式、经验与政策前瞻》，《中国高教研究》2015 年第 4 期。

学院是中国大学与国外大学合作的结果，某种程度上可以理解为中国大学教育的延伸，但是孔子学院直接隶属于教育部中外语言交流合作中心，是举国家之力在世界范围内培养汉语人才、弘扬中华文化、促进世界语言文化交流的平台和基地，从本质上不同于大学的常规性教育，从目前孔子学院人才培养的模式上来看基本上是形式大于内容，崔希亮（2018）认为其人才培养的方向和定位有欠清晰，加上师资短缺、财务困难等问题，① 孔子学院若从中国语言和文化的前沿阵地和中国文化的名牌而论无疑是成功的，但是尚未形成完整的人才培养体系，其人才培养模式也有待健全和完善。

（二）"一带一路"国际中文人才培养模式研究

从"一带一路"倡议的提出，语言问题被列为民心相通的重要环节，也因此被视为为"一带一路"铺路搭桥的先行机制，随着"一带一路"工作的深入开展，作为中国参与全球治理的大手笔和大设计，研究者们在各行业掀起了研究高潮，就"一带一路"沿线国家的国际中文人才培养问题，学者们立足于不同的视角给出了他们的思考。

周谷平、阚阅（2015）从宏观角度论述了"一带一路"人才培养的内生路径，另外还要科学制定人才规划、设立"一带一路"国家留学基金、充分利用已有的国际化人才资源来完善人才引进机制和实践平台等。② 沈鹏熠（2017）提出了"一带一路"国际化复合型人才培养模式，强调"知识、能力、素质"的三位一体如图1-4：③

赵世举（2015）认为传统的培养模式和专业格局难胜其任，必须创新培养模式。④ 李盛兵（2017）站在区域的视角考量中国与"一带一路"

---

① 崔希亮：《汉语国际教育的若干问题》，《语言教学与研究》2018年第1期总第189期。
② 周谷平、阚阅：《"一带一路"战略的人才支撑与教育路径》，《教育研究》2015年第10期。
③ 沈鹏熠：《"一带一路"倡议下我国高校国际化人才培养研究》，《职业技术教育》2017年第31期第38卷总第881期。
④ 赵世举：《"一带一路"建设的语言需求及服务对策》，《云南师范大学学报（哲学社会科学版）》2015年第4期。

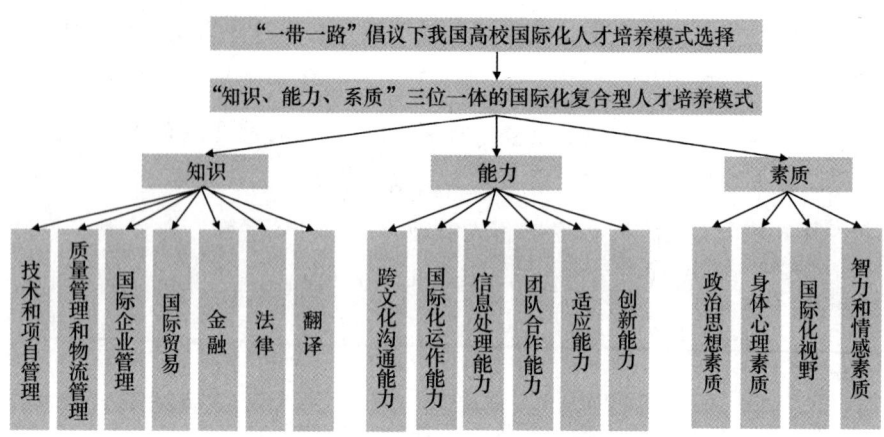

图1-4 "一带一路"人才培养模式

沿线国家的高等教育合作问题。[①] 李远等（2017）建议推动"一带一路"沿线孔子学院战略联盟，形成院际间密切合作的战略联盟，并与海外中资企业构建双向共赢合作机制。[②] 俞继仙等（2017）建议整合国际教育资源，成立行业性质的大学联盟，以提升培养能力和水平为目的创新校企合作模式；与此同时，开展"宽领域、国际化、复合型"人才订单式培养，直接对接企业人才需求。[③]

程晓农等（2018）立足国务院办公厅2017年12月19日发布的《关于深化产教融合的若干意见》并进一步发挥，提出以产教融合为契机，促进教育、人才等环节与产业、创新等要素的有机衔接，形成"全素质链"的人才培养模式，使学生建立了较强的学科意识和较扎实的实践技能。[④] 王科（2018）认为要实施响应"一带一路"倡议需求增设人才培

[①] 李盛兵：《中国与"一带一路"国家高等教育合作专题讨论》，《华南师范大学学报（社会科学版）》2017年第1期。

[②] 李远、刘志民、张红生：《推动"一带一路"沿线孔子学院战略联盟与企业合作共赢》，《中国高等教育》2017年10月。

[③] 俞继仙、薛庆忠、苏玉亮、林承焰：《服务"一带一路"战略的工程硕士研究生教育实践与探索》，《学位与研究生教育》2017年7月。

[④] 程晓农、杨娟、袁志钟、严学华、刘强：《以"产教融合"为内涵的"全素质链"人才培养模式探索与实践》，《中国高等教育》2018年第3—4期。

养项目并成立合作研究和培养机构、增加对沿线国家的招生以及针对"一带一路"的专题培训项目、倡导建立大学联盟以形成服务"一带一路"人才培养的合力、强化同参与"一带一路"建设的企业和地方的合作等战略性举措。[1]

以上是对"一带一路"人才培养模式的思考，而落实到"一带一路"中文复合型人才的中心议题上来，陈海燕（2017）认为首先要建立与国内国外相关机构联合培养人才的新模式，在课程方面要将外语水平提高和跨文化能力的培养放在同等重要的位置，同时把中国文化提升至和经济商贸同样的地位以作为国际化人才的必修课。[2] 万筱铭（2017）认为首先要做好市场调研与资源调配、促进汉语推广形式的多元化、打造汉语国际文化品牌、以专业的水平测试优化专业教育、构建开放型的资源共享平台等。[3] 2017年5月，厦门大学海外教育学院召开了"'一带一路'文教融合与人才培养论坛"，大会集中讨论了"一带一路"沿线国家人才培养，尤其是国际中文人才培养的问题，大会取得了丰硕的成果，这也标志着对"一带一路"人才培养模式的研究成为现阶段学者们研究的核心议题之一。

（三）国内外国际化人才培养实践研究

伴随着以英美国家为代表的西方政治和经济在全球范围内的扩张，随之而来的是英语在世界范围内的广泛传播，以这些发达西方文明为依托的英语，从此奠定了其在世界范围内通用语的地位。

世界各国主动把英语作为国家的第二语言进行广泛的教学，也培养了大批的语言人才，关乎一个国家命脉的科学技术人才，也一般精通英语，这是世界大势使然。英语今天在世界范围内的传播与汉语在历史上广泛传播有着某种相似之处，但是和今天的国际汉语传播却有着本质的

---

[1] 王科：《服务"一带一路"倡议的理工科人才培养实践与研究》，《云南民族大学学报》（哲学社会科学版）2018年第2期。

[2] 陈海燕：《"一带一路"战略实施与新型国际化人才培养》，《中国高教研究》2017年第6期。

[3] 万筱铭：《"一带一路"进程中汉语国际推广问题探究》，《江西社会科学》2017年第4期。

不同。

正如世界范围内各种文明的此起彼落，各国的语言在世界范围内的传播也此消彼长，历史上曾经辉煌一时的法语、西班牙语、德语，由于英语的强有力冲击，也不复有先前的影响。但是历史证明从没有一种文明、一种语言能够独霸天下，走向全球化时代的今天，是多元化的时代，是各种文明共生共荣的时代，也是各种语言共同发展、互鉴交流的时代，在这个背景之下，先前失落的帝国语言诸如法语、德语和西班牙语在全球化时代的国际传播进行卓有成效的尝试，尽管语言传播的动机各不相同，但是就其目前在全球范围内的地位和传播语言的努力，其成功的经验和失败的教训为今天汉语在国际范围内有效而广泛的传播和人才的成功培养提供了前车之鉴。

因此，接下来就分别从法语、德语和日语在全球范围内传播成功的经验进行分析，为汉语的国际传播和人才培养提供全球化的镜鉴。

1. 当代法国语言推广政策及人才培养实践

法国历届政府将法语在世界范围内的推广作为国策，采取积极的语言政策并给予高度重视和支持，将法语推广纳入国家战略体系。[①] 以法语联盟为代表，法国政府设立专门的语言推广机构，保障语言政策的有效实施。重视法国本国母语纯净度的保护，一直努力提高母语使用者的素养。法国政府非常重视充分发挥民众的力量，积极利用法语进行公共外交，奠定法语的权威地位。法国政府还特别重视媒体的使用，让法语的国际推广和文化传播紧密结合，充分发挥法语的文化价值。要将一门语言成功推向世界，现代化推广手段必不可少。[②]

2. 当代德国语言推广政策及人才培养实践

德国十分重视德语的国际推广，德国遍布五大洲拥有16个驻外办事处和54家信息中心的德国学术交流中心。歌德学院的主要任务在海外传播完整的德国形象及德语国际教学；德国海外学校中心、德国对外关系

---

① 栾婷：《法国在全球推广法语的政策与措施分析》，《首都经济贸易大学学报》2014年第5期。

② 刘洪东：《当代法国语言推广政策及启示》，《东岳论丛》2014年第2期。

学会、德国之声等机构成为联邦外交部实施对外文化政策的重要伙伴。德国在推广德语和培养人才方面主要的措施是，举办德国对外文化和语言传播国家活动，并且德国重视德语在欧盟的语言地位。与此同时，德国在网络空间逐渐开拓了一条富有自身特色的德语推广道路，逐步将其影响延伸至这一新型虚拟空间的各个方面。①

通过以上分析，德国一系列对外语言传播和人才培养的举措对于中文的有益借鉴和启示包含以下几个方面，首先是国家层面设立从政策到研究再到学校再到媒体等的多元化、立体化的战略机构，形成了精细分工、各司其职又配合无间的有序局面，这不单单提高了政府的办事效率和对外形象，也使德语在国际上的传播和人才培养朝专业化的发展前进。其次政府加民间的方式极大地开拓了语言人才培养的潜力和效率，以需求作为导向的语言人才的培养和流动具有旺盛的生命力和极高的效率，从维护国家形象到传播文化方面都能够补政府之不足。最后，对媒体和新技术的使用是适应时代发展的趋势，这些镜鉴都应该认真学习。

3. 当代日语推广政策及人才培养实践

第二次世界大战之后，日本放弃军事，专注于经济的发展并最终确立世界经济大国的地位，跟随经济的发展日语学习者的人数不断增多。日本政府大力支日语教育国际化，日语教育机构的具体实施方面，日本的大学、社会培训等教育机构众多并且功能完善。② 日本依托其经济的强大后盾，在推进经济发展的同时促进日本文化的国际交流。日本公司海外生根成长壮大，同时也通过公司文化的方式将日语传播出去，起到了良好的传播效果，同时也培养了大批的日语人才，并最终惠及日本公司的发展。

日本推广日语和培养日语人才的措施及努力，除了国家层面不遗余力地拓展之外，一个重要的启示就是伴随其经济发展和公司海外开拓的语言和文化的传播，公司文化历来为日本所重视也为世界尊崇，以公司

---

① 李立贵、王轶：《德语在网络空间的对外传播和推广策略》，《外语电化教学》2018 年第 181 期。

② 阎萍：《日本语言推广教材的开发及其特点》，《出版发行研究》2016 年第 4 期。

作为基地宣传日本文化、培养日语人才的模式正是中国所需，近年来中国企业海外业务急剧增长，汉语加技术型人才大量匮乏，日本语言推广和人才培养的实践则给了我们有益的镜鉴，可以以企业作为海外基地，以现实需求作为导向，打造中国特色的公司文化，培养切合所需的国际中文人才。

另外，欧美国家的人才培养实践以及引进策略也十分值得学习和借鉴，主要包括以下几个方面的内容：1. 德国应用科学大学的高等应用型人才培养，非常注重在理论基础之上的实践，为学生们配备普遍素质加专业素质的"双师型"师资队伍，并且和企业保持密切的合作关系；2. 美国科学（Science）、技术（Technology）、工程（Engineering）和数学（Mathematics）教育发展战略，这是美国对未来人才培养的全面计划，对经济发展产生深远影响；3. 欧盟国家一直推行的人才引进计划，包括为科研人员提供资助和奖励玛丽·居里行动计划和促进高等教育交流与合作的伊拉斯谟计划；4. 欧盟作为多元文化汇集之地，其外语教育政策和人才培养的计划和实践可以为"一带一路"建设中的中文复合型人才培养提供重要参考。

4. 厦门大学海外教育学院国际化人才培养实践

语言的国际传播和这个国家的发展及全球影响密切相关，这虽然不言自明，英语在全球范围内的广泛传播已经很好地说明了这个问题，但是具体到每个国家，还有其特殊的文化特点、历史传统和国情状况，以汉语在"一带一路"沿线国家的传播而言，也集中地反映了这种情况。因此，在研究有效语言传播和人才培养模式全球镜鉴的时候，我们不但放眼于国外不同语言国际传播和人才培养模式林林总总的有效经验，还应该将视线延伸至自身悠长的历史传统，并从中梳理出那些历史上曾经发生的重大语言传播事件，总结出有效的人才培养模式。

因为悠久的历史传统和地域的接近性，"一带一路"沿线国家也是华人华侨分布最广人数最多的地区，长期以来，中国与"一带一路"诸国有着络绎不绝的商贸往来和政治友好交流，也留下了很多广为传唱的交流佳话，比如郑和七下西洋对南洋诸国的影响，法显和尚和义净和尚海路取经并在南洋传播中华文化等，至今流风不绝。有鉴于此，中华人民共和国成立以来，中国一直注重与南洋华侨华人之间的密切联系，对落地生根的南洋华侨华人而言，虽然其所处国语言政策起起伏伏，但是对中华文化的传承成了保持其身份印记的有效方式，在横向的层面上来讲，与祖籍国的广泛联系也是促成两国友好往来的重要途径，对汉语和以汉语作为媒介的技术学习也奠定了他们在所处国安身立命的基石，同时也促进了所处国社会的发展，这些经过时间和历史检验过的经验值得认真梳理和总结。

1955 年，标志着第三世界国家作为一支独立的力量登上历史舞台的重要事件，周恩来总理参与此次大会并提出"和平共处五项原则"的重要议题，成了国与国之间交流的重要标尺。此次出访对"一带一路"沿线国家华人华侨起到巨大的鼓舞作用，对华族文化的传承和语言及技术人才的培养也随之提上了日程。作为"一带一路"重要侨乡的福建在地域上就占得天独厚的优势，而厦门大学则是由著名爱国华侨陈嘉庚先生捐助建立，以厦门大学为代表的一些高等学府也义不容辞地承担起面向"一带一路"沿线国家华人华侨传承汉语、培养人才的重要使命，作为汉语在"一带一路"传播和人才培养的重要基地，这个责任就落在了厦门大学海外教育学院的肩上。

学院在万隆会议召开的次年即 1956 年就积极行动，制订相关的汉语传播和人才培养计划，经过课程筹划的充分准备，调度起相关资源，在海外教育学院筹建起了中医、化工、数学、文学等专业，以中文作为媒介以函授作为手段进行远程课程讲授，根据统计，至今培养了大约 2.5 万名各行业人才，在当地发挥着重要影响。[①] 2012 年至 2016 年，笔者作为国家公派教师派往印尼负责教育部语合中心、孔子学院总部的中文国际推广工作，同时作为厦门大学海外教育学院印尼网络远程教育项目负责人、万隆国际外语学院负责人负责国际中文人才的培养工作，为"一带一路"建设和本土中文师资培养人才 800 余名，掌握"一带一路"沿线国家人才真实所需，积累了国际中文人才培养的丰富经验，为"一带一

---

① 厦门大学海外教育学院：《厦门大学海外教育学院沿革大事记》，厦门大学海外教育学院，2006 年。

路"国际中文人才培养模式的建构奠定了实践基础。

随着时代的发展和科技的进步,针对"一带一路"人才培养的方式也不再囿于函授的简单形式,随着2001年1月厦门大学被教育部批准为现代远程教育试点高校,多门网络课程入选国家级精品资源共享课和精品视频公开课。2007年,海外教育学院正式招收汉语言文学类的海外网络教育学历生。设置的专业有:汉语言专业(商务方向)、汉语言专业(汉语国际教育方向)、汉语言文学专业(文学方向)、汉语言文学专业(师范方向)。2014年,海外教育学院/国际学院增设了国际经济与贸易、会计学、酒店管理、市场营销等商贸类专业网络课程,满足不同学员的学习需求。已有60年从事海外远程教育历史的厦门大学海外教育学院,逐步形成了学历教育与非学历教育兼备、面授教学与远程教育并举的办学特色,在国内外享有较高声誉。[①]

作为海上丝绸之路的重要组成部分,"一带一路"倡议为中文和中华文化的传播及中文人才的培养提供了新的契机,作为"一带一路"沿线国家重要国家的印尼积极参与其本国的海洋支点战略与"一带一路"的对接,取得了很多实质性的进展。就中文人才培养方面来说,既是国家之间共同发展的现实需求,也是对国际中文传播和人才培养悠久历史的遥远回声。因此,像厦门大学海外教育学院这种以中文作为媒介进行切合时代所需的人才培养是被历史证明了的行之有效的模式,这些珍贵的经验和教训不应该将其遗忘,相反,更应该充分地吸收、继承和发展,它也成了本书构建"一带一路"国际中文人才培养模式有效性的重要依据。

三 "一带一路"新语境下国际中文人才培养问题

(一)"一带一路"国际中文人才培养问题

人类步入现代社会以来,无论是生活方式还是其所生活社会的发展状况,其节奏都呈急速上升的趋势,技术的进步带来的是即时通讯的便

---

① 厦门大学海外教育学院远程教育平台,http://oecc.xmu.edu.cn/enrollment/enrollment_list_1100.html。

利，而国家的发展和区域协调带来的是国际关系的重新调整，这必然会影响到社会分工，以及衍生出来的与之匹配的人才的需求。"一带一路"国际中文人才便是在这样的背景之下产生的，由于这个概念诞生的时间并不长，甚至还没有关于其科学而完整内涵的一致意见，而系统性的培养显得有点滞后，因此本章讨论的要点便集中于此，俾使针对问题的症结，经研究总结出解决方案，为"一带一路"国际中文人才培养提供一幅清晰的图景。

李宝贵、刘家宁（2017）通过对中国国家汉办现有布局在全球的孔子学院进行考察，认为目前孔子学院的海外布局尚存盲点，亟待优化调整；师资数量不足，素质有待提高；"本土化"程度不高，进展缓慢；经费来源单一，发展后力不强；文化自信欠缺，传播动力不足；传播途径单一，方式有待创新。① 黄方方（2017）研究"一带一路"沿线国家教育情况时发现汉语教育政策被关注多而立法少、汉语教育推广机构官多民少、汉语教育资源不重"一带一路"、汉语教育"两教"中多外少和汉语教学重经贸轻文化等种种问题。② 万筱铭（2017）在研究"一带一路"中文复合型人才培养时发现海外华校面临边缘化而国内汉语推广形式单一，同时国内对外专业教育尚待完善和汉语国际推广格局呈单向辐射状等问题。③

喻恺等（2018）认为"一带一路"人才培养属于我国高等教育输出的范畴，在这样的情况之下，首先面临的是通晓沿线国家国情的人才匮乏，而来华留学生教育结构有待优化，与此同时，境外办学质量的管控风险增大，缺乏独立的国际权威的第三方教育认证机构对中外合作外办学的项目进行监督和管理。④

---

① 李宝贵、刘家宁：《"一带一路"战略背景下孔子学院跨文化传播面临的机遇与挑战》，《新疆师范大学学报（哲学社会科学版）》2017 年第 4 期。
② 黄方方：《"一带一路"沿线国家汉语教育状况探析》，《河南师范大学学报（哲学社会科学版）》2017 年第 3 期。
③ 万筱铭：《"一带一路"进程中汉语国际推广问题探究》，《江西社会科学》2017 年第 4 期。
④ 喻恺、胡伯特·埃特尔、瞿晓蔓：《"一带一路"战略下我国高等教育国际输出的机遇与挑战》，《清华大学教育研究》2018 年第 1 期。

崔希亮（2018）总结了全球化背景下国际中文教育和相关人才培养所面临的挑战，认为不但缺乏高素质的中文教师、中文本体研究不足、学科定位有欠明朗、学术资源分配不足、孔子学院建设需进一步提升。[①]洪柳（2018）考察东盟国家国际中文教学和人才培养时发现问题如下：在"一带一路"背景下国际中文教育推广工作有待深入和加强；高等教育国际化发展不够拓展不够深入，教育国际影响力不足；国际中文教师匮乏，国际中文教材体系不完善；学科专业特色不明显，职业吸引力不强等问题。[②]

通过一些学者对"一带一路"国际中文教学和中文人才培养问题的详细研究，可以看清楚基于一系列历史和现实的问题，"一带一路"沿线各国的汉语人才培养远没有完备，解决之道就孕育在问题之中，要逐步克服这些问题，使之步入系统化发展的轨道，任重而道远。

2016年，中国教育部印发《推进共建"一带一路"教育行动》，设计了诸多"一带一路"国际化人才的培养计划，根据"一带一路"的建设需要开展人才培养培训合作。通过提供奖学金等形式大量吸引沿线各国学生来华学习中文，因为人才作为核心关键词，专业人才和优秀技能人才是"一带一路"建设的基石和支柱，是"一带一路"建设大业能否取得成功的关键要素。

然而，就目前的综合情况来看，"一带一路"建设的人才需求与中国和沿线国家当前的人才培养模式之间存在着明显的脱节。"一带一路"建设重点是实现政策沟通、设施联通、贸易畅通、资金融通、民心相通等"五通"，迫切需要非通用语人才、高端政策人才、复合型技术人才、创新型商贸人才、金融领军人才等行业骨干和精英，但现在承担"一带一路"人才培养任务的主体仍是高校和科研机构，仍主要围绕学科、专业、职业需求，在相对封闭的环境内通过传统课程体系、教育手段、教学方法、教学组织手段等完成培养目标，人才培养管理体系、课程体系的实

---

① 崔希亮：《汉语国际教育的若干问题》，《语言教学与研究》2018年第1期总第189期。
② 洪柳：《"一带一路"背景下东盟国家汉语教育发展研究》，《河北师范大学学报（教育科学版）》2018年第2期。

施仍主要依靠"象牙塔"内的学科资源。这种培养模式主要包括三个环节，即政府宏观指导、高校培养人才、社会使用人才，但三个环节之间并无直接的关联，而是各自拥有一套独立的管理体系，这样培养出来的人才与"一带一路"的行业实际需求无必然的关联，往往不能直接服务于"一带一路"的实际需要，不但造成了教育资源的浪费和流失，更是在一定程度上影响到"一带一路"建设的步伐。

为了实现"一带一路"行业人才培养的精准对焦，中国和沿线国家教育机构要立意长远，着眼具体，优势互补，以"一带一路"急需的行业人才为导向，以服务"一带一路"行业需求为目标，基于"一带一路"人才需求结构，以企业为需求主体，高校的教学资源优势与企业的实践资源优势相结合，采取"订单式"培养，实现课程教学和技能训练的"双主体"负责制，构建一个立体的行业人才培养自循环模式，即政府对"一带一路"行业人才需求提出预期→高校根据政府宏观指导实施培养过程→"一带一路"建设使用人才并检验和反馈人才的适应情况→高校和研究机构综合反馈意见调整人才培养方式，并及时向政府提供决策咨询建议→政府调整指导意见反馈给高校……其中每一次再循环都是行业人才培养层次的一次再提高，而且实现了"教""学""练""用"四位一体、无缝衔接、互为补充。特别是在基础设施建设、城市变迁与环境、沿线国家安全机制、多双边人文交流、科技人力资源、基础设施建设技术与管理人员培训等领域，可以形成行业人才培养"软硬科学相结合，面向问题和应用"的特色，成为"一带一路"专业人才培养的有效途径。

"一带一路"倡议是中国提出并推动的，中国理应负起责来，发挥主导作用，而中文在"一带一路"建设之路上的推广度和使用率，则直接决定着中国的"主导力"和彰显度。因此，在"一带一路"行业人才培养体系中，应坚持以中文为通用语，构造"行业汉语+专业知识技能"的"一带一路"行业人才培养模式，疏通一条以汉语、中华文化与不同国家文化为血液的人才输血管，为"一带一路"建设提供源源不断的优质行业专门人才。①

（二）"一带一路"国际中文人才培养的新语境

1. 传统中文人才培养模式面临新情况

中文人才的培养模式是与其生存的生态环境密不可分的，这里的生态环境的内涵不是纯粹生物学上的意义，而是以生物学意义上的生态观点作为出发扩而广之，一切影响语言生存和发展的政治、经济、文化、制度、外交、国际环境等因素，都是其考量范围，菲尔和缪尔豪斯勒主编的《生态语言学读本：语言、生态与环境》（Fill & Mühlhäusler, 2001）探讨了这一概念，而豪根（Haugen）在论文集《语言生态学》干脆直接称其为"语言生态学"。②

自此以后，在韩礼德（M. A. K. Halliday, 1990/2003）和萨丕尔等人的努力下，一方面，语言外部的政治经济形态及由此形成的语言生态环境和语言需求对语言有着重要的影响，反过来，语言本身也对人类社会的生态发生着深刻的影响，这些生态包括文化生态、社会生态、经济生态、城市生态、文艺生态和教育生态等，从整体上而言，语言外部和语言内部和其生存的环境构成了一种复杂动态系统，无论是教学任务的世异时移还是教学方法的迁变革新，都需要把汉语置身于其生存的环境，考量到其内部的复杂动态关系，按照语言自身的规律行事。③

通过这些语言学家的持续研究，正同自然界生物系统有自己生存发展的生态系统一样，语言的生存发展也有其自身生态环境，其中道理不言自明，从梳理汉语人才培养的演进历程中可以很明显看到这个复杂动态模式的形成和运作过程。建国之前的中文教学在不同的历史时期都存在非常复杂的情况，不能一概而论，不在本文的探讨范围之内。中华人民共和国成立之初的语言教育工作主要集中在发现汉语自身规律的基础

---

① 孙宜学：《"一带一路"建设迫切需要培养"行业汉语+"专门人才》，《文化共兴研究与实践》2018年4月13日。

② 黄国文：《生态语言学的兴起与发展》，《中国外语》Vol. 13, No. 1（General Serial No. 69）2016年1月15日。

③ 郑通涛：《社会语言学视角下的对外汉语教学改革》，《海外华文教育》2011年第3期（总第60期）。

性研究和培养基础国民素质的应用型师范人才方面,并在此基础之上形成了中国高等教育汉语教学和研究学科体系,很长时间以来,很好地满足了中国社会发展对汉语教学和研究的需求。

随着中国改革开放的不断深入,中国经济飞速发展,改革开放40多年来,中国经济已经跃升为世界第二大经济体,伴随着经济实力增强的是社会发展的道路自信和文化自信,作为文化重要组成部分的中文也成为世界争相关注的议题之一,中国政府不失时机地在世界各地广建孔子学院,加大对外汉语的国际传播力度,扩大留学生名额等,通过这些措施的实施,希望借助软实力扩大中国在国际上的影响力。在这种形势之下,中文人才培养的对象发生着转变,在原来国内需求的基础之上又承担了新的历史使命,于是,国际汉语传播工作迅速开展起来,并以此为中心形成了教学和研究的新的生态发展系统,政府和社会从语言文字事务和汉语人才培养的管理体制、协调机制、政策引导、队伍建设和开展方式等方面形成了促进和汉语人才培养的大环境。①

随着技术的发展和国际关系的变化,这些影响语言存在和发展的外部因素呈现出快速的迁变性、不稳定性和不可预测性,与这种环境共生共存的语言生态系统也受制于外部因素的影响,从而发生着深刻的调整和变革。国际中文传播和中文教学正轰轰烈烈开展之际,中国又提出"一带一路"倡议,从人才需求、培养路径到保障机制和制度支撑等汉语人才培养的因素都发生了变化,传统中文人才培养的模式已经不再适应新形势下的人才需求,中文人才培养的模式正面临着新的情况,影响汉语人才培养的因素发生转变,新的中文人才培养系统需要重新做出调整,而新系统的形成则需要时间和各种复杂因子的共同作用,这些构成了本书讨论的重要命题。

2. 新常态下国际中文人才培养的新问题

传统的中文人才培养立足并服务于其生存的社会系统和国际环境,现在中国的经济发展进入新的历史时期,新常态之下怎样培养国际中文

---

① 陈茜:《语言生态学和生态语言学辨析》,《湖北大学学报(哲学社会科学版)》2014年第4期。

人才以满足新形势的需要成了当下研究的重点。自 2013 年"一带一路"倡议提出以来,《建设 21 世纪"一带一路"愿景与行动》也随之出台,一系列的政策引导和建设实绩在 2017 年北京举办的"一带一路"高峰论坛上达到一个新高度,这标志着新的国际形势已经初步形成,在新形势下国际汉语教育和人才培养的方式都需要做出改变才能适应形势的发展需要。

为呼应《建设 21 世纪"一带一路"愿景与行动》相关文件精神,教育部印发了《推进共建"一带一路"教育行动》,着力打造"一带一路"教育共同体,作为纲领性的文件,只是在方向上确定了与沿线国家加强教育合作并共同行动的愿景,并提出了"教育行动五通"的基础性举措、"四个推进计划"的支撑性举措、"四方面内容"的引领性举措以及一些如何落实的制度性保障。

落实到"一带一路"国际中文人才培养的命题上来,教育部《推进共建"一带一路"教育行动》只是一个基础性的框架,在此框架之内,促进沿线国家语言互通和学分互认被确定为重要工作议题,然而,在"一带一路"汉语中文教育共同体新的系统之下,国际中文人才该如何定义?有哪方面的内涵?需要什么样的素质要求?培养路径是什么?这些问题尚需进一步地讨论和解决。

首先,是国际中文人才的重新定位问题。工业革命以来,社会分工日渐明晰,作为人才培养的教育内容随着社会的需要被划分为不同的学科体系和专业方向,并形成相应的培养模式。但是这种细致划分的学科体系,面对建设"一带一路"国际中文教育共同体的新形势则显得不太适应,漫长的人才培养周期和单一化的培养内容造成了很多的学生中途放弃,或者毕业之后因所学专业缺乏针对性而转向其他行业,造成了培养资源的浪费。"一带一路"视野下的汉语人才定位却是要求极强的针对性,并能处理各种复杂情况的综合性人才。

其次,是国际中文人才培养的内涵问题。"一带一路"的人才需求是根据"一带一路"建设过程中真实所需的情况来确定的,必须充分发挥政府、高校、企业、智库之间良好互动作用,为"一带一路"中文复合型人才内涵和要求问题提供培养地图,确立以需求为导向的"一带一路"国际中文人才培养系统，避免培养资源的闲置和浪费，提高人才培养的效率。

再次，是国际中文人才的素质要求问题。从目前"一带一路"的发展情况和人才培养研究结果来看，"一带一路"视野下的国际中文人才的具体素质尚在如火如荼地讨论过程中，具体准确而标准的细节特征尚不明显，但是一个国际中文人才素质的共识是，其需求的不再是单一化的专业素质，而是跨学科、跨文化、跨语言的综合素质，这成为对"一带一路"国际中文人才素质的新要求。

最后，是国际中文人才的培养路径问题。目前对培养路径的争论仍然莫衷一是：在现有的中文教育体制内加大互派留学生的力度是一种声音，正如上文所述，这种方式已经不适应新形势的要求，培养出的人才要么方枘圆凿，要么周期很长知识结构单一，不能满足现有的人才需求；根据这种情况，国际合作办学是比较集中出现的声音，通过教育资源的整合提升人才培养的素质，但是合作的主体尚需进一步的确认，若仅仅是国内外两个高校，则显然不能整合"一带一路"人才培养的各种资源和信息进行针对性的培养；针对整合力有限的问题，复旦大学、兰州大学等和来自8个国家47所大学共同成立"一带一路"战略联盟，[①] 这是宏观意义上国际合作培养人才的有益尝试，而具体微观的培养路径则有待落实。

不论如何，在"一带一路"的新形势下，国际中文人才培养从培养内容到培养路径都已打破原有对国际中文人才的定义，这是以现实需求为导向的人才培养的必然结果，也是一定认真面对的问题，立足目前整个"一带一路"国际中文人才需求的动态系统，有针对性地根据需求开启多校园、多证书、多国家的人才培养模式，这将是今后"一带一路"国际中文人才培养的必然选择。[②]

四　问题梳理与总结

本书通过梳理"一带一路"国际中文教育和人才培养模式的相关文

[①] 《中国教育报》2015年10月19日，第1版。
[②] 郭旭、陶陶、黄丽君：《大数据视野下西亚北非与中国经贸合作人才需求与培养模式分析》，《海外华文教育》2017年第8期（总第91期）。

献，首先，从最基本最核心的人才定义出发，以其经典内涵结合最新的研究成果追溯出现阶段人才的深层意涵；其次，在中国综合国力与日俱增的情况之下，与经济的发展相适应的是作为软实力的中华文化在世界范围内的影响力，作为文化最重要组成部分的语言是中国软实力在世界范围内传播的先导，通过进一步探讨全球化时代国际中文人才所担当的使命、所承担的责任，厘定国际中文人才内涵和要求；最后，中由于国际形势的日新月异，面对世界多极化和区域危机、全球经济增长乏力、人类和平赤字增加等问题，中国提出了应对危机的中国方案，"一带一路"倡议的提出是中国积极参与全球治理的大设计和大制作，随着"一带一路"各项政策的落实，经济贸易和地区投资日渐繁盛，而对人才的需求与日俱增，在这个背景之下"一带一路"国际中文人才又当如何重新定位成了讨论的焦点。

通过对国际中文人才培养历史轨迹的追溯和对"一带一路"国际中文人才培养的研究现状和现实图景的概括，学者们无论是对"一带一路"国际中文人才培养实践的实地调查，抑或对"一带一路"国际中文人才培养进行理论上的探寻，他们都给出了自己的思考，但是从整体上来看，这些充满着真知灼见的思考失之于琐碎和片面，对"一带一路"国际中文人才的内涵与定位、培养路径和方法、人才培养模式、人才培养的执行过程和保障力量等问题尚未形成统一一致的看法，因此这也成了本书的立足点和出发点，通过对新时期"一带一路"建设背景下国际中文人才模式问题的系统性思考，试图解决"一带一路"国际中文人才的培养问题。

在"一带一路"的视域下，本书以"一带一路"国际中文为研究对象，其实正如上文已经论述的"一带一路"国际中文人才与"一带一路"国际汉语教育如车之两轮、鸟之双翼，这两者是一体两面的同构关系，归根结底"一带一路"国际中文人才培养是一个系统工程，需要在复杂动态的视野下进行解决，因此，通过对文献的梳理和现实的分析，本书发现和需要回答的问题如下：

第一，"一带一路"倡议下国际中文人才概念界定；

第二，复杂动态理论下"一带一路"国际中文人才培养系统分析；

第三,"一带一路"中文复合型人才培养模式的系统构建,包括宏观视野的"一带一路"国际中文人才培养模式;中观视野的"一带一路"国际中文人才培养区域化模式;微观视野的"一带一路"国际中文人才培养国别化模式;

第四,"一带一路"国际中文人才培养模式如何应用。

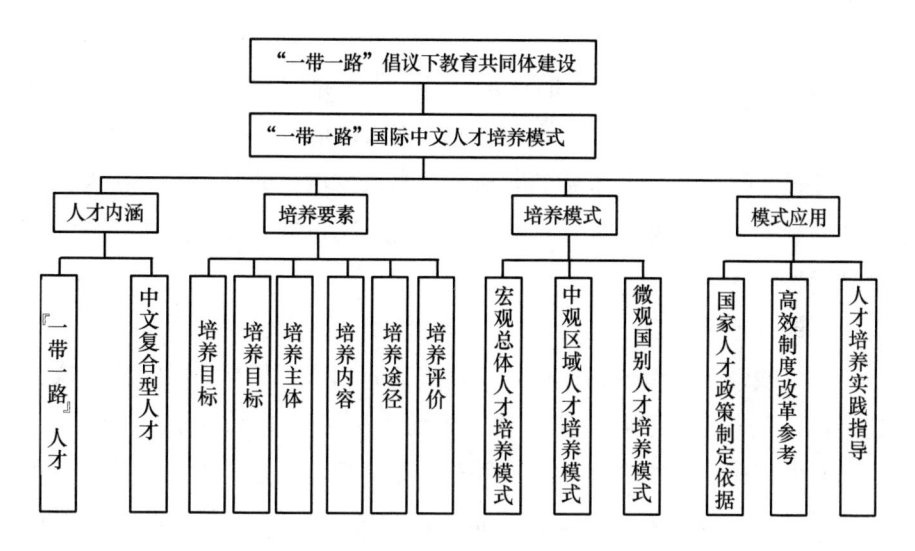

图1-5 研究问题归类

关于"一带一路"国际中文人才培养的这四个大问题都是系统性问题,需要详细地厘清其各个变量之间、变量与系统之间、系统与系统之间的复杂动态关系,如果分别用四个词语表示就是人才理念、现实图景、培养路径、切合所需,本书要探讨的正是回答这些问题并提出相应的解决方案。

第四节 研究方法

本书研究"一带一路"国际中文人才培养模型问题,所涉及的范围非常之广泛,所研究的命题是切合当前所需,通过本书的研究,力图为"一带一路"沿线各国国际中文人才培养问题提供一个清晰的分析图景,构建一个切合实际情况并可资借鉴的人才培养模型，对于这个相对宏大的命题，本书所采取的研究方法基本上可以概括为：以复杂动态系统理论为视角，兼取可供性理论、话语分析为辅，用大数据挖掘及各种数量统计方法，量化研究和质性分析相结合，通过挖掘并梳理各种数据，力争使研究反映现实，并以此为基础找到人才培养的解决方案。

一　理论基础

本书基于复杂动态理论的视角对"一带一路"倡议下人才培养问题进行探讨，具体需要什么样的人才？应该怎样培养？必须理解"一带一路"建设的复杂性、人才需求的动态性和人才培养的系统性。在人才培养各要素中，单纯改变单个变量已经无法解决问题，必须站在系统的角度进行整体性审视。

首先，理解复杂。在复杂动态理论的视野下，世界并不是要素间简单的因果线性关系形成的，而是由诸多彼此相依、相互关联的要素成分连接在一起，它们之间按照一些基本的规则随机地互动而成不同的系统。与此同时，事物之间的发展并非一味的竞争关系，更多的是适应和协调发展，呈现出来的面貌就是非线性和突现性的状态，因此，无法预测未来世界会变成什么样子，只有保持对环境的持续关注，对环境中重要因素及其相关性程度尤其要重视。要研究"一带一路"倡议下的人才培养问题，必须对"一带一路"倡议所处的国际环境有深入的认识，对"一带一路"倡议下的人才培养的要素及其相关性关系要深入研究。

其次，复杂的产生。复杂性的来源在于，环境系统的组成要素在简练规则的支配下产生相关性，而其与随机性因素结合之后才真正产生了复杂性现象。因此，在环境系统中，对首因非常敏感。初始条件即首因的一些细微变化，都会对过程和结果产生巨大的影响。最为大家熟知的例子是气象学家爱德华·洛伦兹（Edward Lorenz）提出的蝴蝶效应。一个微小的不起眼的变化，会对整体环境产生极大的影响。在全球化的环境下，"一带一路"倡议属于初始因子，2013年在哈萨克斯坦提出陆上丝路和在印尼提出海上丝路的时候只是简单的倡议，七年之后，取得许多让世界瞩目的成就，"一带一路"倡议从设想变成现实，并在世界6大区域至少65个国家广泛开展。

再次，管理复杂。如上文所论，复杂系统是简练规则与随机性的组合。许多复杂表象的背后都有着其组织的基本规则。对复杂的管理需要把握其重要因素及由这些要素组成的系统背后的基本规则。因为系统是开放的，随时会有新的要素参与，所以系统永远处在自我组织的过程中。对于这样的复杂系统，单纯地改变某个要素或者下达某些指令是无济于事的，甚至会矫枉过正、适得其反。因此，对这一复杂系统的管理，最有效的办法就是根据环境状况建立互动规则，以简驭繁。

在现今的国际环境中，"一带一路"倡议下的人才培养是一个无比复杂的系统，需要把握人才培养要素及背后的简练规则，即"一带一路"人才国际化培养的普遍规律。人才的有效培养不能依赖于对人才培养要素进行单个干预，需要从系统整体出发，根据实际需要建立与系统环境相互适应的规则，才能实现人才培养复杂系统的有效运作和管理，换言之，在遵循"一带一路"人才国际化培养的普遍规律的基础上，构建"一带一路"倡议下的人才培养模式。

最后，混沌和涌现。当一个复杂动态系统的各要素发生关联和影响，这种关系超出系统原有的范围时就步入了混沌的边缘，经过自组织和自适应从而发展出不同的系统来，此时常常会引起跨领域、跨专业的碰撞和交叠，而这些也常是创新的开始。传统的人才培养模式立足一时一地专业培养，"一带一路"建设的语境下，先前人才培养的范式被打破，传统人才培养系统在"一带一路"倡议下不断产生跨领域碰撞，从人才素质内涵到培养方式都发生了改变。

拉尔森·弗里曼和卡梅伦（2008）针对复杂动态系统研究建模步骤与法则，[1] 她们认为研究的重点应是在调查的基础上进行人类行为的质性建模，鉴于学生的汉语学习行为亦属于人类行为之一，在"一带一路"沿线各国复杂动态环境之下，借鉴拉尔森·弗里曼的研究范式，本书研

---

[1] Diane Larsen-Freeman & Lynne Cameron, *Complex Systems and Applied Linguistics*, 上海外语教育出版社2013年版。

究分析的步骤如下：

1. 确定构成"一带一路"沿线国家人才培养系统各子系统及变量。
2. 在时间的维度上对"一带一路"沿线国家人才培养系统各变量在其发生作用的层面进行分析。
3. 详细描述"一带一路"沿线国家人才培养系统各变量之间的关系。
4. 对构成"一带一路"沿线国家人才培养动态系统及子系统进行详细描述。
5. 确定"一带一路"沿线国家人才培养动态系统的吸引因素及吸引关系。
6. 作为吸引因素的"一带一路"的影响力大小及其测度。
7. 描述"一带一路"沿线各国人才培养系统的原生轨迹以及吸引因素发生作用之后新系统的变化。
8. 围绕"一带一路"沿线国家的"五通"指数，描述其作为吸引变量所发生的作用。
9. 在吸引变量"一带一路"发生作用之后，涌现出沿线国家人才培养系统的新状况，详细描述这种系统内部自适应和自我调整的过程，以及在此基础上形成的涌现关系。
10. "一带一路"沿线国家人才培养复杂动态系统基础上形成培养模型，描述其特征及适应范围。

复杂动态系统模型有助于清晰地梳理"一带一路"沿线国家人才培养要素之间的复杂关系，并以此为基础解决人才培养过程中遇到的实际问题，借助于复杂动态理论才能把如此宏观的问题进行系统化解决。

二　研究方法

（一）话语分析方法

作为诞生于20世纪70年代的语言分析方法，从静态的文本分析到动态的交际话语，给语言研究提供了新的研究视角。[1]"一带一路"沿线国家国际中文人才培养涉及很多宏观层次和中观因素的影响，诸如教育政

---

[1] 郑通涛：《汉语话语言谈标志的理论及个例研究》，厦门大学出版社2009年版。

策、语言规划、人才需求、媒体话语等等，这些因素通常以政府或者机构文件的形式表现出来，这些国际中文人才培养的影响因子很难用量化的方法进行统计分析，其言内之意需要阐述整理，其言外之意需要综合考量，这就需要运用到话语分析的方法清晰地呈现出这些因素的丰富意涵和对国际中文人才培养的影响。

（二）定量分析和质性分析

作为目前自然科学和社会科学两种最基本的研究方法，在各层次的研究之中得到广泛的应用，这种基础的研究方法将贯穿于本书研究的始终。对"一带一路"沿线各国中文学习者所进行的研究主要集中在量化研究方面，通过发放调查问卷，测量出学生学习汉语的动机、策略、情感、认知等因素的发生作用的大小；通过梳理中国与"一带一路"沿线国家在"五通"的基础上建设的实绩，以投资数额、项目数量、政府文件数、交际频度等因素为基础建立模型，测量出中国与"一带一路"沿线国家的"五通"指数。对汉语人才培养系统宏观影响要素的分析，诸如政治政策、地缘政治、外交策略、教育政策等，则通过质性分析的方法进行。

在运用复杂动态理论进行人才培养建模的过程中，尽量详尽地搜集"一带一路"建设密切相关的贸易投资合作等方面的数据，通过对数据的分析和解释的基础上提取出人才培养特征和内涵，为构建人才培养模式奠定基础。本书主要通过建模的方式来完成理论建构，但在宏观的环境系统层面，涉及社会科学和人类认知研究的有限性问题，很难将其完全地进行量化建模，因此，笔者采用动态描述手段为主的质性建模并综合使用量化建模的办法。[①]

（三）大数据挖掘方法

本书建立在"一带一路"对国际中文人才现实的需求基础之上，整个"一带一路"国际中文人才培养系统构建都是以"一带一路"现实需求为导向的，而对人才需求的分析则建立在大数据挖掘的基础之上，

[①] 吴晓昱、魏大为：《复杂科学视域中的应用语言学——〈复杂系统与应用语言学〉述评》，《外语教学》2015年第3期。

这些数据包括"一带一路"沿线国家历年经济总值、与中国贸易双边贸易额、中国对其投资额度、"一带一路"企业投资分布、人才需求覆盖行业等等，通过数据挖掘的方法将其挖掘出来，并以可视化的方法呈现出来。

对"一带一路"经贸投资等相关大数据的挖掘为人才的需求和分布提供指向性的作用，"一带一路"人才培养模式的构建必须建立在真实的需求基础之上，而人才的需求与经济贸易投资状况、国家之间的外交状况等有着正相关的关系，某个行业和领域的投资贸易额增加、中国和沿线在某方面合作关系加强，通常状况会带来人才需求绝对值的增加，只是每个行业人才需求的相对值存在差异性。因此，本书使用大数据挖掘的方法对经贸投资等数据的呈现基本上可以反映出人才需求的增长和分布状况，通过对这些领域对所需人才素质的提取，结合"一带一路"建设的长期规划和建设愿景，可以有效地对未来一段时间人才需求问题做出合理的预测，从而解决人才培养跟着项目走而产生的滞后现象，与此同时，也为"一带一路"国际中文人才培养模型的构建提供导向依据。

（四）跨学科研究方法

根据国际学术研究的发展趋势，对实际问题的研究经历了从综合考察到学科划分的演进历程，时至今日，很多的问题则必须放在跨学科的演技视野中才能得到有效地解决，复杂动态理论给我们提供了跨学科研究的理论框架与现实依据，正如郑通涛教授所言"科学现象并不是以人们划分的学科而存在，用多学科的研究方法进行实际问题的研究是势在必然"。[①] 本书所研究的"一带一路"背景下的沿线国家国际中文人才培养模式研究，综合了传播学、人类学、认知心理学、语言学及应用语言学、教育学、文学、生态学、社会学等多种学科门类的视野和研究方法，力图客观地展示出"一带一路"国际中文人才需求的现实图景及培养路径。

[①] 郑通涛：《国际汉语教育背景下的语言跨学科研究》，世界图书出版公司2017年版。

第五节 研究问题

一 研究的问题

本书要研究的问题是怎样构建起以"一带一路"需求为导向的国别化国际中文人才培养模式,以及切合"一带一路"沿线诸国国情与现实需要的人才培养模型。要言之,这些问题可以总结为四个基本的大问题:

(一)问题一:"一带一路"倡议下国际中文人才概念如何界定

"一带一路"重点建设的"五通"在各个专业和层面广泛展开,新的形势对中文人才的内涵和培养方式提出了新的要求,2018年12月在第13届孔子学院大会上,明确提出了打造"汉语"为引领的"+"各领域各层次人才,并阐述了合作办学、课程设置、平台建设、培养过程等基础性问题。以"五通"为重点的"一带一路"建设需要对国际中文人才培养提出更高要求,跨学科、跨语言、跨文化、跨国界的"中文+专业"型人才的融合培养成为新的命题,这种"中文+专业"型人才可以称之为"一带一路"倡议下的中文复合型人才,这是本书提出的重要概念,也是本书研究的重要对象。2019年12月9日在长沙召开的国际中文教育大会的主旨演讲中,孙春兰强调国际中文教育要集中精力于语言主业,努力适应本土经济建设的需求,要求从基础做起,帮助当地培养中文教育人才,构建开放包容而规范的现代国际中文教育体系,逐步完善国际中文教育质量标准。这些政策的出台和学者们的研究明确了"一带一路"国际中文人才的概念内涵,为"一带一路"国际中文人才培养提供政策依据。

(二)问题二:复杂动态理论下"一带一路"国际中文人才培养系统如何分析

该部分选取了以混沌理论及生物学理论为基础而诞生的复杂动态理论为基础框架,首先,系统性追溯复杂动态理论的渊源及特征,并以此为基础图解出"一带一路"沿线国家国际中文人才培养的原生轨迹,考虑到"一带一路"倡议作为国际中文人才培养系统中强有力的新生吸引因素,"一带一路"沿线国家国际中文人才培养各要素不断的相互适应和调整，呈现出新的涌现状态，以此重点勾勒出"一带一路"视野下国际人才培养复杂动态系统理论框架。

"一带一路"国际中文人才培养作为一个宏观复杂动态系统，其内部包含着各个层级的子系统，这些子系统至少体现在三个主要方面：第一个是从微观视角而论的学习者系统，包含学生的背景、学习动机、情感认知及学习策略等因素；第二个是中观视角上的人才培养系统，其中包括国际中文教育的教室、教师、教材、课堂教法、学校性质、学校层次、地域特征、语言政策等，这些中观层次的因素都是具体而可感，它们属于人才培养的原生系统；第三个是宏观层面的人才培养环境系统，包括一个国家的政治政策、民族特性、文化背景、宗教信仰、地理位置、气候状况、地缘政治、外交状况、技术发展、经济基础等方面的因素；这些子系统层层向外晕染开来，各子系统之间、系统与要素之间、要素与要素之间相互作用，共同构成了"一带一路"国际中文人才培养的复杂动态系统。

接下来需要"一带一路"视野下国际人才培养复杂动态系统要素进行详细地切分，在复杂动态系统下找出人才培养各动态因子，也就是最基本要素，整个系统呈现出积木结构，每块积木正如生命之 DNA，不同的 DNA 决定不同的性状，或者几组 DNA 决定一个性状。同样，人才培养要素也可以重新组合，形成模块，模块与模块，模块和要素，要素和要素都可以重新组合，形成新的复杂动态系统服务于外界需求。本章则致力于"一带一路"视野下国际人才培养模块构建。

在对以上三个人才培养子系统进行要素切分之后，切分出若干一级要素及若干二级要素，建立起可以量化分析标准或质性分析标准，学习者系统可以通过问卷调查的方法确定其背景、情感、动机和策略对学习效果的影响；人才培养系统可以通过量化研究和质性研究相结合的方式进行分析；人才培养的环境因素着重叙述"一带一路"影响因子，在对宏观的政治经济文化等因素进行质性分析的基础上，量化方面以"一带一路"沿线各国的"五通"指数作为分析基础，最终落实到"一带一路"国际中文教育状况上来。

根据以上分析结果，以复杂动态系统理论视角，先从宏观的角度仔细分析"一带一路"沿线各国人才培养的历史变迁、文化传统、地理风俗和教育政策等要素，并以各国具有代表性的人才培养个案作为依托，详细地阐释其国际中文人才培养的现实图景和原生状况，力图找出其人才培养系统形成的原生轨迹，分析出为什么会呈现出这样的形态，以确定"一带一路"环境下的影响因子如何发挥作用。根据"一带一路"沿线各国人才培养的三个子系统中这些较大吸力的影响因子，以各国的真实情况为基础，构建出国别化的人才培养系统模块。

（三）问题三：如何系统构建"一带一路"国际中文人才培养模式？包括宏观视野的"一带一路"国际中文人才培养模式；中观视野的"一带一路"国际中文人才培养区域化模式；微观视野的"一带一路"国际中文人才培养国别化模式

第四章到第五章以"一带一路"沿线国家和地区作为切入点，用大数据挖掘的方法得出相关数据，并用各种数量统计或建模的方法总结出"一带一路"沿线国家人才需求现状，包括人才分布、素质要求、需求量等因素，这些因素成为构建"一带一路"沿线国家国际中文复合型人才培养模式的基础。

本书首先从"五通"角度出发，用大数据挖掘的方法挖掘出近几年来"一带一路"沿线国家的经济发展状况，用可视化的方式呈现出中国与"一带一路"沿线国家在建设过程中的投资贸易额、投资项目数量、投资覆盖行业、基础设施建设状况、金融和网络互联互通情况等，搜集整理出汉语学习和来华留学生的数量，通过历时的方法呈现出其发展状况，并用SPSS进行相关性分析，得出相关结论。

与此同时，在对政治经济、投资贸易、互联互通等方面穷尽式的数据挖掘的基础上，通过相关分析得出"一带一路"沿线国家国际中文人才需求的行业覆盖状况，并用可视化的方式展示出来。以此为依据，从复杂动态系统的角度出发，厘定过去和现在各国家和地区人才培养复杂动态系统，结合"一带一路"沿线国家人才培养的历史轨迹与现实状况、培养特点以及在新形势下所面临的问题，构建出能反映整个"一带一路"特点的人才培养总模型。

"一带一路"国际中文人才培养总模型反映的是沿线各国中文人才培

养系统的最大公约数，很多的变量会因各国国情不同而有所差别，为反映出"一带一路"既作为一个整体，又能反映各国本身的中文人才培养状况，文章在总模型的基础之上，结合各国人才培养特征变量，总结出适合"一带一路"沿线不同国家和不同地域国别化或者区域化的国际中文人才培养模型。

总的来说，传统人才培养的特点表现为独立性和封闭性，各国家各地区因其自身需求衍生一套自给自足的人才培养模式，随着全球化时代的来临，主流文化价值形成轴心，围绕此轴心，人才培养呈现出单向度输出或者输入的特点。而复杂动态理论下的"一带一路"国际中文人才培养系统充分考虑到了各个变量的情况及其相互关系，解决了高校、企业、智库和政府等因素相互脱节的问题，用系统的视野考察"一带一路"国际中文人才需求及培养，订单式的培养，多校园、多证书、多国家的人才培养模式，使"一带一路"国际中文人才培养各要素充分优化配置，以"一带一路"建设的真实需求为导向，培养目标和培养路径清晰明确，人才培养更有针对性，既节约了成本又提高了效率，避免了资源的浪费。

回归现实，其实中国与"一带一路"沿线国家国际人才培养早已踏上征程，但是因为种种问题，尚未建立起畅通的教育共同体，因此，通过这些个案分析，例如厦大马来分校、东盟学院、国外院校的努力等，在可供性视野下展现出其人才培养的现实图景和不足，然后以需求为导向，在复杂动态系统下重新构建"一带一路"国际中文人才培养模型，构建起真正休戚与共、互联互通、共生共荣的"一带一路"国际汉语教育共同体。

因为条件限制，"一带一路"国际中文人才培养的模型需要精确化，文章在量化研究和质性分析的基础上采取建模的方法，将复杂动态系统各变量数据化和可视化，并使之更容易检验，这需要更大程度的跨地域、跨学科的合作，需要极大的人力物力进行数据的搜集整理，因为资料搜集难以穷尽，缺漏在所难免，所以，"一带一路"国际中文人才培养模型系统需要在今后的实践中逐步发展完善。

（四）问题四："一带一路"国际中文人才培养模式如何应用

通过总结和梳理相关文献，就目前的情况来看，"一带一路"国际中文人才培养的途径包含以下几个方面：首先是代表国家意志的孔子学院，经过近年来的发展，承担着政策导向的重大任务，开始了"以量图大"到"以质图强"的进程，但其不能包办所有的人才培养，只能起到政策导向、文化交往、国际形象传播和培训等作用；其次是高校联盟，这是培养高端创新为导向的研究型汉语人才基地，培养的周期一般较长；再次是校企合作和校智合作，开展国际中文教育的学校与相关产业相融合，或者与相关研究智库为依托，有针对性地培养产业所需的人才；最后是校地合作，无论是中国院校还是本地院校，它们扎根地域，培养切合本地所需的特色型汉语人才，它们是国际中文人才培养的主力之所在。

在建设"一带一路"教育共同体的视野下，通过对"一带一路"沿线国家和地区背景和意义的详细梳理，根据中国和沿线国家在政策交往、合作意向及建设实绩，确定"一带一路"国际中文人才培养执行系统。

通过分析"一带一路"沿线各国的政治、经济、文化以及语言政策等国情，并通过对学习者和企业的深入调查研究，分析出学习者的学习特点和学习偏好，在全球化大趋势下和"一带一路"建设的背景中调查出国际中文人才的真实需求，并以全球化视野下的和历史背景中有效的语言人才培养模式为借鉴，构建出全球化视野下国际中文人才培养的模式，归根结底，这些模式还要放在现实存在的各个人才培养系统中去执行，优化先前的国际中文人才培养模式，分层次、国别化、多维度、交叉视野，使国际中文人才培养更具有针对性和有效性，服务于中国和沿线国家共同发展大计。

二 分析原则及思路

（一）主要问题分析

自 2013 年"一带一路"倡议提出以来，我国与沿线国家的经贸投资合作有条不紊地推进，取得了令人瞩目的巨大成就，投资经贸、民心工程和人才培养基本上是同步进行的。对"一带一路"建设起着支撑和促进作用的人才其行业、地域和层次分布究竟为何？"一带一路"人才需求有什么样的内涵特征？本书拟从以下三个方面进行研究：

1. 厘清"一带一路"经贸合作数据。本书拟从四个方面对"一带一路"人才需求相关数据进行梳理：第一，"一带一路"贸易合作大数据；第二，"一带一路"沿线国家投资项目大数据；第三，"一带一路"与沿线国家合作协议；第四，"一带一路"相关企业人才需求调查。通过对这些数据进行分类整理，为下一步的人才需求分析奠定基础。

2. 大数据为基础的人才需求分析。根据上述数据对"一带一路"人才需求进行四个维度的分析：首先，进行"五通"之中政策沟通层面的梳理分析，结合与沿线国家签署合作协议的数量和性质，分析出"一带一路"建设人才需求的宏观状况；其次，以"一带一路"经贸投资大数据为基础，集中分析出人才需求的国别地域分布、行业覆盖分布、需求强度分布和需求层次分布等；再次，通过对"一带一路"相关企业的实际调查，描绘出人才需求的数量分布和发展趋势；最后，综合以上三个角度的分析结果，采用层次分析法和 K-means 聚类分析法并对数据进行可视化处理，绘制出"一带一路"人才需求图谱。

3. 明确"一带一路"人才需求特征。在"一带一路"人才需求分布分析的基础上，进一步地明确"一带一路"人才需求的特征，为下一步更有针对性地人才培养做好准备。就人才需求对象而言，受政治经济、历史文化、民族宗教、教育政策等因素的影响，必须对学习者的学习动机、学习策略和学习行为等国别化特征有明确的了解；就人才需求素质而言，"一带一路"实际上是全球化进程的中国方案和中国表达，多元文化背景之下的人才究竟需要具备哪些素质，必须进行详细分析；就人才需求专业和层次而言，"一带一路"究竟需要哪些专业的人才，其分布状况和层次要求如何，具备哪方面的特征，都值得认真研究。

（二）重点研究内容

1. "一带一路"经贸投资数据梳理。"一带一路"经贸投资覆盖全球 6 大区域至少 65 个国家，围绕重点建设的"五通"广泛展开，国家信息中心、"一带一路"大数据中心、商务部都从宏观上做了各种类型的数据统计分析，围绕人才需求将这些数据进行分类整理。

2. 政策沟通下的人才需求分析。"一带一路"经贸投资数据是围绕人才需求从量化的角度进行分析，实际上，以中国与"一带一路"沿线国家签署的合作协议为代表的政策沟通工作代表了人才需求的状况和趋势，需要从质性的角度进行分析才能得出客观结论。

3. 人才需求的实地调查。上述量化分析和质性分析是建立在翔实数据和对政策客观分析的基础上，而人才的真实需求状况，还需要深入"一带一路"前沿阵地，对参与"一带一路"建设的相关企业进行调研，整理出人才需求的第一手资料，为"一带一路"人才规划和人才培养提供支撑。

4. 人才需求的地域、行业及层次分布。在对"一带一路"贸易投资数据整理，以及对"一带一路"政策及文件分析和深入一线的实际调查基础上，需要对人才的国别地域分布、所属行业分布、需求层次分布和总体数量分布进行整体分析，对"一带一路"人才需求的宏观研究，有助于国家集中调配资源进行人才培养的整体规划和部署。

5. 人才需求特征分析。人才需求特征是立足人才培养的角度对"一带一路"建设所需人才素质进行集中梳理，考虑到人才所处的地域特点以及所受历史文化传统的影响而形成的特有的学习行为方式，综合分析这些特征，为人才培养计划的制订、人才培养内容的界定和人才培养路径的选择提供更有针对性的参考依据。

（三）研究思路和研究方法

总体研究思路：首先，厘清"一带一路"人才需求相关的各项经贸投资数据，结合对相关政策的综合分析和对"一带一路"沿线企业的深入调查；其次，在此基础上系统化地对人才需求的各项分布状况进行整体分析并绘制出人才需求图谱；最后，在人才需求分析的基础上对"一带一路"人才需求的特征进行提取，为下一步更有针对性地进行人才培养做好准备。研究框架见图1-6。

第一，厘清"一带一路"经贸合作数据。

"一带一路"倡议让中国产业依国别需求走出国门，全方位服务世界各国的经济建设，为更好地研究如何为沿线国家提供合格的建设人才，必须首先深入挖掘和梳理"一带一路"相关数据。本书以国家信息中心、"一带一路"大数据中心、商务部、世界银行、WTO、Trade-Map发布最新数据及各种相关权威投资报告为基础，从以下三个维度进行数据的整

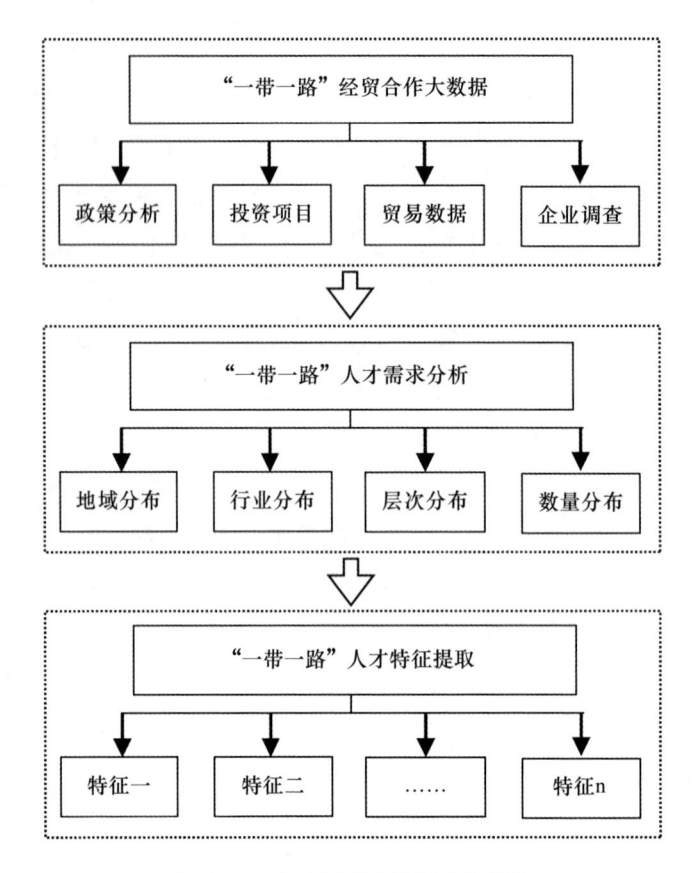

图1-6　人才需求及特征研究框架

理分析：

第一个维度是数据挖掘，以人才需求为核心，通过数据的搜集与整理，得出影响该地区人才需求的进出口总额、对华贸易权重、贸易商品类型、贸易特征、地区问题、互派留学生、投资项目等要素，全面分析出影响人才需求的各要素因子。

第二个维度是政策分析，通过查阅搜寻与该地区经济、贸易、投资、企业等相关大量文献，包括企业招聘广告、企业发展年鉴与规划等，了解到企业目前真正需要什么类型的人才。

第三个维度是访谈调研，通过对已经在该地区投资或者已经投资但项目尚未执行的企业进行实际的访谈，调查项目的进展情况，遭遇的困难和对人才的需求等；调查的主要内容有：1. 企业人才需求的方向和职位描述；2. 对所需"一带一路"国际中文人才的素质要求；3. 目前以什么样的形式招聘中文人才；4. 有无和本土人才培养机构对接，效果如何；5. 目前招聘到的人才在质量和数量上是否切合所需；6. 今后五年之内的发展规划及用人要求。

最后以上述三者为维度，进一步提炼出"一带一路"人才需求行业的分布以及人才需求类型，并根据各自的权重，用可视化的图形展示出来。

第二，大数据为基础的人才需求分析。

1. "一带一路"人才需求综合分析

人才问题既是中国企业海外拓展的关键要素，也是"一带一路"沿线国家和企业的重要关切。根据上述"一带一路"人才需求分析的三个维度，我们首先需要进行政策层面的梳理和分析，结合"一带一路"建设实际调查的情况进行科学的理论推演，然后以中国对"一带一路"沿线国家和地区贸易投资相关数据为基础进行标准化处理，按照统一的标准将投资分门别类，按照类型进行层次分析、聚类分析之后，对各项因素加权考量后再进行可视化处理，从而得出"一带一路"人才需求的类别和地域分布图。

以"五通"构架为基础进行切分的人才类型，基本上覆盖了"一带一路"建设人才需求，参照北京大学"一带一路""五通"指数课题组将"五通"切分为若干二级指标和三级指标，结合中国对"一带一路"沿线国家和地区投资额及投资项目覆盖的类别，然后将"一带一路"所覆盖的行业分别归属到相应的指标之内，梳理出"一带一路"地域分布和行业需求特征，最后结合该地区政策进行质性分析，最终绘制出人才需求可视化图谱。

2. "一带一路"人才需求国别化分析

通过上文搜集整理沿线 6 大区域至少 65 个国家的"一带一路"建设数据，呈现出人才需求的区域分布和行业覆盖特征。由于不同国家的地理位置、语言文化、历史传统、民族宗教和发展轨迹等特点，人才需求显示出显著的国别化特征，人才需求类型和地域因素密切相关：例如亚洲大洋洲地区需求采矿、商贸、制造业人才,非洲及拉美需求信息科技、交通运输和建筑人才,中东欧地区需求金融、采矿和商贸人才,西亚北非和中亚地区需要能源人才,南亚地区人才需求则集中在建筑业和交通运输业。然后以国别为单位,综合运用经济学、社会学的理论进行分析,详细梳理出"一带一路"沿线国家的人才需求状况。

3. "一带一路"人才需求的行业、层次分析

首先,"一带一路"经贸人才需求分析。"一带一路"倡议下中国对沿线国家和地区经济贸易的促进有目共睹,总体上来说自倡议提出以来,中国对沿线6大区域至少65个国家的进出口贸易额稳中有增,中国不同区域的进出口贸易额反映出"一带一路"贸易人才在不同区域的需求情况,据此分析出中文复合型人才的分布特征。

其次,"一带一路"人才需求行业分布。整体上而言,"一带一路"人才需求除了普遍的语言人才需求之外,根据数据分析和实地调查的结果,按照项目规模和地域特征,主要集中在商贸服务、金融业、制造业、能源、信息科技和交通运输方面。

最后,"一带一路"人才需求类型分析。基于以上数据和分析,可将人才需求类型总结为"政策沟通"需要全球领导型国际化人才、"设施联通"需要高端技术型国际化人才、"贸易畅通"需要创新创业型国际化人才、"资金融通"需要金融领军型国际化人才、"民心相通"需要人文交流国际化人才。这些指标可以作为"一带一路"人才的分类标准,在此基础上进一步地做人才需求分析。

第三,明确"一带一路"人才需求特征。

1. "一带一路"人才的全球观定位

作为对以建设人类命运共同体为愿景的"一带一路"倡议的呼应,教育部紧随倡议提出签发纲领性文件《推进共建"一带一路"教育行动》,着力推进"一带一路"沿线国家教育共同体建设,重点围绕"一带一路"共建的"五通",一方面促进民心相通,另一方面为其他"四通"提供人才支撑,明确了"一带一路"人才培养的全球观定位。这些特征首先表现在对语言人才的需求上,即培养既具有多语言交际能力,又具有专业素养和实践经验的复合型人才,因为语言互通是"五通"的基础,

从这个定义出发,"一带一路"建设最需要的是覆盖于各个行业之上的语言人才。

随着"一带一路"建设工作的推进,一方面呈现出大量的人才缺口需要去填补,另一方面这些需求对中文复合型人才呈现出新的要求。新形势下中文复合型人才培养从培养内容到培养路径都已经打破原有对人才的定义,这是以现实需求为导向的中文复合型人才培养的必然结果,通过对培养对象进行国别化分析和对沿线国别化人才需求调查提取出人才培养特征。

2. 多语言能力及跨文化适应素质特征

以经济一体化为驱动的全球化的进程中,尤其是在网络技术日渐发达的今天,拥有不同语言文化背景人们的各自表达是维持这个世界多元化的重要力量,也是促进文明互鉴、文明共生共荣生生不息的原动力所在。不同语言不同文化碰撞交流,不同地域和国家在语言文化方面也呈现出从冲突到融合的过程。中国追求的并非单边主义,并非语言和文化的侵略,恰恰相反,中国在全球化带来的冲击中提倡、尊重和保护多元文化,这也成为联合国教科文组织、欧盟等许多国际组织的共识。因此,以合作共赢为宗旨的"五通"建设从一开始就扎根在多语言、多文化的环境之内,"一带一路"中文复合型人才培养的理念也需要呈现出多语言、多文化的特征。

3. 跨专业复合型素质特征

随着15年来共计548所孔子学院在全球150多个国家和地区广泛开设,以及几百甚至上千年的海内外华语文教育,在历史的经验积累和对现实扎实调查为基础的人才需求上,人才培养要素已经十分明朗。立足教学和研究的角度,学者们认为"一带一路"中文复合型人才应具备"语言应用+语言教学+语言开发"的能力,也就是化"+"为融合的中文复合型人才,进而上升到从系统的角度出发进行综合考量。

最后,通过对这些参与"一带一路"建设企业进行国别化的调查,一方面可以得到翔实的人才需求数据,包括现在需求量及未来一段时间之内的需求量;另一方面可以调查出人才需求的行业分布、地域分布等,可以根据这些要求分行业、分层次、分地域地建立起"一带一路"人才实时需求数据库,并与"一带一路"企业建立广泛的联系,实时更新需求信息,为人才培养和就业指明方向。

三 本书的结构

本书重点集中于"一带一路"中文复合型人才培养模式研究,对宏观层次政治经济外交等环境因素分析及微观层次学习者个性差异的梳理,对其进行认真地研究分析,提取影响人才培养的特征,服务于"一带一路"沿线国家国际中文人才培养模式的构建,具体如下。

第一章论述问题的发端。从"一带一路"倡议构建人类共生共荣的命运共同体以来,作为呼应,教育部随之下发关于构建"一带一路"教育共同体的相关文件,这些作为纲领性文件,提出很多美好的愿景,需要很多具体的构建计划以保证其实施,这正是本书所讨论"一带一路"中文复合型人才培养问题的政策性依据。

在新的国际形势下,各国家各地区显示出共同构建人类命运共同体的气概,"一带一路"倡议提出正顺应这一潮流,倡议从提出到今天,一系列的愿景已经开始显露实绩,"丝绸之路"留学推进计划,"丝绸之路"合作办学推进计划,"丝绸之路"师资培训计划,以及"丝绸之路"人才联合培养等一系列计划逐步实施,政府设立的各级奖学金也相继到位,但是就整体而论,目前"一带一路"建设人才需求与中国和沿线国家当前人才培养模式之间存在着明显的脱节问题,这正是论文的出发点。

研究综述部分。通过整理国内外现有的文献资料,围绕"一带一路"国际中文人才定义问题逐步展开,汉语人才一直是一个莫衷一是的笼统概念,内涵不清则培养路径不明,本书结合国内外最新研究成果,对"一带一路"国际中文人才的内涵进行严格的界定,并提出了目前的国际人才培养系统也面临新问题:首先体现在人才培养系统问题上,诸如培养目的、培养需求、区域不能对接问题、全球化文化轴心烙印问题;其次是人才培养路径问题,诸如效率、行业针对性、周期、流动性、认证、培养费用、应用、培养场域、培养对象等问题,这些问题都需要一一解决。

第二章将复杂动态理论引入"一带一路"国际中文人才培养模式研究。首先追溯了复杂动态理论的形成过程、阐述复杂动态理论的思维方式、理论特征等；其次用复杂动态理论的视角观照和考察"一带一路"国际中文人才培养模式各要素、要素之间的关系、要素形成的系统、系统之间的关系、系统和要素之间的关系等；最后在复杂动态理论的视角下构建起中文复合型人才培养模式研究框架。

第三章从宏观着眼，以"一带一路"倡议为基础，从顶层设计的层面出发，分析在此环境之下的人才培养系统，并详细探讨"一带一路"环境下中文人才培养各要素特点，以此完成"一带一路"国际中文人才培养宏观模式的构建问题，"一带一路"国际中文人才培养模式主要包括两个方面的内容：首先是为什么培养？其次是怎样培养？为什么培养涉及促进人类命运共同体建设的培养理念和服务于"一带一路"具体建设工作的培养目标问题；怎样培养包括培养主体、培养内容、培养方式、培养评价等内容。

第四章从中观角度着眼，着重探讨"一带一路"倡议下区域化中文复合型人才培养模式，从整体上对这些区域进行考量，客观分析出"一带一路"沿线6大区域人才需求的最大公约数，并进行有针对性地培养，是提升人才培养效率和专业性的可靠保障。本章首先阐述"一带一路"建设对区域化人才培养所提出的要求，分别阐述了东南亚、西亚北非、中亚、南亚、中东欧和独联体6大区域的人才需求状况、人才培养要素，构建出适合该地区的区域化中文复合型人才培养模式。

第五章首先阐述"一带一路"倡议下印尼中文人才培养的政治环境及语言政策和教育现状等，再通过梳理中国和印尼经贸投资大数据分析出印尼中文人才的需求分布和需求特征，然后通过对企业进行访谈调查出"一带一路"人才的真实需求类型，对学习者进行问卷调查，分析出学习者的特征，完成人才培养模式的要素分析；最后根据这些要素特征构建出印尼"一带一路"国际中文人才培养模式，窥一斑而知全豹，从中可以投射出"一带一路"国际中文人才国别化培养模式的全貌。

第六章结论部分首先总结"一带一路"国际中文人才培养宏观、中观和微观模式的立体构建问题，其次阐释"一带一路"国际中文人才培养模式的应用和要注意的问题，最后对"一带一路"国际中文人才培养模式研究进行展望，对研究的局限性也进行了解释。

```
┌─────────────────────────────────┐
│   引出议题、界定概念、研究综述   │
└────────────────┬────────────────┘
                 ↓
┌─────────────────────────────────┐
│ 提出"一带一路"倡议下国际中文人才培养问题 │
└────────────────┬────────────────┘
                 ↓
┌─────────────────────────────────┐
│ "一带一路"国际中文人才培养模式理论分析 │
└──┬───────────────┬──────────────┬┘
   ↓               ↓              ↓
┌──────┐      ┌──────┐       ┌──────┐
│宏观总体│      │中观区域│       │微观国别│
│性模式的│      │化模式的│       │化模式的│
│构建及要│      │构建及要│       │构建及要│
│素分析 │      │素分析 │       │素分析 │
└───┬──┘      └───┬──┘       └───┬──┘
    └──────────────┼──────────────┘
                   ↓
┌─────────────────────────────────┐
│  "一带一路"国际中文人才培养模式应用  │
└────────────────┬────────────────┘
                 ↓
┌─────────────────────────────────┐
│ "一带一路"国际中文人才培养模式研究展望 │
└─────────────────────────────────┘
```

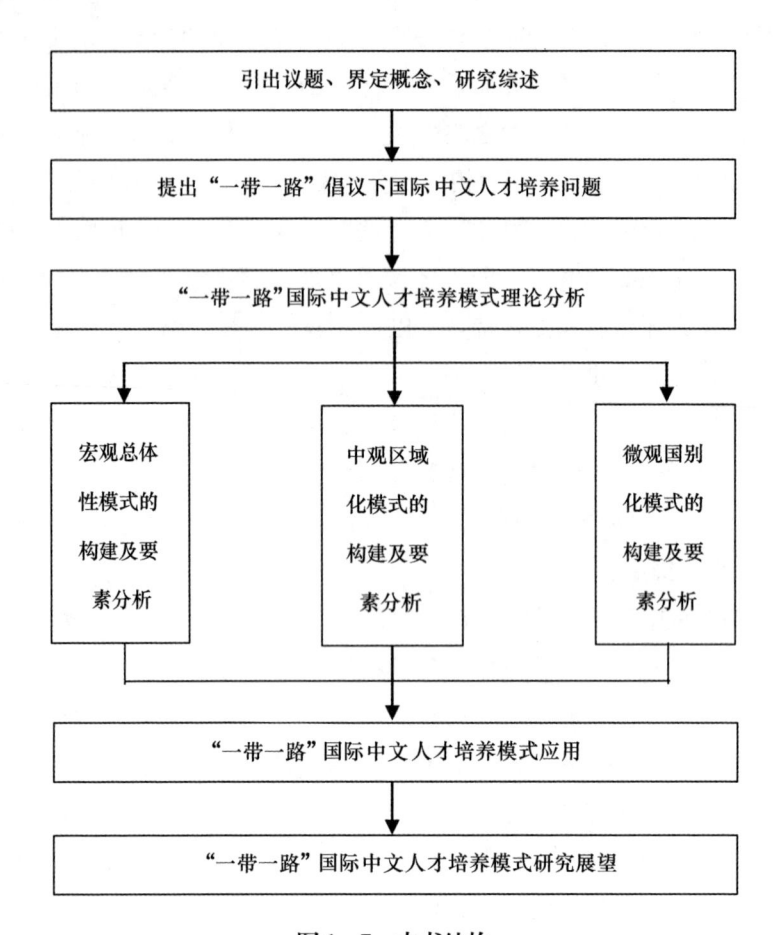

图1-7　本书结构

第二章

复杂动态理论下"一带一路"人才培养模式研究

本章将复杂动态理论引入"一带一路"国际中文人才培养模式研究。首先,追溯了复杂动态理论的形成过程、阐述复杂动态理论的思维方式、理论特征等;其次,用复杂动态理论的视角观照和考察"一带一路"国际中文人才培养模式各要素、要素之间的关系、要素形成的系统、系统之间的关系、系统和要素之间的关系等;最后,在复杂动态理论的视角下构建起国际中文人才培养模式研究框架。

第一节 "一带一路"国际中文人才培养模式复杂性特征

一 复杂动态理论下的"一带一路"倡议

两千多年前,古希腊哲学家亚里士多德论述社会的结构和功能时曾发表断言:离开人体的手臂不能称之为手臂,作为部分不能独立于整体而存在,同样,个体不能独立于社会整体而存在,整体的功能大于个体,离开社会存在的个体要么是野兽,要么是上帝;[1] 也就是说社会正是一个庞大而复杂的动态系统,只有在系统各因素相互存在的过程中,人才有存在的意义。从那个时候起,亚里士多德已经从整体的观点去审视各个部分之间的复杂关系和功能呈现。

---

[1] [古希腊]亚里士多德:《政治学》,罗念生译,中央编译出版社2008年版,第8页。

然而，文艺复兴之后的数百年来，随着学科体系的成熟，各个学科之间划定了明确的界限，认识到人的有限性，研究者们穷其一生在各自所在的学科领域为社会的进步和发展贡献了自己的力量，也为知识殿堂增加了坚实的基石，我们看到这种精细的学科划分有着非常科学的依据，问题的呈现也到了极为微观的层面，更好更有针对性地去解决问题。

从另一个层面来讲，过于对精细学科的执着，使各个学科之间筑起了一座高高的围墙，学科之间壁垒日趋森严，这不但局限了研究者的学术视野，也使很多具体的问题得不到有效地解决。事实上，正如美国密歇根大学的霍兰（Holland）教授所言：各个部分之间相互作用，形成复杂系统结构，这种成分之间的相互作用使事物呈现出复杂性和多样性的特征，系统在表现部分特征的同时，还传递着作为整体而产生的新特点。①

这种整体系统的思维方式在中华五千年文明的漫长河流里早就有了遥远的先声，中医的系统性理论方法和实践，将整个人体及周围环境看作一个复杂系统，在与其的动态复杂关系中寻求病因，而非头痛医头脚痛医脚；《周易》中对天、地、人三才的考量，以及其识人断事、上下四旁、错综复杂、八面玲珑的思维方式，渗透在其后的经典著述《道德经》和《孙子兵法》之中，这种系统性的思维方式一直作为中华民族的思想精粹而延续至今。

正因如此，复杂动态理论的诞生使对于问题的整体性研究路径得以真正回归，该理论正是建立在混沌理论、计算机理论、生物学理论、认知科学、控制论、系统论、信息论等一系列跨学科的基础之上，以跨学科的视野来考量问题的方式，还原了事物内部及各要素与所处环境各要素之间的复杂状况。构成事物的各个组成部分并非简单的物理叠加，而是有机的互动和相互影响，其关系也不是机械性的因果线性关系而是系统性关联。

在自然界和日常生活中，复杂动态状况是难以接受和理解的，人们

---

① [美]霍兰：《隐秩序：适应性造就复杂性》，周晓牧、韩晖译，上海科技教育出版社2008年版，第1—91页。

用最简单的模式去理解这个世界，化复杂动态过程为静止的实体，化生活的过程为简单的故事和既定的态度、归因和特性，正是人类认识世界的特点遮蔽了这个世界本身的复杂性，正如在现实世界中人们看到的仅仅是树木、河流和人这些静态的实体，而忽视了孕育树木、河流和人类的土壤、气候等诸多条件，而事实上，只看到静态个体是无意义的，因为它们只在复杂动态系统过程中存在，没有这个复杂动态的过程，它们也就不复存在，这是复杂动态理论的基石。

郑通涛教授将其毕生的研究心血结集出版，命名为《国际教育背景下的语言跨学科研究》，以复杂动态系统理论作为其理论根基，以跨学科的广阔视野来审视语言学领域所遭遇的新情况和新问题，其真知灼见得到了国内外专家学者的广泛而热烈的响应，这些正反映了现阶段学术研究的前沿和趋势。

为了清楚而形象地表述复杂动态系统的发生状况，怎样随着时间的延展而发生变化，拉尔森-弗里曼借用斯皮维（Spivey）的观点，运用了一个生动的比喻，她把复杂动态系统看作漫步在大野之上的真实图景，移步上山，或者下越溪谷，如果横亘在前面溪谷太深，偶尔停下，除非你有足够的能量越过去。这个漫步大野的图景真实地展现了复杂动态系统的发生状况，漫步的轨迹在溪谷和原野之间存在着各种交变的可能性，两个溪谷之间的山脊反映了复杂动态系统中的变化，作者用一个三维的地图形象的展示。[①]

如果把这些复杂的三维地形图进行降维处理，略去不必要的细节，把三维地形图用二维图形表示出来，就可以得到图2-2。[②]

在这个图形之中，各种力量及相互作用的情况都清楚地显示了出来，平坦的山脊和凹陷的溪谷成了力量的指向之地，对于个人在这幅图景中漫步的轨迹系统都起着相应的影响，溪谷的深度、山脊的平坦度、路途的距离等共同发生作用，使漫步者根据自身的情况做出各种可能性的选择，这个过程本身就是复杂动态系统内部各要素及吸引因子如何相互作

[①] Spivey, *The Continuity of Mind*, Oxford: Oxford University Press, 2007, p.18.
[②] Spivey, *The Continuity of Mind*, Oxford: Oxford University Press, 2007, p.18.

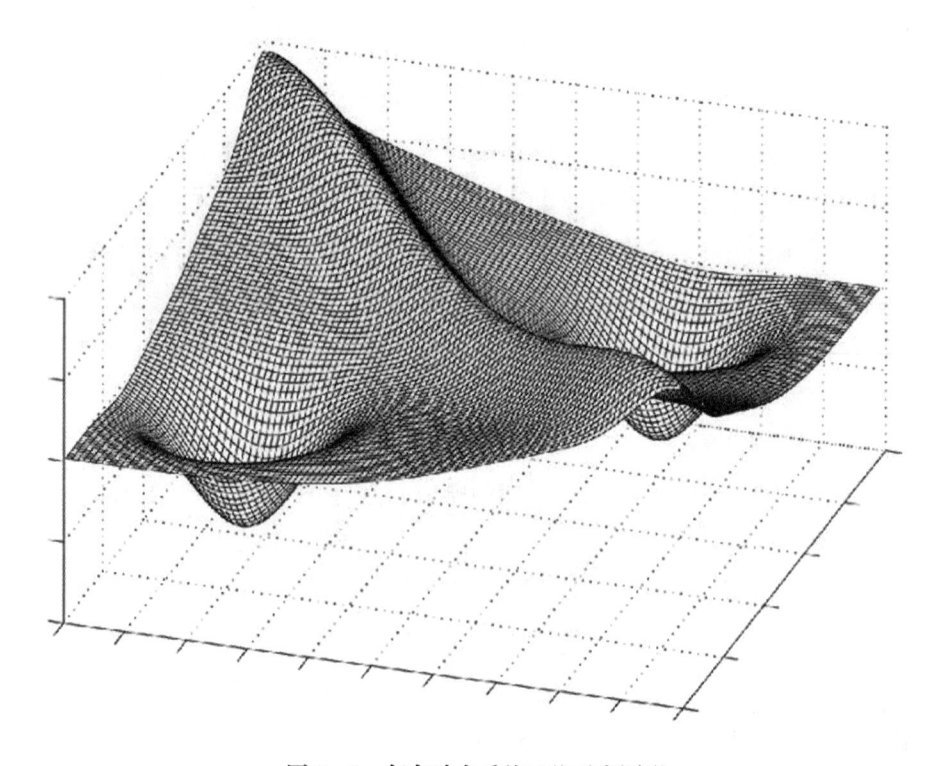

图 2-1　复杂动态系统三维示意图形

用并对主体产生影响的真实呈现。

如果说"一带一路"国际中文教育与人才培养本身就是一个系统的话，这个系统本身又将受到其他各级系统的影响，比如"一带一路"沿线各国之间国际中文人才培养系统的影响，"一带一路"沿线6大区域性的共同体对各国中文人才培养系统的影响，更为重要的是中国的"一带一路"倡议及对沿线国家的大量投资和支持，这将构成各国原有中文人才培养系统强有力的吸引因素，与先前培养系统的各要素产生动态的相互影响，形成新的复杂动态状况。

二　"一带一路"国际中文人才培养模式的复杂性特征

（一）复杂性特征

复杂动态系统所尝试解释的是以系统性的视角事物和现象本身的多

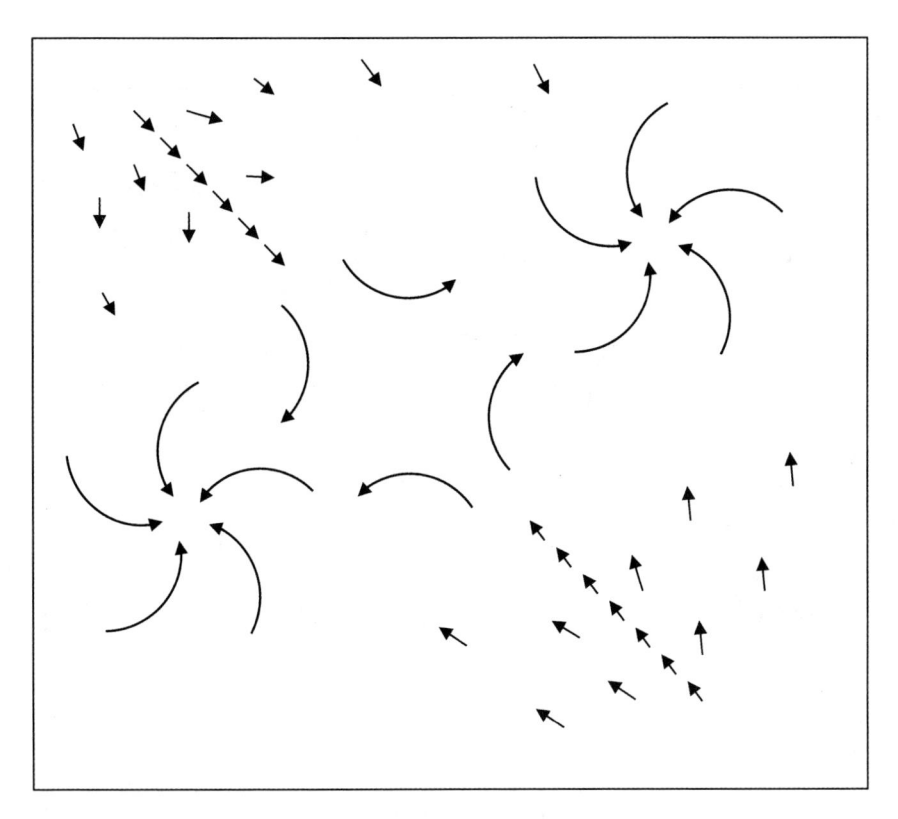

图2-2 复杂动态系统降维图形

样性和关联性,还原构成事物各要素之间动态互动的复杂性特征,因此也使之具有了复杂性、开放性、非线性、涌现性和自组织性的特征,并且一直处于相互影响和不断变化之中。这些事物和现象的复杂性及其特征不是通过单个要素来表现的,而是通过由要素形成的大大小小相互关联、相互作用的系统体现出来的,系统之间相互嵌套、相互影响,并在彼此互动的过程中涌现出新的系统和组织,在这个过程中,系统内部变量多样性、内部结构多层次性、多因素交互影响及系统的开放性等特征表现出来。正如研究者王涛所说:"复杂系统所具有的动态性、系统性、自组织性、非线性、开放性等特征改变了传统研究与分析问题的方法。"[①]

[①] 王涛:《动态系统理论视角下的复杂系统:理论、实践与方法》,《天津外国语大学学报》2011年第6期。

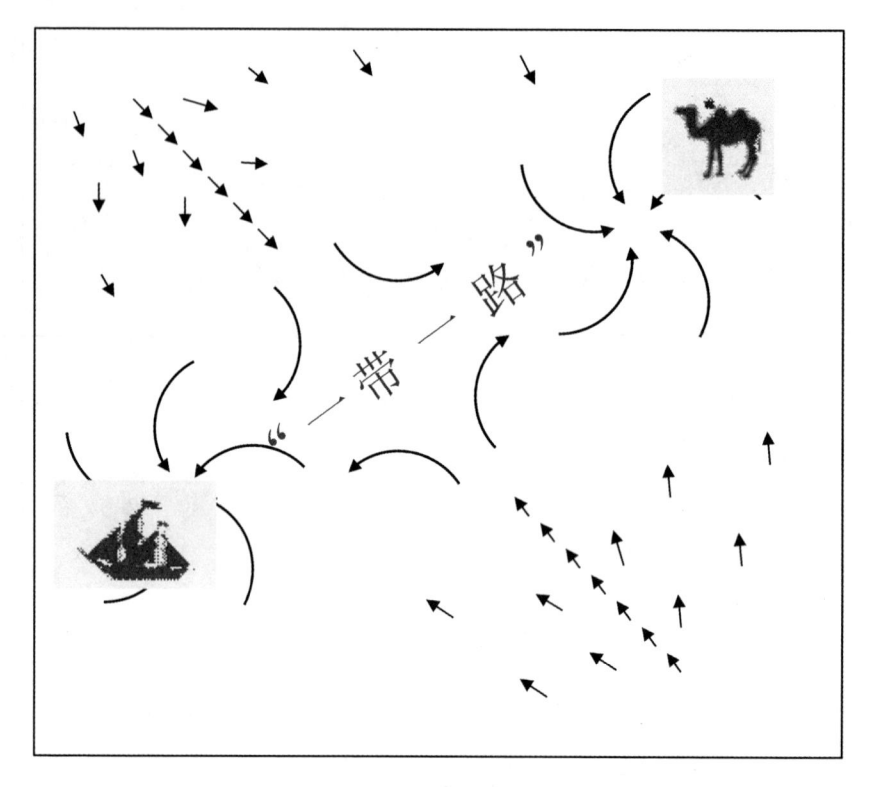

图 2-3　"一带一路"作为人才培养复杂动态系统吸引因子

从这个意义上来说，语言、语言教学、语言人才培养都是复杂动态系统，它们相互关联、彼此影响。

从动态演变的角度来看，语言也是一个复杂动态过程的产物。语言也绝不是孤立的存在物，它是复杂动态系统作用过程的结果，必须把它置于复杂动态系统之中才能凸显语言的本质。生物学上的研究正印证了这一过程，科学家在研究人体形成的过程中发现细胞实在复杂的系统中不断分裂和相互作用的结果，而非人们认为的在生命孕育之前就有特定的基因形成特定的人体器官。过程本身才是事物存在的本质，语言其实就是复杂动态系统作用过程的结果，对语言学和应用语言学的研究，把视野扩大至整个语言存在的复杂动态系统机制，才能更好地理解其本质。

事实上，语言本身也是一个极为微妙而复杂的系统，并且是一个无时无刻不在与周围的环境发生关系的系统。[①] 在复杂动态系统理论的视域下，语言本身是一个不断卷入新的变量又不断发生动态交互的过程系统，在同一个时间维度的横切面上难以静态地考察所有变量之间的关系，而通过建模和数据分析则可以推演出各个变量之间在时间延展线上的互动关系。[②]

因此，复杂动态理论所要研究的中心任务已经不仅是预测语言的发展方向，而是转移到了通过反观的方式来解释复杂动态系统发展的轨迹，通过考察系统内部各要素发生的变化，并以此作为依据，重新构建语言系统内部各要素及其中的关系，其实这样的研究过程更多的是反观和回顾。受混沌理论以及莫兰（Morin）的影响，密歇根大学语言学和教育学系的学者拉尔森－弗里曼（Larsen Freeman），从1997年开始将自然科学的混沌理论引入语言学和应用语言学研究领域，提出了复杂动态语言学研究的新课题，她与莱妮－卡梅伦（Lynne Cameron）合著的《复合系统与应用语言学》（*Complex Systems and Applied Linguistics*）2000年由牛津大学出版社出版，书中她反复强调复杂动态系统的特质：动态性、复杂性、开放性、非线性、自组织性、自适应性和涌现性。

用这个理论来审视应用语言学，无论是语言内部的发展和特点还是语言外部的学习及应用，都具有革新性质的意义，它带来的是思维方式的重大转变，运用复杂动态理论对之前的语言学研究进行重新系统性的思考或许会有新的发现：

1. 语言研究的范畴或许不能简单地切分为语言能力和语言运用两个部分，而是在使用的过程中持续成型的过程，或许可以成为结构过程（Structure Process）（Bohm 2003）。

2. 应用语言学研究应该寻求通过鼓励学习者提升社区参与度的方式有效地获得社区语言。

[①] 王士元：《语言是一个复杂适应系统》，《清华大学学报》（哲学社会科学版）2006年第6期。

[②] de Bot, K. Introduction, "Second Language Development as a Dynamic Process", *The Modern Language Journal*, 2008, 92 (2), pp. 166–178.

3. 学习的过程和谁卷入的议程不可分割。

4. 语言被视为一个开放、持续发展的而非闭合的系统。

5. 语言学习不是对语言公约的复制，而是革新、创造的过程。

6. 教不一定会引起学。

7. 语言学习任务不是静止的框架，而是可变的进化系统。

8. 对话意义被理解的达成不是通过根据意义对词语进行选择，而是复杂动态过程的结果。

9. 语言教学是学习者个体自适应的过程。

如果语言教学和研究的真实状况是以上所述，那将会怎样？[1] 拉尔森－弗里曼和莱妮－卡梅伦对语言学和应用语言学研究的重新思考有助于我们从另一个角度仔细得出语言学及应用语言学研究的本质。如果在更广阔的视野中去看待人才培养问题，或许所要考虑的要素和要素之间的动态关系恐怕要复杂得多，但是更接近国际中文人才培养的真实生态，它不仅包含微观的教师、教学、教材等教学要素，还包括语言政策、教育制度、学校性质等中观因素，还有政治经济文化、历史地理环境、宗教民族观念等宏观因素，更重要的是这些因素形成大大小小相互影响、相互嵌套的系统，国际中文人才的培养也是在这些系统的相互作用中发挥作用并达到目的的。这也是本书思考"一带一路"倡议下国际中文教育与人才培养模式的理论基石和分析框架。

（二）涌现性特征

复杂动态理论与本书研究主旨高度契合，国际中文人才培养最相关的显著性特征，就是上文所论述的复杂动态系统内部各要素由于相互影响、相互作用而全面连接，以及在全面连接的基础上产生的涌现性。一个复杂动态系统由构成这个系统要素的多种变量以及参数构成，这些变量和要素之间相互联系、全面连接，处于永远的运动状态之中。新的系统产生于个体相互作用过程之中，同时产生于要素与要素、要素与整体

---

[1] ［美］拉尔森－弗里曼、莱妮－卡梅伦：《复合系统与应用语言学》，上海外语教育出版社2013年版，第9—11页。

的互动中①。复杂动态系统内部要素变量的变化会引起其他要素变量甚至整个系统的变化,亚马孙河旁边的一只蝴蝶振翅,会引起美国西海岸的一阵风暴,即通常所说的"蝴蝶效应"。

"蝴蝶效应"突出了系统内部一个微小的变量能引起整个系统的变化,这个变量的能量很小,但是正好在系统内部各要素相互影响中所起的作用非常之大,正如海洋中环游的巨大鱼群,像一个热带风暴的漩涡,这是一个复杂动态系统,而一只小鱼突然改变航向,可能会引起整个系统的改变。改变这个系统的可能是能量很小的因素,也可能是巨大的吸引力,比如温暖的洋流传送过来大量的鱼虾,但并不是所有的因素都能够使整个系统发生改变。

因某种能量的变量而引发变化的系统暂时呈现出混沌的状态,在混沌到达临界点之上时,涌现的特征开始表现出来,这标志着一种新的复杂动态系统正在形成,系统内部的各种要素变量通过与环境的互动关系具有自组性,系统在"吸引状态"(Attractor state)的作用下,先前复杂系统内部出现新的要素变量和组织关系,从而推动了整个系统各变量的重组,在不断涌现和系统内部不断自适应的过程中,形成新的复杂动态系统。

如果把中国近年来倡议的"一带一路"作为复杂动态系统中的吸引因素的话,因为其与"一带一路"沿线各国的中文教育和人才培养关系甚为密切,对国际中文人才培养的各个变量诸如政策导向、设施状况、经济基础、文化背景、宗教信仰、地理位置、气候状况、地缘政治、外交状况等发生全面连接,"一带一路"沿线各国原有的国际中文人才培养系统受其影响,通过自相适应和自我组织,会逐渐涌现出新的系统,即"一带一路"国际中文人才培养系统,这也正是本书研究的理论原型。

其实,涌现性本身也体现了复杂动态系统的动态性特征,涌现是复杂系统动态发展的结果,动态发展的过程也是系统自适应的过程。"一带一路"国际中文人才培养模式是一个动态发展的过程,在不同的层次、

---

① de Bot, Lowie & Verspoor, *A Dynamic Systems Theory Approach to Second Language Acquisition*, Bilingualism: Language and Congnition 10/1, 2007, pp. 7 – 21 and 51 – 55.

不同的环境、不同的条件展现出截然不同的模式形态,用复杂动态理论考量"一带一路"中文复合型人才培养模式,其重点就是关注随系统要素改变而发生改变的动态性,构建出最合适、最高效的国际中文人才培养模式。

(三) 自适应性特征

1994年,在圣达菲研究所和科学家们尝试构建一个复杂动态系统理论框架时,霍兰(Holland)提出了他的复杂适应系统(Complex adaptive system),其显著性特征主要表现在以下四个方面:1. 适应性主体有感知和反应能力,自身有目的性、主动性和积极性,能与环境和其他主体随机进行交互作用;2. 适应性主体从一种多样性形式转变为另一种多样性形式,一起演化生成无数能完美相互适应并能与环境相适应的适应性主体;3. 复杂适应系统具有平衡无序和有序的能力,其平衡点就是混沌的边缘;4. 适应性主体在多种简单规则的支配下相互作用,产生涌现现象。①

"一带一路"倡议下的国际中文人才培养事实上也是作为一个复杂动态系统自适应的结果。中文人才培养最初指向的对象是国内的学生,培养传承和普及中文和中华文化的专门人才,是我国基础性教育的重要组成部分,也是中华民族得以存续和发展的重要举措。随着中国改革开放政策的实施,在吸收和借鉴西方先进经验的同时,中文和中华文化也走出国门,国际中文教育逐步发展,并随着中国国家实力的增强方兴未艾,中文人才培养相关的各项因素都发生了改变并自相适应,最终形成了系统的国际中文人才培养系统。

2013年"一带一路"倡议的提出为国际中文人才培养增加了新的因素,原有的中文人才培养系统也势必会发生系统性的变化,这是建立在中国全方位的服务世界产业结构的基础上在语言文化方面的举措,中国的工业体系和服务贸易开始系统地走向世界,在创造经济增长点、拉动就业的同时,一个显著性的问题就是人才的匮乏,而中国国内无法培养

---

① Axelrod, R. M., R. & Cohen, M. D., *Harnessing Complexity: Organizational Implications of a Scientific Frontier*, New York: Basic Books, 2000, pp. 3-10.

如此巨量又层次丰富的语言＋专业的复合型人才，在"一带一路"倡议的共名下，国际中文人才培养体系延伸至沿线国家，国际合作办学、联合培训等成为人才培养的趋势，国际中文人才培养各要素和系统再一次发生改变，并在相互作用和相互影响中自相适应，形成新的"一带一路"国际中文人才培养模式，本书致力于推动更高效和更具针对性人才培养模式的形成。

（四）非线性特征

按照复杂动态系统理论的发展观来看，语言的发展不能完全归因于社会文化对其发生作用的过程，而是在不同的环境状况之下，复杂系统内部各要素在不同层次上不断相互作用的动态发展过程，鉴于其发展轨迹呈非线性结构，事物发展的不可预测性成了复杂动态系统的显著特征（de Bot，Lowie & Verspoor 2007，Larsen－Freeman，Cameron 2008）；① 另外，不同于传统观点所认为的事物发展的线性关联，事实上，复杂动态系统中，各项因素相互作用，其发展的轨迹不再是简单的因果关系而是呈现出非线性的状态。②

如果用公式来描述的话，传统研究视野下的线性关系为 A 在 B 的作用下产生 C。在自然科学领域，排除其他干扰因素，进行单因素测量的时候有着特别的研究意义，但是在社会科学的领域，还原到真实的社会环境中，这种因果关系或许不一定成立，因为其涉及的相关性因素较多，产生的结果来自各种相关因素共同作用，很难说某因素是另外一个因素在某因素作用下的直接结果，甚至最后的结果和因果关系无关，而是一种相关性的关系。复杂动态理论打破了这种线性关系，更深入事物的本质，探索各因素及系统之间的相关性。

回到"一带一路"国际中文人才培养模式的议题上来，从中文教学的角度上来说，教不一定会引起学，改进教法不一定会引起好的效果；从人才培养的角度来说，学校的专业设置、培养方案等不一定能培养出

---

① de Bot，Lowie & Verspoor，*A Dynamic Systems Theory Approach to Second Language Acquisition*，Bilingualism：Language and Congnition 10/1，2007，pp. 7－21 and 51－55.

② ［美］Diane Larsen－Freeman、［英］Lynne Cameron：《复合系统与应用语言学》，上海外语教育出版社 2013 年版。

切合社会需要的人才；从社会背景的角度考量，国际的语言政策、教育制度等引导下可能依然会出现大量的人才缺口。片面地考虑单一因素或一部分因素并加以干预，很难达到人才培养的初衷和目的，从复杂动态系统的非线性特征出发，全面而客观地综合考量影响国际中文人才培养的各要素变量，以及各相关要素和系统的相互作用，才能清晰地认识到哪些要素或系统在人才培养的过程中相关性比较显著，有针对性地进行引导和加强，这是培养"一带一路"国际中文人才科学而有效的途径，也是研究复杂动态系统中非线性特征的意义之所在。

第二节 复杂动态理论下"一带一路"国际中文人才培养系统分析

一 "一带一路"国际中文人才培养总体系统

上文从理论上对"一带一路"国际中文人才培养进行了探讨，在复杂动态理论的视野下，考虑到"一带一路"沿线各国培养国际中文人才的发展轨迹，以及中国"一带一路"倡议提出之后，以人类命运共同体的理念对区域政治和国际关系提出了新设想。事实上，近几年来中国同"一带一路"沿线国家共同建设的实绩再次证实了人类命运休戚与共，对于"一带一路"沿线各国而言，虽然其自有的人才培养系统有个体性差异，但从整体上而言，"一带一路"国际中文人才培养的系统中又增加了一个强有力的吸引因子，这是本书研究"一带一路"国际中文人才培养的理论基石与模型发端，接下来本书就"一带一路"沿线国家国际中文人才培养问题进行逐步的模型建构，力图清晰而准确地表达此观点。

按照复杂动态理论的研究方法，该理论对于个体差异的研究集中在质性研究方法或定量研究—质性研究相结合的混合研究法。复杂动态理论的奠基者拉尔森-弗里曼建议采用以动态描述为主的质性建模的研究方法。对于这种使用质性研究和定量研究相结合的混合研究方法如何进行建模的问题，拉尔森-弗里曼（Larsen-Freeman）与莱妮-卡梅伦（Lynne Cameron）两位复杂动态系统研究的先驱提出系统研究的五步建模

第二章 复杂动态理论下"一带一路"人才培养模式研究

法：第一步找出复杂动态系统内部的各个主成分要素；第二步阐述这些要素所组成的复杂系统运行其中的时间与社会维度；第三步分析出该复杂动态系统内部各个要素变量之间的复杂动态关系；第四步描述出该复杂系统如何与周围的环境相互作用、适应与调整；第五步总结出复杂动态系统的动态发展过程：混沌、涌现、新的开放系统形态。① 就语言研究方面，多尼耶（Dörnyei）（in press）进一步明确复杂动态理论研究三大原则：第一聚焦语言系统发展的吸引状态；第二找出典型的吸引因素组合；第三找出并分析典型的动态发展模式。这三个原则，对我们研究"一带一路"国际人才培养系统有着重要的启示意义。鉴于此，本书所使用的研究策略可以使用"反溯法"（Reproductive qualitative modelling）。② 这种研究方法和通常所谓的向前指向、以预测（Pre-diction）为目的的研究策略不同，反溯法的观点认为应以系统的现有状态为出发点进行逆向反溯（Retro-diction），从而找出导致这个系统逐渐演变成现在这个结果的各类因素组合，从而在此基础上建立质性关系模型。③

本书的主体主要在复杂动态理论的视域下研究"一带一路"国际中文人才培养模式问题，而理论的模型上文已经详细论述，因此，接下来本书围绕着核心要素人才、培养、"一带一路"分别进行模型搭建，从每一个核心要素具体情况着眼的话，每一部分都是一个复杂动态系统，这些系统相互影响、相互交织、全面连接，在动态的相互作用中呈现出涌现性的特征。

基于此，本书先从作为整个"一带一路"国际中文人才培养系统部分的人才系统、培养系统和环境系统等三个子系统着手，分别论述这些系统的组成要素及其特征，要素之间又是怎样地发生影响，随着吸引因素的出现，三个主要的系统又是怎样地发生影响，系统各要素又是全面

---

① ［美］Diane Larsen-Freeman、［英］Lynne Cameron：《复合系统与应用语言学》，上海外语教育出版社 2013 年版，第 230—255 页。
② Dörnyei, "New Themes and Approaches in Second Language Motivation Research", *Annual Review of Applied Linguistics*, 2003, No. 21, pp. 43–59.
③ 郑咏滟、温植胜：《动态系统理论视域下学习者个体差异研究：理论构建与研究方法》，《外语教学》2013 年第 3 期。

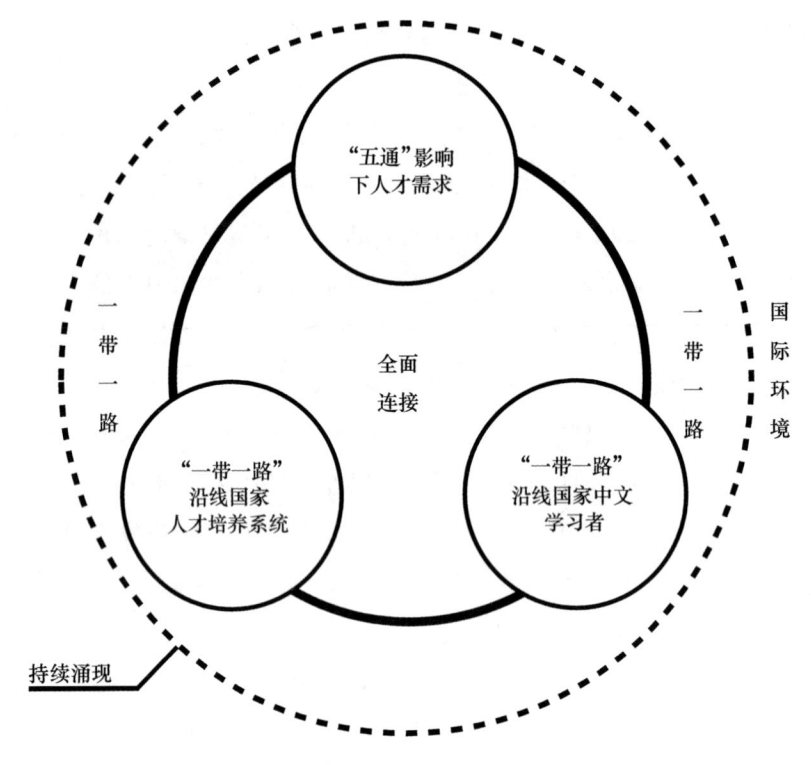

图 2-4　"一带一路"国际中文人才培养动态模式

连接，在动态的相互作用中又是怎样最终涌现出一个新的系统，下面就通过建立初级模型的方式进行一一论述。

二　"一带一路"国际中文学习者系统

人才因素是系统中最核心的要素，在"一带一路"沿线各国的大环境下，在"一带一路"国际中文教育的语境内，学习者根据其自身背景，究竟会做出怎样的选择，其所运用的策略是什么，又是什么样的动机促使学习者这么做，这些问题将成为本小节研究的重点。

戴运财和王同顺进行二语习得研究之时，运用复杂动态理论系统框架建构了一个二语习得动态模式图，将环境因素、语言因素和学习者因素作为组成二语习得复杂动态系统的三个子系统，三个子系统相互作用，

到达中介语学习发展阶段,最终实现二语学习的目的,如图 2-5 所示:①

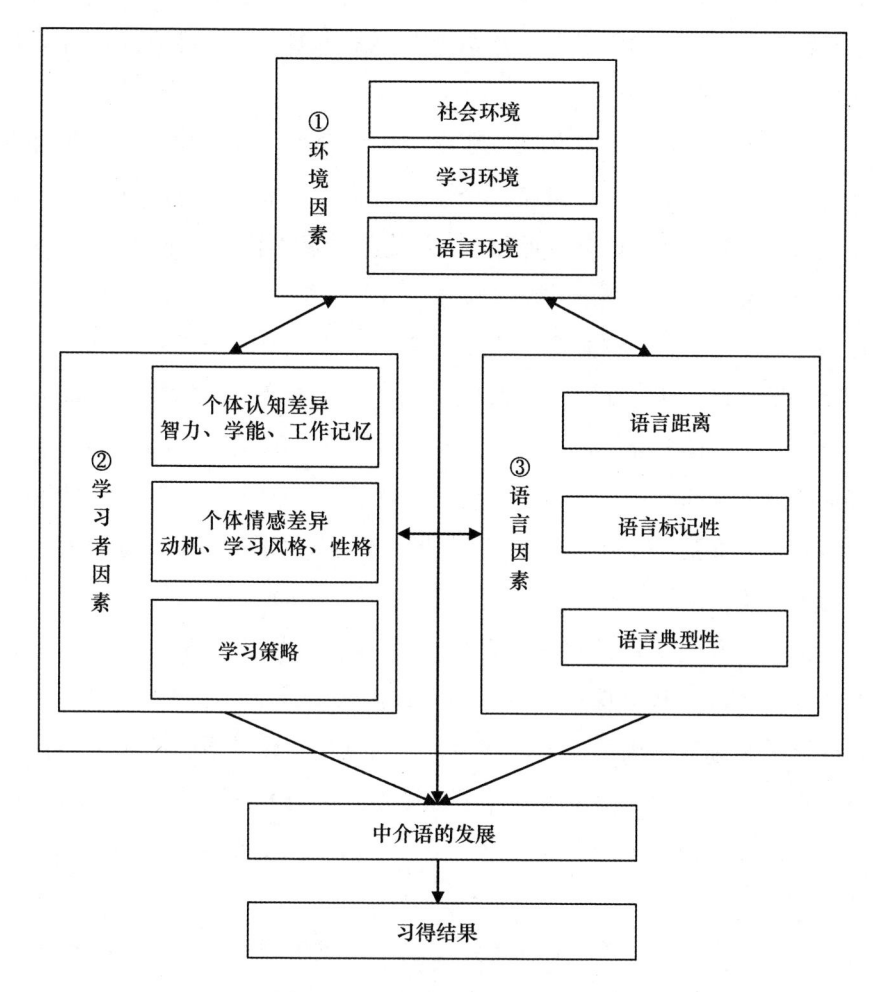

```
┌─────────────────────────────────────────────┐
│         ┌──────────────────────┐            │
│         │      社会环境        │            │
│   ①     ├──────────────────────┤            │
│  环境    │      学习环境        │            │
│  因素    ├──────────────────────┤            │
│         │      语言环境        │            │
│         └──────────────────────┘            │
│              ↕         ↕                    │
│   ┌──────────────────┐  ┌──────────────────┐│
│   │ 个体认知差异     │  │   语言距离       ││
│   │ 智力、学能、工作记忆│  ├──────────────────┤│
│ ② ├──────────────────┤③│   语言标记性     ││
│学习│ 个体情感差异     │语├──────────────────┤│
│者  │动机、学习风格、性格│言│   语言典型性     ││
│因素├──────────────────┤因└──────────────────┘│
│   │    学习策略      │素                    │
│   └──────────────────┘                      │
│              ↓         ↓                    │
│         ┌──────────────────────┐            │
│         │    中介语的发展      │            │
│         └──────────────────────┘            │
│                   ↓                         │
│         ┌──────────────────────┐            │
│         │      习得结果        │            │
│         └──────────────────────┘            │
└─────────────────────────────────────────────┘
```

图 2-5　二语习得复杂动态模式

　　这个二语习得的动态模式图以二语习得作为最终标的,体现了环境因素和语言因素对学习者本身的影响,以中介语的发展为过渡阶段的二语习得动态模式。关于学习者因素的部分,文章借鉴了多尼耶(Dörnyei,

―――――――――――
① 戴运财、王同顺:《基于动态系统理论的二语习得模式研究——环境、学习者与语言的互动》,《山东外语教学》2012 年第 5 期,总第 150 期。

2009）的研究成果，多尼耶在古希腊哲学家柏拉图的启发下，以人类的认知特征为基础将组成人心智的认知、情感和动机三个维度分别作为三个子系统对待，构建学习者的复杂动态关系模型，据此对学习者的因素进行系统的切分与分析。

关于中文学习者的复杂系统要素变量，它主要包含二语学习者的认知特点、情感差异和学习策略三个主要要素。如果再进行继续切分，而个体认知差异包括二语学习者智力、语言学能和工作记忆三个次级要素；二语学习者个人的情感差异则可以分为学习动机、学习态度、学习风格、性格特点、焦虑感和交际意愿六个要素；二语学习者的学习策略可以分为元认知策略、认知策略和情感策略三个次级要素。[1]多尼耶（Dörnyei，2005）认为个体差异因素在二语学习中比较主要。[2] 而加德纳（Gardner）和斯凯恩（Skehan）则认为学习动机和语言学能两个因素对学习过程和学习效果最重要。[3] 埃利斯（Ellis）非常赞同多尼耶的意见，也认为二语学习者个体差异具有关键性的作用。[4]（见图2-6）

芬奇（Finch，2001）在研究教学活动之时发现教室本身就是一个复杂动态系统，从微观入手考虑到个体因人口、社会心理、学习策略、优先学习目标等造成的差异，然后再从宏观的学校性质、社区属性、地域特征进一步推导，再扩大到国家的政治、经济和文化层面的影响，并以之为中心构建起了学习者学习的复杂动态关系模型，如图2-7所示。[5]

根据上述专家学者们研究的结果，考虑到各因素之间的复杂动态关

---

[1] Oxford. R., *Language Learning Strategies: What Every Teacher Should Know*, Boston: Heinle and Heinle Publishers, 1990a.

[2] Dörnyei, Z., *The Psychology of the Language Learners: Individual Differences in Second Language Acquisition*, Mahwah: Lawrence Erlbaum, 2005.

[3] Gardner R., *Social Psychology and Second Language Learning: The Role of Attitude and Motivation*, London: Edward Arnold, 1985.

[4] Ellis, R. *The Study of Second Language Acquisition (2nd edition)*, Oxford: Oxford University Press, 2008.

[5] Finch, A. E., "Complexity in the Language Classroom", *Secondary Education Research*, 2001, Vol. 47, pp. 105–140.

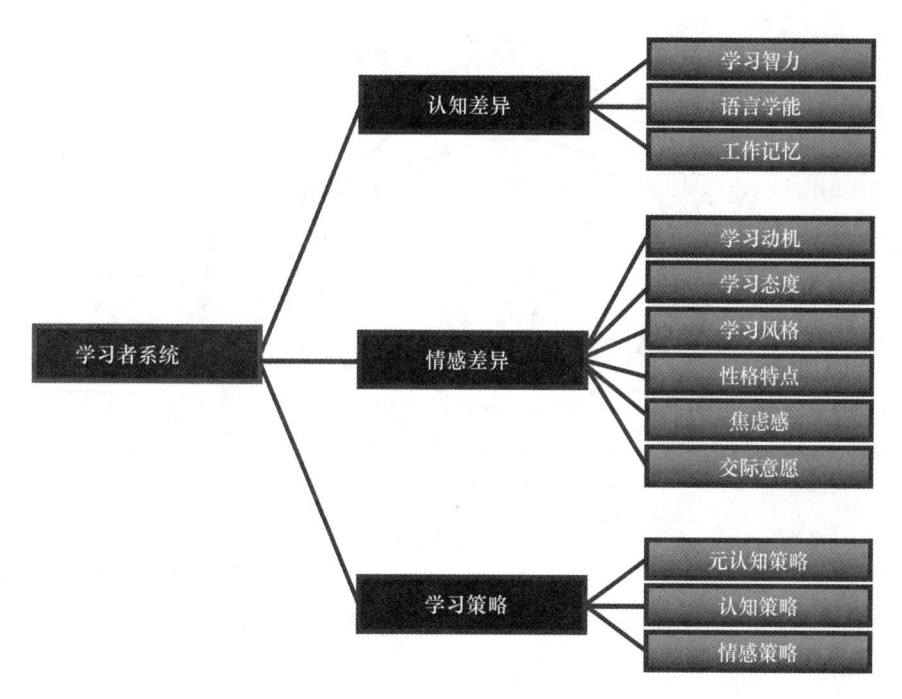

第二章 复杂动态理论下"一带一路"人才培养模式研究　◀◀　69

```
学习者系统 ─┬─ 认知差异 ─┬─ 学习智力
           │            ├─ 语言学能
           │            └─ 工作记忆
           │
           ├─ 情感差异 ─┬─ 学习动机
           │            ├─ 学习态度
           │            ├─ 学习风格
           │            ├─ 性格特点
           │            ├─ 焦虑感
           │            └─ 交际意愿
           │
           └─ 学习策略 ─┬─ 元认知策略
                        ├─ 认知策略
                        └─ 情感策略
```

图 2-6　学习者系统层级结构

系，通过对学习者相关的认知、情感、策略等因素以及其经过切分二级因素之间的相互关系的重新调整，使学习者系统内部各要素更清楚地显现出来，因此，关于"一带一路"沿线国家国际中文人才培养中的学习者子系统的构建，可以用图 2-8 表示。

通过图 2-8 我们可以看出，影响学习者学习过程，并因学习而造就"一带一路"国际中文人才的子系统各因素之间的动态关系比较清晰地描述出来，以学习者为中心通过向内和向外两个方向的构建完成，向内主要是学习者的个体认知差异，包括学习者的智力水平、中文学能、大脑记忆三个方面；还有构成二语学习者个体的情感差异，以及情感差异所包含的中文学习动机、中文学习态度和风格以及性格特点、在中文学习中的焦虑感、与周围人们的交际意愿等几个方面；最后是学习者的学习策略，包括对学习中文行为本身认知水平的元认知策略、中文学习认知策略和学习中文过程中所使用的情感策略等方面，围绕这些相互影响、

学习教室
・设备
・技术
・设计

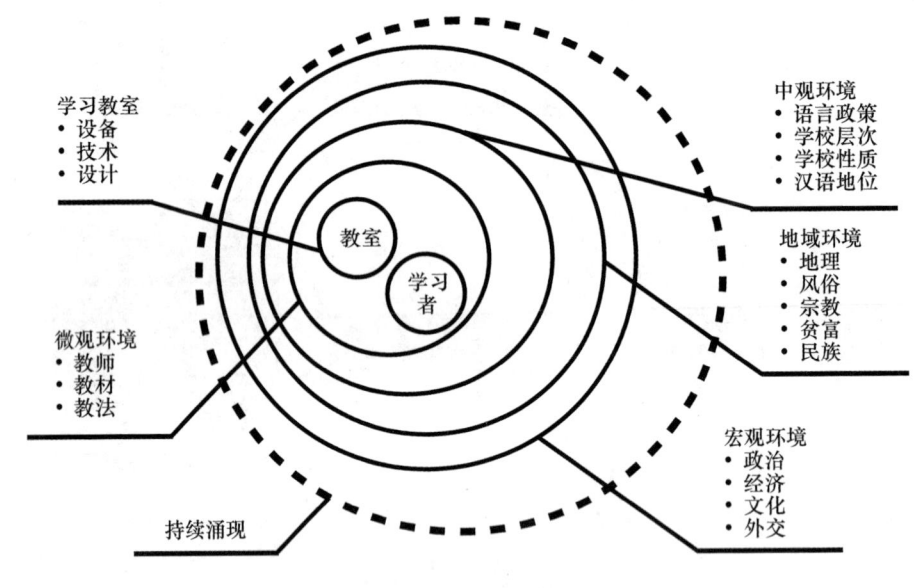

中观环境
・语言政策
・学校层次
・学校性质
・汉语地位

教室　学习者

地域环境
・地理
・风俗
・宗教
・贫富
・民族

微观环境
・教师
・教材
・教法

宏观环境
・政治
・经济
・文化
・外交

持续涌现

图2-7　国际中文人才培养复杂动态模式

相互作用的因素，构建起了关于学习者的"一带一路"沿线国家国际中文人才培养系统复杂动态子系统。

三　"一带一路"国际中文人才培养系统

如果说"一带一路"中文复合型人才培养系统中的学习者子系统属于微观层次的话，那么作为"一带一路"国际中文人才培养系统三大子系统之一的人才培养系统则属于中观层次，"一带一路"沿线各个国家根据其不同的历史传统、风俗文化、地缘政治、民族特色、宗教信仰、地理气候、政治经济、外交关系等因素，形成了其独特的人才培养系统，国际中文教育人才培养的系统作为其中的一部分，自然也体现着系统整体的特征，这个中观层次的切分标准，从学习者自身到国家的语言政策之间，其中包括国际中文教育的教室、中文教师、中文教材、课堂教法、学校性质、学校层次、地域特征、语言政策等，这些中观层次的因素都是具体而可感的，围绕着学习者层层向外晕染开来，共同构成了"一带一路"国际中文人才培养系统的子系统，它们属于人才培养的原生系统，

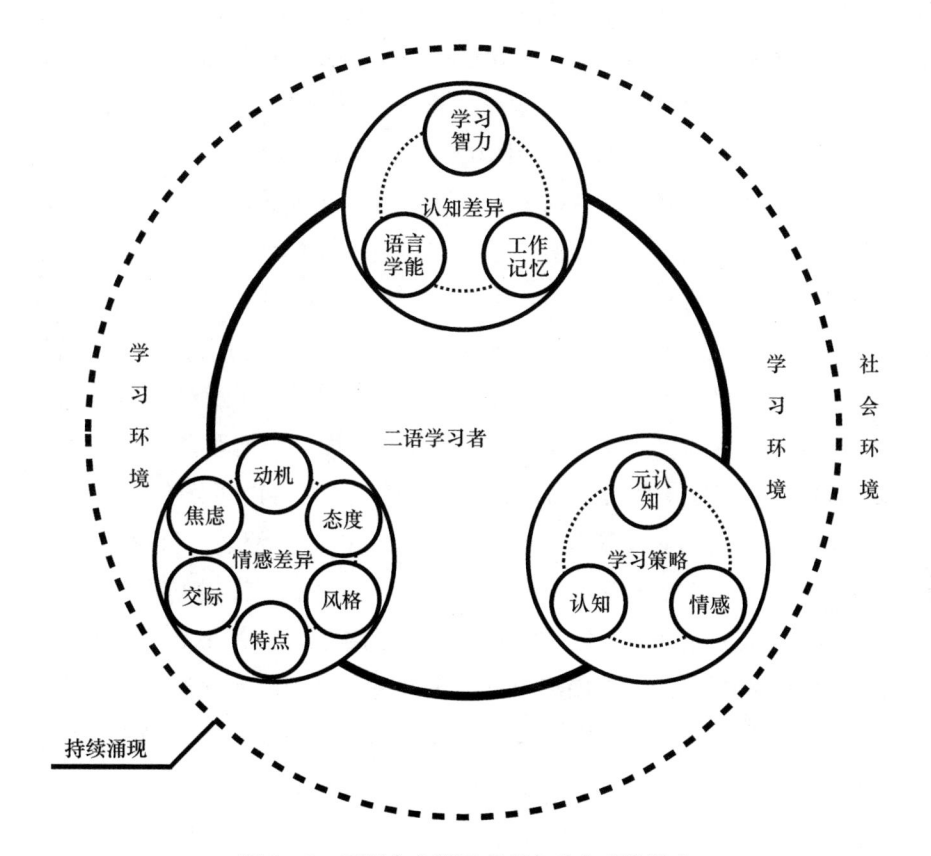

图 2-8　国际中文学习者复杂动态系统模式

图示如图 2-7 所示。

通过图 2-7 可以明确地看出人才培养子系统内部各要素的关系，每个要素之间都有动态的制约关系，这些要素相互作用，共同构成了"一带一路"各国人才培养的复杂动态系统。接下来描述各要素之间如何发生相互作用。

一个国家根据其独特的历史传统，经过时间积淀和各种影响而形成的关于人才培养的理念会在一个国家的宏观语言政策和语言规划中体现出来，政府教育部门的语言规划落实成教育方案，为各学校人才培养计划的制订提供宏观的参考依据；学校会根据其所属性质的不同制订出差异性的培养计划，以适应学校办学宗旨和办学理念；根据各个学校自身的培养计划，确定课时数和教学目标及培养路径，合理而恰当的布置教室、选择教材、安排教师，以更好地服务于本校的教学目标；学校所在的地域和方言区也将会影响着学校培养计划的制订，以更好地适应当地的风俗文化状况以及学生自身的区域性差异状况。

这些中观的影响因子有时候看起来只是一个笼统的概念，为了可以进行准确的测量或者调查研究，还可以做进一步的切分，语言政策可以切分为：第一语言状况、第二语言地位等；地域特征可以切分为：城乡差异、方言使用、人口构成等；学校层次可以切分为初级、中级还是高级，或者中小学、补习班、大学专业、孔子学院等；学校性质可以切分为公立学校、私立学校、国际支持的机构运营（法语联盟、歌德学院等）；教师可以切分为本土教师、外聘教师；教材可以切分为自编教材、本土教材和国内教材；课堂教法一般很少使用单一教法，可以根据主体风格进行分类；教室可以切分为传统教室、电气化教室、多媒体教室等。

通过上述一系列的切分，构成"一带一路"各国人才培养系统的一级要素和二级要素清楚地展现出来，再经过一系列的实地调查，构建出"一带一路"国际中文人才培养动态系统模型图，展示出人才培养各变量之间相互影响的关系。

四 "一带一路"国际中文人才培养的环境系统

上文分别从微观层面讨论了"一带一路"国际中文人才培养系统中的学习者子系统，以及作为中观层面的人才培养子系统，关于"一带一路"国际中文人才培养的环境系统，接下来将进行宏观层面的讨论，这涉及在国际中文教育的过程中，必须考量到一个国家的政治政策、民族特性、文化背景、宗教信仰、地理位置、气候状况、地缘政治、外交状况、技术发展、经济基础等方面的因素，这些宏观的环境因素交织在人才培养的各个环节，和人才培养的其他各要素保持一种动态的互动关系，不断涌现出新的复杂动态状况。

如果把这些一级要素进行切分，一个国家政治政策其选择的是自由资本主义、立宪制、君主制还是社会主义；民族特性是温润还是彪悍；宗教信仰以穆斯林为主还是以基督教、印度教或者佛教信仰为主；地理位置对于区域格局和地缘政治有怎样的影响；气候状况形成怎样的文化习俗和民族特性；其与周边国家以及中国的政治外交和经济合作状况如何；国家的经济发展程度怎样；围绕国际中文教育其技术使用到了什么样的程度，这些因素都是需要仔细梳理的，以确定在整个系统中各自发挥什么样的作用。

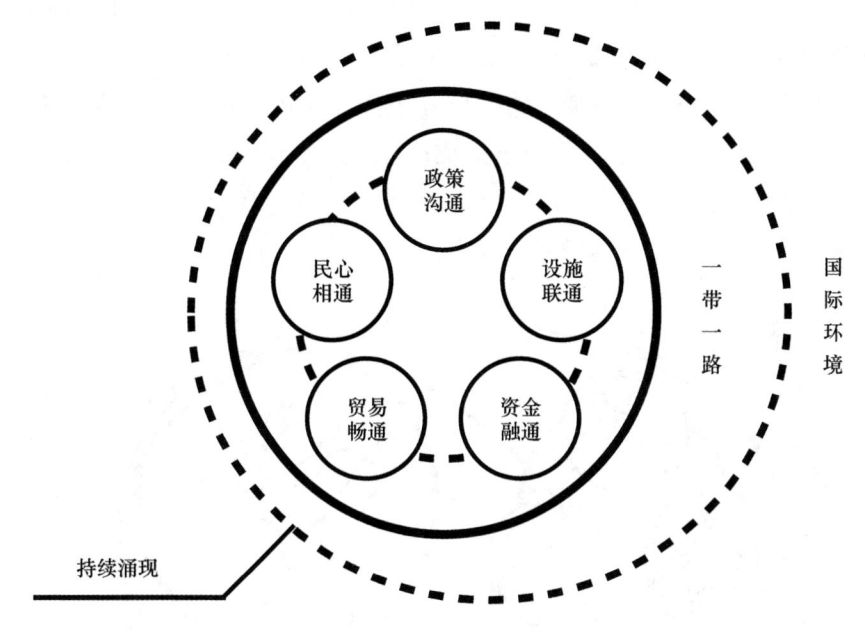

图 2-9　"一带一路"环境复杂动态模式

和微观学习者子系统以及中观培养系统不同，前两者有着非常明确的指向性，可以通过量表的方式进行搜集数据，从而测量出其发展和影响的程度，并通过建模直观地将其表现出来。而宏观层面环境的影响则很难通过量化的方法进行测度，可以通过话语分析等研究方法进行质性的描述，通过对具体文件的详细分析，以此为基础阐述出宏观环境对人才培养的影响因子及吸引参数的大小，构建起宏观环境因素的复杂动态模型。[1]

---

[1] 郑咏滟、温植胜：《动态系统理论视域下学习者个体差异研究：理论构建与研究方法》，《外语教学》2013 年第 3 期。

五 "一带一路"国际中文人才培养各系统的全面连接

复杂动态系统的表征的系统内部各要素全面连接、相互影响,这种动态的相互作用发生在各个变量之间,也发生在各个层次之间,要素与要素、要素与子系统、子系统与子系统、子系统与整体系统、要素与整体系统也都发生着相互的影响,呈现出非线性、开放性、动态性和不可预测性的特征,并在不断地相互作用关系中涌现出新的状况。[①]

如上文所分析,"一带一路"国际中文人才培养系统是由学习者系统、培养系统和环境系统三个子系统构成,其外部又受到更大国际环境因素的影响和制约,这些因素一起构成了"一带一路"国际中文人才培养系统的总体模型,如图 2-10 所示。

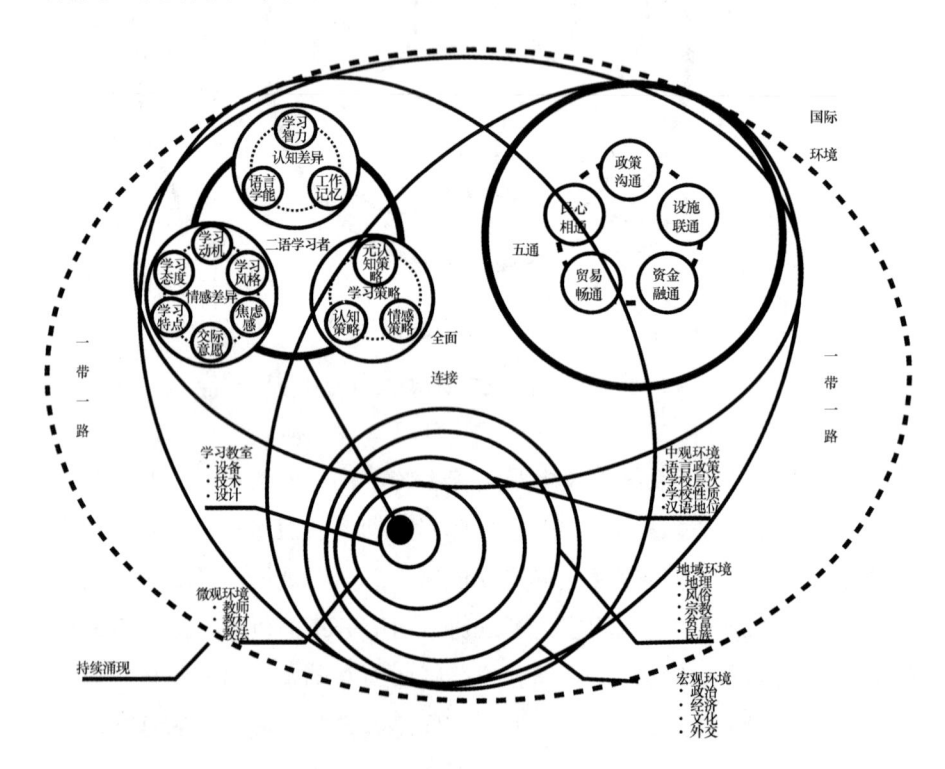

图 2-10 "一带一路"国际中文人才培养系统的总体模式

---

① 郑通涛:《复杂动态系统与对外汉语教学》,《国际汉语学报》2014 年第 2 期。

从模型图中可以看出,"一带一路"国际中文人才培养系统及各要素全面连接,而中国的"一带一路"倡议以及近几年来的建设实绩则是一个重要的吸引因子,势必会引发"一带一路"各国原有整个国际中文人才培养体系的系统性改变,在混沌状态的边沿通过不断地动态性自适应和自我调整,新的人才培养系统将逐渐地涌现出来。

从这个理论框架出发,"一带一路"沿线各国现有中文教育和人才培养现状,是根据本国的国情,结合长期的历史演变和对外交流过程中逐渐地得以定型而成的,影响一国人才培养的主体性因素包括教育政策、人才制度、民族特征、文化背景、宗教信仰、地理位置、气候状况、地缘政治、外交状况、技术发展、经济基础等因素,这些要素又可以切分为更多的次级因子,这些因素无时无刻不进行着动态的相互影响,各因素各层面全面连接,形成了一个复杂动态状况,并且以系统的面貌呈现出来,就是我们现在所能看到的人才培养现状。

第三节 复杂动态理论下"一带一路"国际中文人才培养模式构建

立足复杂动态系统理论的观点,对于"一带一路"国际中文人才培养模式的问题,根据"一带一路"建设的实际情况,从宏观的国家战略层面、中观的区域战略层面以及沿线国家微观国别化特征方面进行全方位、多层次观照,最终系统构建起"一带一路"国际中文人才培养模式,包括宏观视野的"一带一路"国际中文人才培养模式;中观视野的"一带一路"国际中文人才培养区域化模式;微观视野的"一带一路"国际中文人才培养国别化模式。

文章从宏观系统的角度出发来研究这些问题,借"一带一路"命运共同体构建的历史契机,抽绎出"一带一路"教育共同体构建现实需求,阐述了"一带一路"人才培养与教育共同体二者之间是宏观与微观、愿景与行动不同视角的表述,实质上乃是同构关系。随着中国步入新常态,"一带一路"国际人才培养遭遇新挑战,传统人才培养系统面临新情况,需要新的人才培养系统适应新情况,这个系统构建是复杂动态因子改变的结果，上文所提出的这四个大问题分别用四个词语表示就是人才理念、现实图景、培养路径、切合所需，本书要探讨的正是回答这些问题并提出相应的解决方案。

一 "一带一路"国际中文人才培养宏观总体性模式

本书的研究意义在之前章节中可以看出，通过以"一带一路"国际中文人才的真实需求为导向，在"一带一路"沿线国际中文人才培养的复杂动态各要素之间影响关系客观呈现的基础上，综合构建出适合沿线各国国情的人才培养模型，对"一带一路"国际人才培养具有标本性的意义。另外，因为"一带一路"沿线国家和地区所具有的各种复杂性特征，以复杂动态理论为基础的"一带一路"国际中文人才培养模式研究及模型构建，具有很好的适用性和非常广阔的应用前景。

二 "一带一路"国际中文人才培养中观区域化模式

随着"一带一路"建设工作的逐渐开展，其推进的轨迹基本上是经济贸易和基建投资走向哪里，以民心工程和教育事业为代表的人才培养就延伸和覆盖到哪里。以"一带一路"沿线七个地区的需求特征为例，根据 PEST 分析原理，每个地区以其特殊的政治环境（Politics）、经济基础（Economics）、社会状况（Society）和技术条件（Technology）等变量的不同表现出来不尽相同的人才需求趋势。

亚洲大洋洲地区除澳大利亚外，其他国家基本上隶属于汉字文化圈，该地区在长达几千年的时间里与中国交集最广、来往最为密切，受中国传统文化影响较深，语言问题基本上不构成这一地区政治经济往来的障碍，从历史延伸到现实，国家大数据中心的经贸数据在很大程度上反映了这一点，在所有国家中与中国贸易排在第一的是韩国，[①] 日本虽与中国有着历史的问题，但并不影响经济往来，可以看出这一地区的人才需求已经基本上越过了初级阶段的单一人才，而且迈向了更高阶段的高端复

---

① 国家信息中心、"一带一路"大数据中心：《"一带一路"大数据报告（2018）》，商务印书馆 2018 年版。

合型创新人才，这不单是历史的回声，也是现实的要求和深化。

西亚北非就是传统意义上所谓的中东地区，这一地区12国组成了石油输出国组织（简称OPEC或欧佩克），这些国家的石油储量占世界石油储量的四分之三，覆盖着全世界六成以上的原油交易，丰富的能源储备使这一地区成为众多发达国家的必争之地，地缘政治就成了这一地区的主要特征，再加上历史遗留问题、复杂的宗教问题、民族恩怨问题等，使得西亚和北非成为世界上局势最为复杂和动荡的地区之一。这一地区主要是小语种的阿拉伯语，其人才需求主要集中在政治环境相对稳定的沙特和与中国外交关系比较紧密的伊朗，目前为止中国投资沙特或者共建的项目25个，工业项目17个；投资伊朗或共建项目15个，工业项目6个，[1] 该地区主要需求是中文加上工业技术型的人才，当然还有政治谈判、公关和农业等人才。

中国和中东欧地区联系日渐紧密，中欧班列的开通使货物运输和旅游往来更为方便，这一地区基本上属于传统的发达国家，有着良好的物质文化基础。从"一带一路"重点建设的"五通"的角度来说，中国与中东欧国家政策沟通有较大的契合度，并且相关的交通设施建设已经取得很大成就，贸易合作的成果虽然起起伏伏，但整体上看还是增长居多，双方对于金融建设都积极主动，文化交流一直保持旺盛的态势。"一带一路"建设推进越来越深入，政府、企业和民间发展的测度越来越多元，这一地区人才需求必然涵盖高端政策型、复合应用型和基础实用型等层次。

东南亚地区以及其组成的东南亚国家联盟，一方面是与中国接壤的周边命运共同体，一边是南中国的出海口，作为中国外交的优先方向，东南亚地区虽然在2015年宣布建成了命运共同体，但是其内部政治、宗教、文化、经济等发展的不平衡造成很多问题，[2] 使得东盟这一机构尚不能像欧盟一样有效发挥作用，但是与中国的经济往来甚为密切，中国的

---

[1] 国家信息中心、"一带一路"大数据中心：《"一带一路"经贸合作大数据报告（2018）》，2018年5月。

[2] 许利平：《中国与周边命运共同体：构建与路径》，社会科学文献出版社2016年版。

投资范围从企业到教育非常之广，层次也比较丰富，总体说来，东南亚国家和中国一样同属发展中国家，对支持其国家发展的职业人才需求较多，这些特征和南亚非常类似，所不同的是南亚需求培养周期更短的技术型人才。

中亚地区比邻中国，是传统丝绸之路的核心地带，蕴含丰富的石油资源，也是中国提出"一带一路"倡议的起点，其经济形态比较单一，人才需求也以能源的开采和加工运输为主。包括俄罗斯在内的独联体七国在历史上曾经隶属于苏联，其发展方式同多于异，和中国的合作关系比较深入，政治互信较强，人才培养基本上有了良好的合作办学根基，为"一带一路"在该地区的能源、原材料、机械等项目投资和贸易往来提供人才支撑。

从整体上而言，"一带一路"沿线7个地区150多个国家的人才需求呈现出区域化的特点，地区之间的人才需求有所不同，因此，中观层面上"一带一路"中文复合型人才培养需要构建区域化的人才培养模式，最大公约数的培养切合所需的国际中文人才，全面对接中国与这些区域的发展规划。

三 "一带一路"国际中文人才培养微观国别化模式

"一带一路"中文人才的国别化培养是一个复杂动态的系统化过程，从微观角度来看也是更具有针对性并满足本土需求的具体人才培养模式。"一带一路"国别化中文人才培养的理念是为建设人类命运共同体服务，培养目标是为"一带一路"建设提供人才支撑，培养主体包含来华留学生、沿线国家各层次中文学习者和本土中文教师，培养过程包含教师、教材、教法等内容，培养评价包括考试和质量评估等。因此，要打造"一带一路"中文人才的国别化培养系统，首先必须建立四大支撑体系：1. 跨境中文教育合作体系；2. 国际中文人才培养过程体系；3. 国际中文人才质量保障体系；4. 国际中文人才培养支持体系。

从国际中文人才的培养成本和现实可操作性角度而言也必须实行国别化培养，用一个概念表述就是国际中文教育要做到适应"一带一路"与本国合作建设的需要，要适应沿线国家的政治经济、民族文化和历史传统等因素。"一带一路"背景下中文复合型人才培养模式所发生的环境十分复杂，各方面要都呈现出多元化差异的特点，要构建出切合实际需求的"一带一路"国际中文人才培养模式，需要通过大数据挖掘对人才的具体需求做出梳理分析，根据这些需求理出人才要素特征，在此基础上对人才培养模式进行精心构建。综上所述，"一带一路"国际中文人才培养的国别化势在必行，那么，究竟该怎样进行国别化的培养呢？在下文中我们将进一步探讨。与此同时，也可以看出国家与国家之间的人才需求类别也存在差异，[①] 从"一带一路"建设需求的角度来说也要求国际中文人才的国别化培养，构建起以全球化发展需求为导向的"一带一路"国际中文人才培养模式，以及切合"一带一路"沿线各国国情与现实需要的国别化人才培养模型。

---

① 李如龙：《论汉语国际教育的国别化》，《语言教学与研究》2012年第5期。

第 三 章

"一带一路"国际中文人才培养宏观模式研究

"一带一路"倡议提出后，中央签发关于《推动共建丝绸之路经济带和21世纪海上丝绸之路的愿景与行动》文件，提出政策沟通、设施联通、贸易畅通、资金融通、民心相通五大建设合作重点，经历十年多的发展，中国与"一带一路"沿线国家的合作取得了长足的进步，以"五通"建设为主要测度，对"一带一路"国家之间的政治、经贸、投资等合作状况进行科学地梳理，打好构建"一带一路"国际中文人才培养模式的物质基础。

用"一带一路"国别合作度指标体系来衡量的话，从区域合作的角度看，亚洲大洋洲（包括东南亚）、中亚地区国家与我国"一带一路"合作最为紧密，平均分相对较高，分别为64.48、56.09，且在"资金融通度""政策沟通度"方面优势明显；东欧国家间与我国的国别合作水平差距最为明显，极差为70.06；我国与南亚国家各方面合作水平较为均衡，仅次于亚洲大洋洲及中亚国家。

整体上来看，政策沟通成效显著，与俄罗斯、柬埔寨、巴基斯坦、韩国、老挝政策沟通水平较高。与中亚、东南亚等周边国家的交通与能源设施建设的联通工作较好，尤其体现在铁路和航空等方面。与"一带一路"国家的港口联通水平相对较高，与东南亚、东欧地区国家的航空联通越来越密切；东欧、中亚地区是我国铁路对外运输的主要目的地。与俄罗斯的贸易畅通水平继续蝉联首位，与"一带一路"国家的投资合作总体相对稳定。在投资方面,与东南亚及其组成的东盟、中亚国家、南亚国家的合作度高。① 中国与"一带一路"沿线国家稳步的合作和良好的发展前景为人才培养提供了坚实的基础,本章从宏观角度着眼,首先论证了"一带一路"国际中文人才培养模式构建的理论逻辑,然后阐述"一带一路"倡议下中文复合型人才培养的特点和挑战,接下来通过对"一带一路"国际中文人才培养模式进行要素分析,最终构建起"一带一路"国际中文人才培养模式。

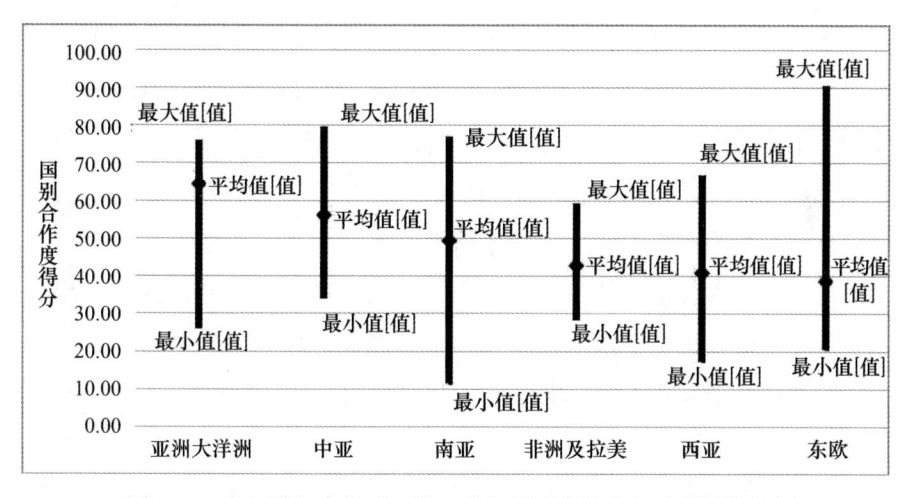

图 3-1 各区域国家间"一带一路"国别合作度水平差距情况②

第一节 国际中文人才培养模式建构的理论分析

国际中文传播和人才培养模式实质上是一个建构的过程,从其内部而言,它是考量到中文复合型人才培养模式相关涉的各种因素变量,取其可测量或者观测到的各项因素,根据帕累托最优原则构建成型的过程;从外部而言,国际中文人才培养其实是中国在全球化发展进程中建构其社会语言文化认同的一部分,它深深植根于社会发展的现实需要。

---

① 国家统计局:《新中国成立 70 周年经济社会发展成就系列报告》第 18 期。
② 于施洋、杨道玲、王璟璐:《数说"一带一路"国别合作度》,《中国投资》2019 年第 19 期。

从这个意义上而言，它不单单是马克思主义哲学社会存在决定社会意识在国际中文教育和人才培养领域的反映，也是韦伯社会主观意识参与社会构建在知识社会学领域的实践，[①] 既然全球化背景下中国政治经济文化有着其清晰发展路径的知识系统，作为这种整体知识一部分的语言和文化自然需要国际传播和人才培养的形式建构成现实，这也是中国全球化发展这个社会存在在国际中文教育和人才培养领域的必然选择。

对"一带一路"国际中文人才培养的知识社会学考察，其实正契合知识社会学这门学科的三大思想源头：马克思主义、尼采哲学和历史主义。关于马克思所提出的上层结构和下层结构（Superstructure/Substructure）的命题从它诞生以来引起学者们极大的兴趣和迷思，[②] 有学者从狭义的政治经济学领域出发，将其狭义地定义为社会存在决定社会意识，延展到国际中文教育与人才培养领域，或许将下层结构理解为人类的活动以及这种活动所引发的社会关系、将上层结构理解为由人类活动所创造出的世界更为合适，从本质意义上讲人类通过社会活动建构出了现实的世界，同样，也是中国在全球化过程中经济发展建构出了国际中文传播活动和国际中文人才培养模式。

与马克思主义内容不同，尼采的反唯心论在形式上却与马克思不无相通之处，他为人类的思想工具论提供了更多可观的视角，尼采认为思想是人类谋求生存与发展的工具。[③] 中国现阶段在全球化背景下的国际中文传播活动既是国际中文人才培养理念的生成性因素，也是促进中国全球化发展拓展与深化的有力工具。

作为知识社会学先驱的威廉·狄尔泰（Wilhelm Dilthey），[④] 他代表的历史主义强调关于人类事物的所有看法都被相对性所笼罩，人类思想具有不可避免的历史性，离开了自身的历史脉络，任何一种情境都不可能

[①] Gerard L. DeGre, *Society and Ideology*, New York, Columbia University Bookstore, 1943, p. 54 ff.

[②] Karl Marx, The Economic and Philosophical Manuscript of 1844, p. 225 ff.

[③] Walter A. Kaufmann, *Nietzsche*, New York, Meridian Books, 1956; Karl Lowith, *From Hegel to Nietzsche*, New York, Holt, Rinehart and Winston, 1964.

[④] H. Stuart Hughes, *Consciousness and Society*, New York, Knopf, 1958, p. 183 ff.

被理解。全球化背景下的国际中文传播和人才培养模式的构建都是发生在一定的历史进程中,对国际中文人才培养模式各因素变量的考量也必须以现阶段的境况作为参照,以"一带一路"倡议为例,在这个语境中的国际中文人才培养模式构建必须符合各国历史发展的脉络,切合其自身的政治经济文化状况,满足现实所需,否则这项工作将会很难开展。

在国际中文教育和人才培养模式构建的研究视野下,从来不缺乏对理论精深钻研、对观念仔细考量和对世界观精心构筑的专家学者,他们对国际中文传播和人才培养理论本体的思考和解释极为珍贵,但是与之相关的大多数人毕竟以各种途径参与并生活在国际中文传播和人才培养相关的事务中。就时间来说,国际中文传播和人才培养长而言之有上千年的历史,短而言之也有近百年的历程;就空间而言,已经从历史上某时某地的局部性学习扩展到世界范围内的蓬勃发展,因此,按照知识社会学的研究视野和分析框架来说,对国际中文人才培养模式的探讨不应该局促在狭隘的理论旨趣之内,而应该着眼于全球范围内普遍开展的国际中文教育实践。

按照知识社会学的逻辑,在构建国际中文人才培养模式之前,必须先回答三个认识论的问题:第一,怎样保证全球化背景下国际中文传播和教育的分析以及国际中文人才培养模式构建的正确性。第二,对国际中文传播和教育的分析以及国际中文人才培养模式构建是局限于某种特定的思想形式吗?有没有历史的局限性和偏见束缚?第三,对这些问题的分析是建立在个人主观臆断的基础之上还是建立在群体性的研究和实践基础之上?

对以上三个问题的回答构成了国际中文传播和人才培养模式构建的逻辑起点,其实,换个角度而言,这些理论层面的认识论问题还需要经验层面的思想史来回答,这不但是知识社会学一直以来的研究旨趣,也是保证中文复合型人才培养模式有效性构建的关键所在,有效性成了衡量国际中文人才培养模式成功与否的关键,对这个国际中文人才培养的认识论问题，还需要借助历史经验层面的广泛实践来回答。①

在知识社会学的研究框架之下，我们可以从三个维度来考量国际中文人才培养模式有效性构建的问题，首先是纵向维度，即在中国漫长的国际中文教育和人才培养的历史进程中、在各层次的国际中文教育和人才培养的广泛实践中，以有效性为旨归提取被历史和实践证明了的行之有效的中文人才培养实践要素；其次是纵向维度，语言的国际传播和语言人才培养问题是各国在发展过程中都会遇到的问题，中文的国际传播和人才培养不是第一个也不是孤例，在历史或者现阶段的国际环境中与中文有着相似状况的外国语言，比如法语、德语、日语等，在其传播和人才培养的有效经验可资借鉴；最后是现实维度，目前中国正在全球化的背景下积极开展"一带一路"的建设活动，随着时间的推移，国际社会在政治、经济、文化等领域参与的广度与深度不断增加，共同发展的诉求势必会造成大量语言人才的需求，这构成了国际中文人才培养模式构建的真实基础。

对这三个维度的把握和运用是形成国际中文人才培养模式有效性的基础，归根结底，国际中文人才培养模式是一个建构问题，它不但指涉目前国际中文教学和人才培养的广泛开展的现状，也是国际中文人才培养思想和理念如何建构成模式并发挥其工具有效性的重要途径，这不但是知识社会学研究的范畴，也是国际中文教育和人才培养亟待解决的重要议题。②

第二节 "一带一路"国际中文人才培养面临的挑战

面对"一带一路"建设蓬勃发展的态势，经贸投资稳定增长，资金融通、政策沟通、民心相通都取得了长足的进展，目前"一带一路"建设存在的最大问题是人才供给不足，人才需求与现有的人才培养方式不

---

① ［美］彼得·L.伯格、托马斯·卢克曼:《现实的社会建构：知识社会学论纲》，北京大学出版社2019年版。

② ［法］E.迪尔凯姆:《社会学方法的准则》，商务印书馆1995年版；［德］韦伯:《经济与社会》，商务印书馆2006年版。

匹配，沿线国家和地区如此，非传统"一带一路"国家也是如此，中外皆然，概莫能外。面对这样的问题，中国高等教育面临的不单单是历史性的机遇，也是人才培养问题巨大的风险考验，首先是政治风险。沿线国家的政体、政党制度和政权稳定性呈现出复杂多样，蕴含非外力可干预的未知风险；其次是合作风险。教育投资准入壁垒较高。与沿线国家开展的项目已完成，但在项目经营过程中遭遇政治动荡、社会不稳定或市场环境变化而失败；再次是认知风险。将参与倡议等同于国际化改革，将参与倡议理解为"走出去"；最后是战略风险。对政治风险及合作风险等认知有限，制定出针对性不强，或者方向有偏颇的发展战略。针对这些风险考验，总结起来，"一带一路"语境下高等教育至少要面临以下六大挑战。

一　中国高校国际化的内涵需要完善

目前中国高校都在争建"双一流"大学，在"一带一路"背景之下，中国高校国际化的愿景可望可期，但是国际一流大学的建设需要紧跟时代发展的步伐、需要立足于"一带一路"的实际需要，"双一流建设"和"国际化一流大学建设"不能仅仅停留在口号上，"一带一路"人才培养就是最好的试金石，人才的高度接收性不单是"一带一路"建设成功的最关键因素，也是我国高校人才培养水平的重要指标。

随着"一带一路"建设工作的推进，对中国高校提出了严峻的考验：如何改造现有的人才培养模式？如何修改现有的人才培养目标？如何尽快地培养出一批能胜任在"一带一路"国家工作工程师、教师、技术骨干、研究者等？因此，建立系统化的国际人才培养模式、行之有效地为"一带一路"建设培养人才势在必行。

另外，我国高校人才培养和科研应跨出国界，中国的经济发展以及延伸传统及非传统"一带一路"国家。联合国贸发会议（UNCATAD）《2021世界投资报告》显示，2020年全球对外直接投资流量0.74万亿美元，年末存量39.25万亿美元以此为基数计算，2020年中国对外直接投资分别占全球当年流量、存量的20.2%和6.6%，流量位列按全球国家地区排名的第一位，存量列第三位。因此，人才培养和科研应该立意高远，与国际最先进的水准保持一致,不应该机械地自我限制在"一带一路"的藩篱之内,因为"一带一路"是开放包容、与时俱进的,人才培养和科研也应如此。

二 "一带一路"人才培养目标必须明确

通过上文人才需求的分析,总结起来,"一带一路"建设需要的是知己知彼的政策沟通人才、精通多国语言和民族语言的翻译人才、熟稔沿线国家国情的复合型人才、深谙宗教社会的跨文化人才和实践操作层面的技术型人才,针对这些人才的要求,中国大学迎战措施在哪里?

孙春兰在孔子学院大会讲话中将"一带一路"建设所需人才定义为"汉语+项目"的人才,而"一带一路"建设所需要的人才不仅是语言文化毕业生;需要的是掌握中文的各类跨专业、跨文化的人才,这就要求高校在培养人才的时候要走出纯语言文化圈,直面"一带一路"专业,民心相通不仅限于语言文化圈的相通,民心相通领域包括经济、政治、宗教、哲学、商业、化学、建筑、信息技术、电子商务活动的相通,中国高校"一带一路"人才培养目标必须明确。

三 "一带一路"人才特征有待系统调查

随着"一带一路"建设工作的逐渐铺展,其推进的轨迹基本上是经济贸易和基建投资走向哪里,以民心工程和教育事业为代表的人才培养就延伸和覆盖到哪里。根据 PEST 分析原理,"一带一路"沿线 7 个地区以其特殊的政治环境(Politics)、经济基础(Economics)、社会状况(Society)和技术条件(Technology)各变量的不同表现出来不尽相同的人才需求趋势。

"一带一路"人才培养主体层次和文化观念都因政治经济和社会状况呈现出差异性,这些反映在一个国家的历史传统、宗教信仰和民族情绪上,即所谓的"民情"究竟是什么?从人才培养成本和现实可操作性角度而言,为更好适应当地的国情、民情和地情,怎样做到语言之外的"在地化"?由此可见,没有周密的调查研究和精心的设计是一定做不到的。①

根据国资委的统计，截至 2019 年，央企参与投资的项目达到 3120 个，中国 500 强的民企中有 274 家参与"一带一路"建设，参与度超过了 50%，以国别和地区为单位对参与"一带一路"建设的企业进行穷尽式的统计，然后逐家进行调查研究，调查的主要内容有：1. 企业人才需求的方向和职位描述；2. 对所需国际人才的素质要求；3. 目前以什么样的形式招聘人才；4. 有无和本土中文人才培养机构对接，效果如何；5. 目前招聘到的人才在质量和数量上是否切合所需；6. 今后五年之内的发展规划及用人要求。

四　人才培养数据库亟须建设

为保证人才培养的科学性和有效性，"一带一路"教育大数据库建设势在必行，教育大数据库下位的各层级的教学语料库也需要逐步建设、丰富和完善，紧紧围绕"一带一路"人才培养，形成有机的整体系统，因为国别化人才特点、人才培养途径、手段和方法都是我们形成和修改人才培养方案的基础和行动指南。

另外还需要建设人才需求数据库，通过对"一带一路"的实地调查反映了人才实时精准需求，就长期的人才需求趋势和发展前景，必须采用大数据挖掘的方法挖掘"一带一路"发展各项指标和数据，以及"一带一路"实地的调查结果反馈，得到翔实的人才需求数据，包括现在需求量及未来一段时间之内的需求量，以及人才需求的行业和地域分布等，可以根据这些要求分行业、分层次、分地域地建立起"一带一路"人才实时需求数据库，通过对大数据的分析描绘出未来人才需求的前景和要求，为下一步人才有效培养打好坚实的基础，并与"一带一路"企业建立广泛的联系，实时更新需求信息，为人才培养和就业指明方向。

---

① 李如龙：《论汉语国际教育的国别化》，《语言教学与研究》2012 年第 5 期。

五　人才培养模式需要切合现实所需

"一带一路"沿线所及100多个国家,其政治制度、法律法规、文化政策等都存在显著性差异,按照外交距离、友好程度和民心相通程度来衡量的话,首先,与中国经济来往比较密切的友好国家,以知华、亲华、友华的姿态提供人才培养的必要条件;其次,态度中立的国家以国家利益为主导,根据自己国家的利益适时参与,孔子学院建设和人才培养也在有条不紊地进行;最后,少数对"一带一路"建设存疑的国家,如印度等,甚至启动了"季风计划"的反制措施,积极响应的机构及参与建设的项目有可能成为政治斗争的靶子。[①]

如何深植这些国家的文化传统,准确地把握"一带一路"人才培养与沿线国家语言政策和人才培养模式之间的契合点,形成良好的共振关系,使各类人才需求与国别化人才培养模式保持一致,成为必须要研究的重大议题。因此,对各国语言文化系统的类型特征、发展趋势及对策制定要提上议程,对沿线各国人才培养系统对华反向影响也要深入探讨,在经济密切交集的背景下,寻找中国与沿线国家语言政策的最大公约数,在共同培养理念的框架下实现人才培养的创新发展。

六　人才培养结构需要系统化建立

当前,中国兴办着世界上最大规模的高等教育,70年来建设了最为完整的工业体系。虽然多数高端产业还不在我们手中,在少数一些领域开始引领世界。"一带一路"倡议提供了极好的机会让中国尖端工业以及中低端产业依国别不同需求全方位满足并服务世界各国,中国近2700所大学要准备好应对命运共同体建设所带来的文化、经济、宗教、哲学、法律、劳务、教育等诸多挑战,国别化的人才培养模式改革是重中之重。

但从客观上而言,就为"一带一路"提供人才支撑的人才培养方面来说,中国高校对"一带一路"建设所带来的挑战几乎没有什么准备;

[①] 盛斌、黎峰:《"一带一路"倡议的国际政治经济分析》,《南开学报(哲学社会科学版)》2016年第1期。

迄今为止,"一带一路"倡议已经提出了 10 年有余,"一带一路"人才培养体系目标、人才培养体系、课程与教材几乎没有多少变化,国别化的人才培养研究也几乎停留在准备阶段。为满足"一带一路"人才需求,由政府主导对传统人才培养模式进行混改的时机已经到来,政府调控、智库参与、高校培养、企业反馈的新型人才培养模式需要进一步讨论和完善。

第三节 "一带一路"视野下国际中文人才培养模式

按照斯塔夫里阿诺斯的历史断代方法,从全球的眼光来看,公元 1500 年之前属于传统社会,信息的交流和文明传递的主要方式是以垂直代际传播和传承,人们困守于一时一地,横向的信息传播只存在于国家层面的交流和游处的歌者之口。随着新航路的开辟和工业文明的推进,欧美国家率先强盛起来,在资本和技术的推动之下,在全球范围内开始了掠夺财富的征程,原本纵向传承为主的传统秩序轰然崩塌,代之以横向传播为主的现代社会。[1]

在现代文明推进的历史进程中,首先要突破的就是巴别塔的隔阂,双向的语言交流和传播成了原生文明和工业文明之间的纽带,而克服巴别塔的隔阂、文明的互鉴交流,最终还是以语言人才为最终依归的,以语言人才为桥梁促进国家之间的交流合作,[2] 共生共荣,才能安居全球化时代的中心地位,如果一个文明偏处一隅故步自封,在全球化的进程中只能慢慢被边缘、凋落消亡。

从某种意义上来说,在全球化时代,语言的传播和人才的培养,其原生动力是国家的发展和文明的推进,从这个角度而言,很容易看到为什么英语作为全球性的语言如此的生机勃勃、生机盎然,它的背后是有英美国家这样强大的文明作后盾,在全球范围内产生了很强的吸引力,世界各国的英语人才培养有效实践也为中文人才培养提供了前车之鉴。

---

[1] [美]斯塔夫里阿诺斯:《全球通史》,北京大学出版社 2006 年版。
[2] 陆俭明:《"一带一路"建设需要语言铺路搭桥》,《文化软实力研究》2016 年第 1 期。

有着悠久历史的中华文明的现代化进程却晚得多，五四运动可以作为现代化的先声，经过百年的努力，中国的发展壮大也为中文的国际传播和中文复合型人才培养提供了客观的有利环境和最终的可靠依托。中文的传播尽管有几千年历史，但是在全球化时代国家层面的举措，仅十几年的时间，但其迅速铺展，中文热成了一个普遍的现象，尤其是在近年来提出"一带一路"倡议的背景下，国际中文人才的培养也在全方位推进。

在这些现象的背后，学界对中文的国际传播和人才培养的研究深入而且细致，但是，站在系统的层面，对国际中文人才培养模式的研究则显得有些单薄，有的学者提出加强孔子学院的功能并扩大其影响，作为国家形象代表的孔子学院更像是一个政府机构，不可能应对所有中文人才培养的复杂状况；还有的学者提出建立高校联盟，甚至建立国际汉语教育共同体，[①] 推进学分互认等一体化进程，但是这仅仅从一国的政策出发做出的战略推演，仅仅停留在可能的顶层设计阶段，尽管已经确立了一些保障性措施，就中文复合型人才培养的效果而言尚无确切的有效性保证。

本书的目的正是针对于此而逐步展开的，面对着十几年来林林总总的中文国际传播和国际中文人才培养的广泛实践，他们为国际中文人才培养模式的构建提供了深厚的基础，然而，从普遍的国际中文人才培养实践中提取人才培养模式并非难事，真正的困难之处在于何以保障国际中文人才培养模式的有效性，它不但深深根植于各国的语言政策、政治经济、语言文化、交流合作、地域风俗、学习者特征等因素，还需要以现实的国际中文人才需求为导向，在宏阔的全球化节奏中认真总结真实有效的语言人才培养成功典范，条分缕析、吸取借鉴，以保证总结出的国际中文人才培养模式的有效性。

要言之，全球化的国际中文人才培养模式要立足全球视野，借鉴英语、法语、德语、日语在全球范围内人才培养的有效模式，结合有史以来中文人才培养的成功典范，根植中文国际传播所在的国情和地域特点，

---

① 李化树：《中国—东盟高等教育共同体建社行动框架》，社会科学文献出版社2017年版。

以两国的合作发展、互鉴交流为桥梁，以"一带一路"等现实需求为基础，重新确定中文人才的内涵、培养内容、培养模式。

本书以"一带一路"沿线国家中文人才培养模式为研究对象，"一带一路"沿线诸国以及其联合成立的命运共同体，例如东盟作为中国外交的优先方向，无论是以和平发展为共同诉求的政治经济往来，还是以深厚历史交集为基础的文明互鉴交流，"一带一路"沿线之于中华文化传播和中文国际推广的地位都举足轻重。北京大学发布的"五通"指数报告，在"一带一路"沿线六大区域之中，东南亚与中国互联互通的综合指数名列第一，① 这也奠定了其中文国际推广重镇的地位。

"一带一路"沿线各国的国际化中文复合型人才培养模式既有作为共同体一面的许多共同点，亦有作为个体一面的各自不同的特点。由于各国的国情、语言文化背景、教育体制、师资状况、教育对象及政府对汉语教学的政策与态度等方面的差异，各国在中文教学和人才培养实践过程中又表现出某些不同的特点，通过对"一带一路"沿线国家中文人才培养现状开展广泛而深入的实地调研，及时了解"一带一路"沿线国家中文人才培养进展状况。建立并不断完善"一带一路"沿线各国汉语教学的信息库和数据库，更好地为沿线国家和地区中文国际推广提供决策的依据。②

针对"一带一路"国际中文人才培养现状，文章系统搜集整理了有关"一带一路"沿线各国的中文教学和人才培养历史及现状的文献资料，建立在进行充分的实地考察、访谈调研扎实基础上，基于调查搜集所得相关数据和具体案例，根据目前对中文人才的实际需求，分析了"一带一路"国际中文人才培养目前面临的主要困难，力求较为全面、客观、准确地反映"一带一路"国际中文人才的现状、发展趋势及对中文人才的实际需求，提出进一步改进该地区国际中文人才培养模式的措施与对策。除根据区域性、国别化特点确定有针对性的人才培养模式，为国家

---

① 北京大学"一带一路"五通指数研究课题组：《"一带一路"沿线国家五通指数报告》，经济日报出版社2017年版。

② 郑通涛、蒋有经、陈荣岚：《东南亚汉语教学年度报告之一》，《海外华文教育》2014年第1期。

推广规划和决策提供相关的理论和依据外,希望通过具体的考察分析,为探索汉语与中华文化在海外的传播、中华文化与世界其他民族文化互动交流的规律以及汉语国际教育进入对象国的本土化战略等,以及在此基础之上的国际中文人才培养模式提供某些有价值的参考,促进我国国际化中文人才培养的应用研究。①

上文已经从复杂动态理论的角度详细地论述了"一带一路"国际中文人才培养的宏观环境系统,本章在此宏观环境系统的基础上,详细探讨"一带一路"环境下国际中文人才培养各要素特点,以此完成"一带一路"国际中文人才培养宏观模式的构建问题,如图3-2所示。

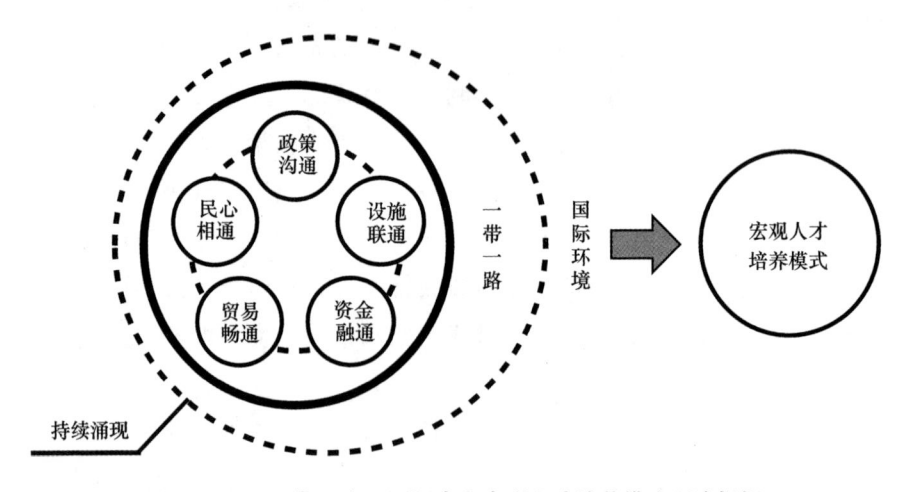

图3-2 "一带一路"国际中文宏观人才培养模式理论根据

第四节 "一带一路"国际中文人才需求分析

"一带一路"倡议下的经贸投资与国际人才培养事业犹如"车之两轮""鸟之双翼",如果说中国和沿线国家的经济贸易和项目投资是全球经济增长的显性力量,那么中国特色的高等教育和人才培养则是促进其

---

① 郑通涛、蒋有经、陈荣岚:《东南亚汉语教学年度报告之四》,《海外华文教育》2014年第4期。

持续健康发展的隐形推手,一方面是经济上"好风凭借力",推动中国与沿线国家共生共荣、共同发展;另一方面是文教上"润物细无声",促进中国与不同地区文明互鉴、服务"一带一路"建设,两者相辅相成方能运行无穷,共同托举起建设人类命运共同体的宏图大业。

一 "一带一路"建设对中文人才培养的影响

根据国家信息中心2021年的统计数据,截至2020年12月,"一带一路"倡议与建设覆盖至6大区域71个国家和地区,经济总量14.7万亿美元,占全球经济总量的17%,人口覆盖32.1亿,占全球人口的43.4%,对外贸易总额9.37万亿美元,占全球贸易总额的22.3%。大数据显示,国际社会对"一带一路"关注度较高,对"一带一路"的正面舆论五年来攀升了7个百分点。[①] 2020年末,中国在"一带一路"沿线国家和地区的投资和建设存量已经达到2007.9亿美元,占中国对外直接投资存量的7.8%。[②]

北京大学课题组对"一带一路"五通指数进行研究,根据"五通"指数测算结果显示:2017年"民心相通度"得分最高,且离散系数最小;与沿线国家间的资金融通得到明显改善,但离散系数较大;设施联通与政策沟通较2017年均有较大提升;贸易畅通继续保持良好状态。[③]

从"一带一路"6大区域上来看,东北亚、东南亚国家与中国在"一带一路"建设中合作最为紧密;南亚国家间差异较大,离散度很高;中亚国家较2017年合作指数有较大提升;西亚北非和中东欧国家表现较弱,合作水平有待提升。

从统计图上来看,截至2020年,中国与非洲签署的双边文件最多,与亚洲大洋洲政策互信的程度最高,中国与中东欧国家签署的政策文件尚有进一步的拓展空间,而事实的发展也证实了这一点,2019年3月,

---

[①] 联合国贸发会议(UNCATAD)《2021世界投资报告》。
[②] 中华人民共和国商务部:《2020年度中国对外直接投资统计公报》,http://www.gov.cn/xinwen/2021-09/29/5639984/files/a3015be4dc1f45458513ab39691d37dd.pdf,第25页。
[③] 北京大学"一带一路"五通指数研究课题组:《"一带一路"沿线国家五通指数报告》,经济日报出版社2017年版。

单位：亿美元

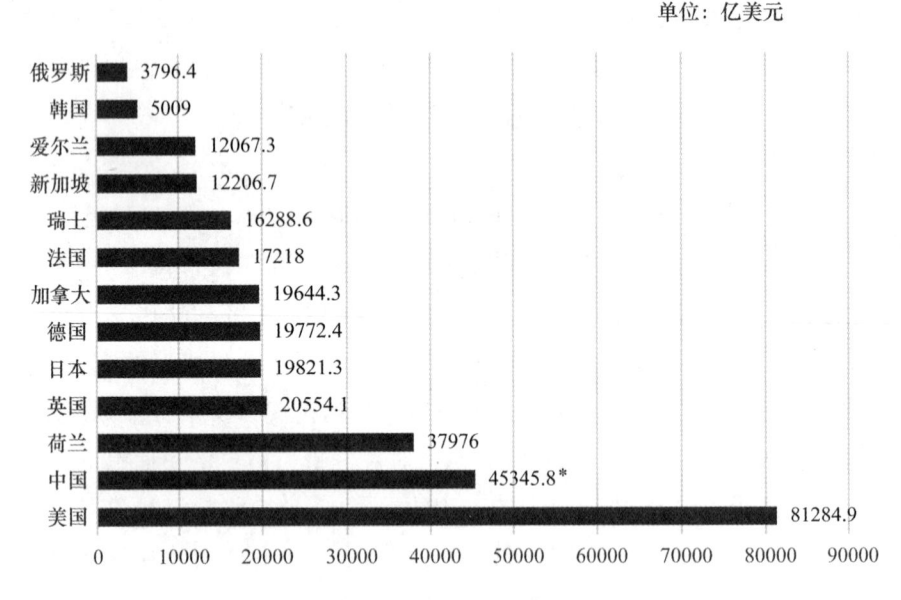

俄罗斯	3796.4
韩国	5009
爱尔兰	12067.3
新加坡	12206.7
瑞士	16288.6
法国	17218
加拿大	19644.3
德国	19772.4
日本	19821.3
英国	20554.1
荷兰	37976
中国	45345.8*
美国	81284.9

图 3-3　2020 年中国与全球主要国家投资存量对比

＊其中香港地区 19539.2 亿美元。

"一带一路"继续扩容，作为七国集团（G7）成员国的意大利率先加入。倡议提出 8 年多时间以来，中国已经与 140 个国家和 32 个国际组织，签署共 206 份共建"一带一路"的合作文件，其中有 25 个是欧洲国家。根据整体指标体系，政策沟通度总分值为 20，包含 2 个指标：双边文件 10 分，政策互信 10 分。

根据国家统计局、世界银行等机构的统计结果，到目前为止中国企业与沿线国家共签订 8148 项合作协议，其中 41 家中央企业参与、参股、投资合作项目 1676 个。我国与沿线国家签署了铁路交通、海运航空等双边运输协定 100 多个。设施联通方面，截至 2020 年年底，国内 28 个城市开行 51 条中欧班列，覆盖欧洲 23 国 29 城市，正点率接近 100%，累计总体货物类型 5 万多种，货值 560 亿美元，2016 年至 2020 年间增加 7 倍，全程费用为空运的 1/5，抵达欧洲时间是海运的 1/3。

从设施联通之通信设施区域指标上看，"一带一路"沿线国家和地区中国与东北亚、东南亚、中东欧地区的通信设施联通水平较高；西亚北

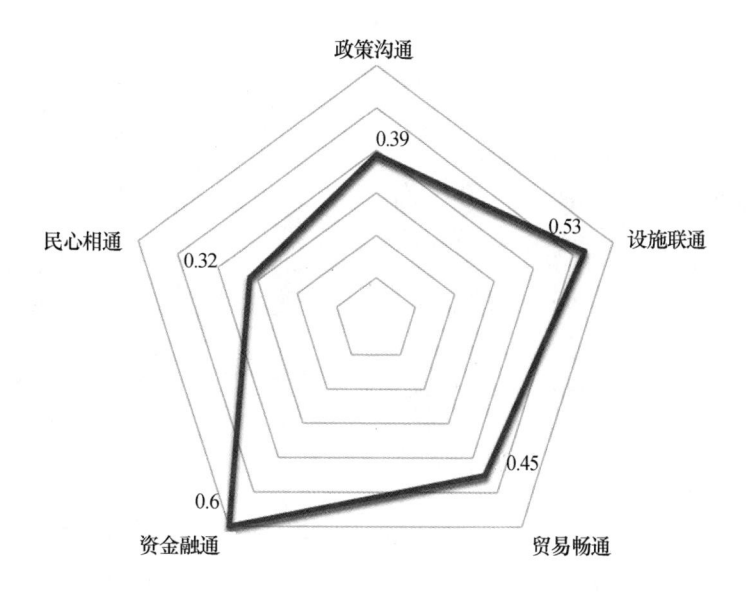

图 3-4 "一带一路"沿线国家五通指数雷达图

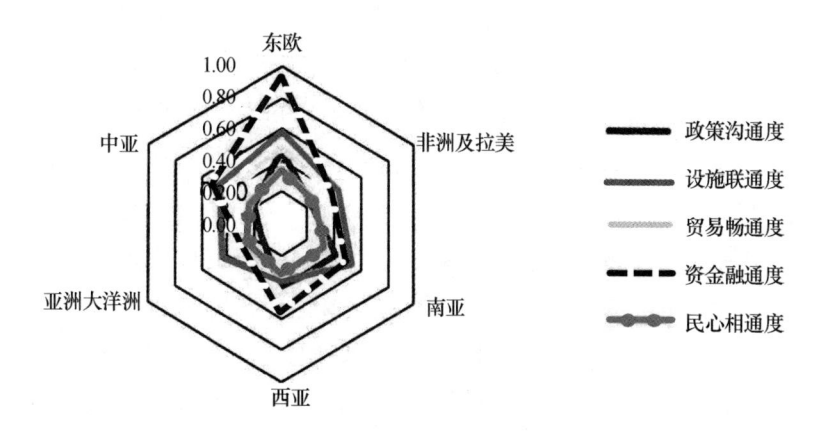

图 3-5 "一带一路"沿线国家区域合作度雷达图

非的移动电话和互联网接入水平较低,影响通信设施的互联互通。根据整体指标体系,设施联通总分值为 20,包含 3 个指标:交通设施 8 分,通信设施 6 分,能源设施 6 分。

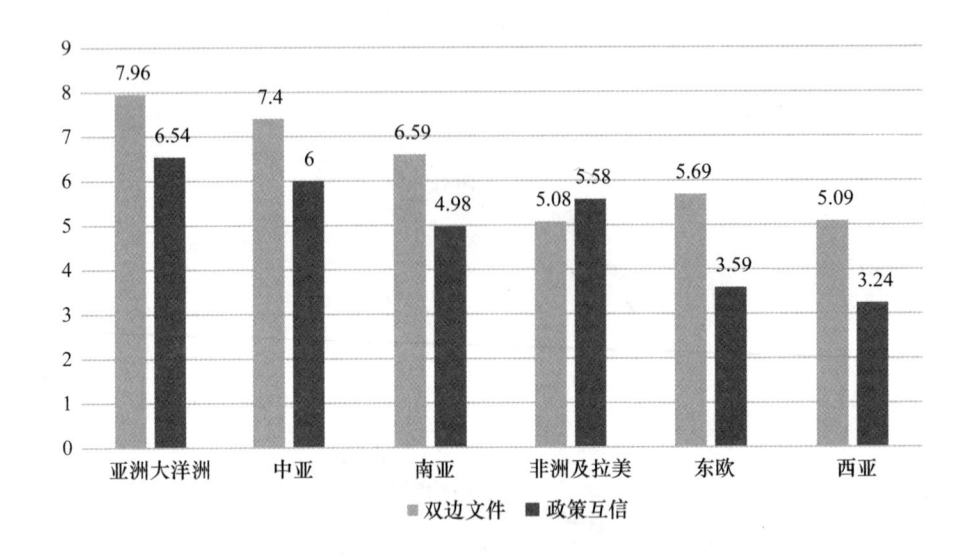

图 3-6　"一带一路"中国与各区域"政策沟通度"①

国家统计局 2021 年 2 月 28 日发布《中华人民共和国 2020 年国民经济和社会发展统计公报》（以下简称《公报》）指出，中国与沿线国家贸易总额约 9.37 万亿美元，我国企业已在 26 个沿线国家签署 19 个自由贸易协定。2020 年全年对外非金融类直接投资 7598 亿美元。2020 年全年对沿线国家对外承包工程完成额 10756 亿美元，中国企业对沿线国家直接投资超过 178 亿美元，增长 18.3%。

2013—2017 年中国与沿线国家贸易总额占中国贸易总额比重，出口一直稳步上升，进口比重 2014—2016 年回落之后，2017 年急速上升。从具体商品贸易的品类上来讲，中国对沿线国家进出口额前十位如图 3-7 所示，其中进口最多的商品是矿物燃料、矿物油及蒸馏产品，进口额为 1109.9 亿美元；中国对沿线国家出口最多的商品是电机、电气设备及其零件等，出口额达到 1165.9 亿美元。

从金融合作和金融环境的角度而言，中国与"一带一路"沿线国家

---

① 数据来源国家信息中心、"一带一路"大数据中心：《"一带一路"大数据报告（2018）》，商务印书馆 2018 年版，第 34 页。

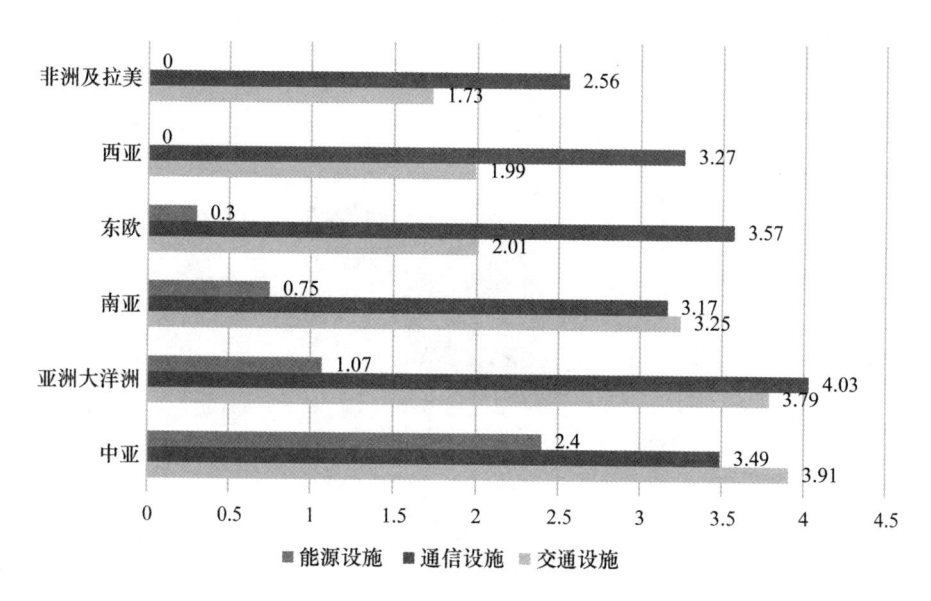

第三章 "一带一路"国际中文人才培养宏观模式研究   97

地区	能源设施	通信设施	交通设施
非洲及拉美	0	2.56	1.73
西亚	0	3.27	1.99
东欧	0.3	3.57	2.01
南亚	0.75	3.17	3.25
亚洲大洋洲	1.07	4.03	3.79
中亚	2.4	3.49	3.91

图3-7 "一带一路"设施联通之通信设施区域指标

的资金融通度依然是东北亚最高,中东欧需要进一步提升;但是民心相通的方面而言,"一带一路"沿线各国家和地区对与中国的合作充满了期待,从这点上而言并无多少地域的差别,从另一个角度来说,也恰好证明了"一带一路"倡议和建设工作得到国际社会的广泛认可。根据整体指标体系,资金融通度总分值为20分,包含2个指标:金融合作10分,金融合作的环境支撑10分。

自"一带一路"倡议提出以来,中国与沿线国家双向旅游交流超2500万人次。2016年与23个沿线国家实现了公民免签或落地签证。中国与沿线国家积极举办论坛、博览会、旅游节等各种丰富多彩的文化交流活动,民心相通渐入佳境。根据整体指标体系,民心相通度总分值为20分,包含3个指标:旅游与文化6分,人才交流6分,双边合作期待8分。

二 国际中文人才培养对"一带一路"建设的推进

"一带一路"倡议的重点围绕"五通"建设进行,通过上文数据的整

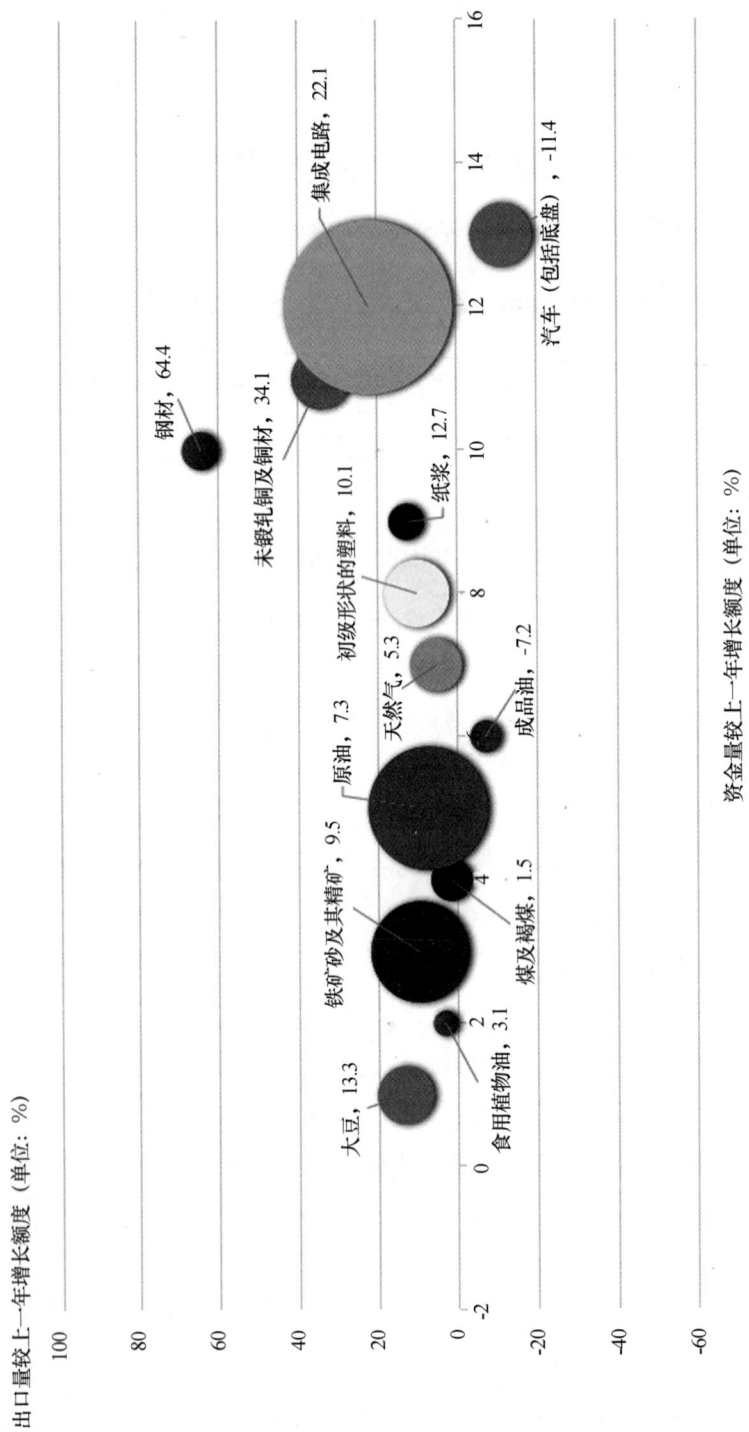

图3-8 2020年中国与"一带一路"国家贸易增长额

第三章 "一带一路"国际中文人才培养宏观模式研究 ◀◀ 99

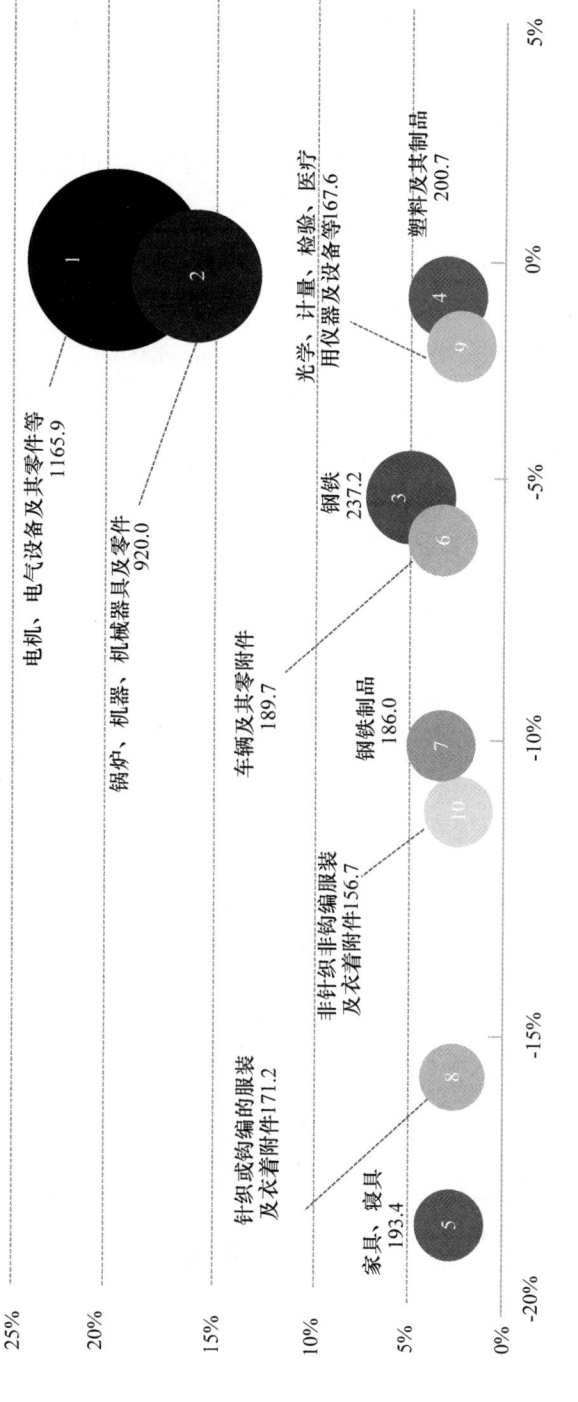

电机、电气设备及其零件等 1165.9
锅炉、机器、机械器具及零件 920.0
车辆及其零附件 189.7
光学、计量、检验、医疗用仪器及设备等 167.6
塑料及其制品 200.7
钢铁 237.2
钢铁制品 186.0
非针织非钩编服装及衣着附件 156.7
针织或钩编的服装及衣着附件 171.2
家具、寝具 193.4

图3-9 中国对沿线国家出口额TOP10（单位：亿美元）

100　▶▶　"一带一路"国际中文人才培养模式研究

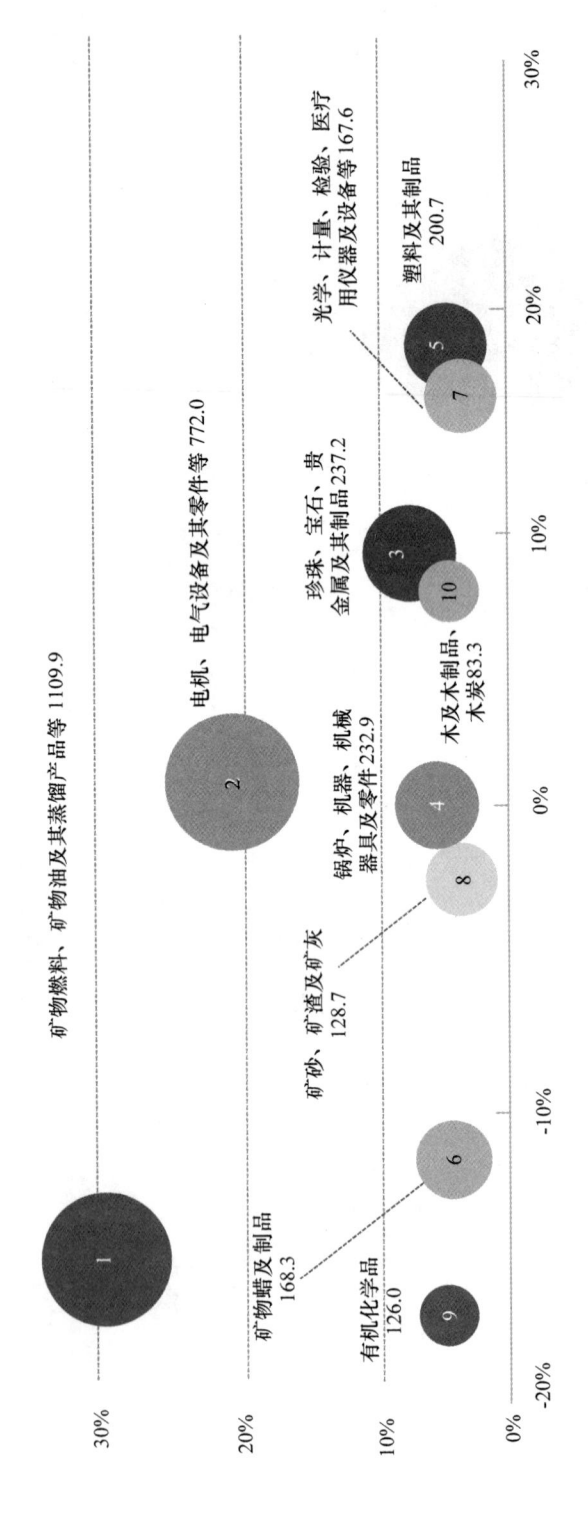

图3-10　中国自沿线国家进口额TOP10（单位：亿美元）

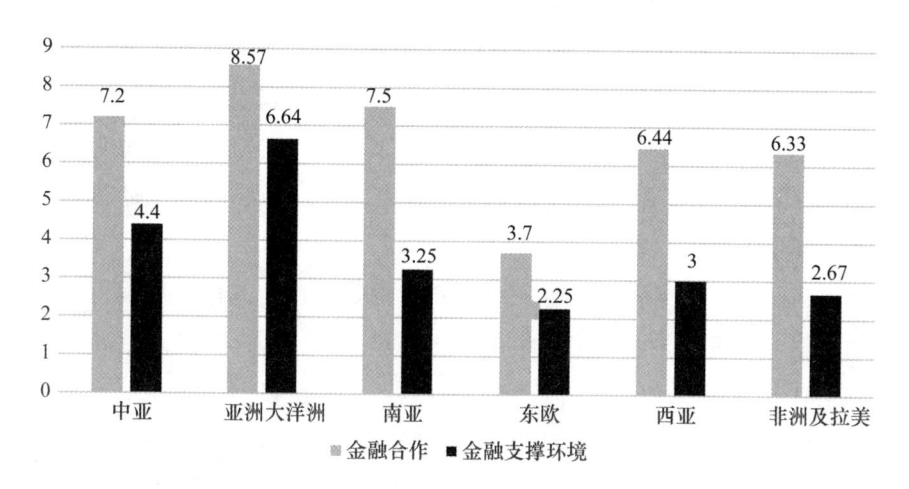

图 3-11 "一带一路"各区域"资金融通度"

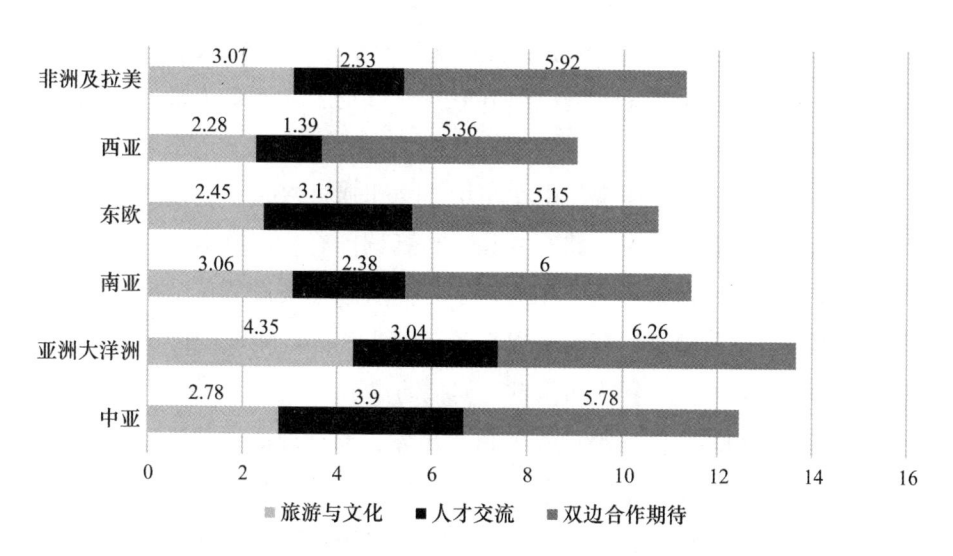

图 3-12 "一带一路"各区域"民心相通度"

理和分析,我们发现中国对"一带一路"沿线国家的政策沟通稳中有升,G7 成员国意大利的加入证明了政策沟通的范围进一步扩大,另外"一带一路"倡议也在非传统国家逐步深入;设施联通方面中国与沿线国家签订的合作协议 8148 项,进展迅猛;贸易畅通方面持续提升,2020 年与沿线国家贸易额达到9.37万亿美元，同比增长1.0%；资金融通逐步推进，"一带一路"亚洲投资开发银行为沿线国家建设提供资金保障；民心相通方面，"一带一路"沿线国家双向旅游人数、互派留学生人数逐年提升。以上"五通"建设都为中国高等教育提供了难得的历史机遇，也为中国高等教育的国际化、联手沿线国家为建设培养"一带一路"人才创造了有利的环境条件。

作为国家文化传播的重要阵地的孔子学院，近十五年来也取得了辉煌的成就。2019年沿线国家来华留学生超过39.7万人。[1] 丝绸之路大学联盟已有35个国家和地区的135所高校参与。截至2021年年底，在沿线国家开设541所孔子学院和1170家孔子课堂。出版了80个语种6700多册教材和文化读物，向170个国家赠售教材图书3000多万册。2009年至今共招收163个国家63041名各类奖学金学生。2013年设立的"孔子新汉学计划""中外合作培养博士""来华攻读博士""理解中国"等项目，累计资助了600多名学生、学者、青年汉学家来华攻读学位或进行研修，700余名各界青年领袖和业界精英访问中国，1亿到1.5亿人参与了孔子学院活动。[2]

作为软实力的重要体现，中文与中华文化通过以孔子学院等平台进行的国际传播，对"一带一路"建设，包括国际合作、投资贸易等政治经济往来存在一种什么样的作用力，学者们从理论假设的角度出发到实证研究得出科学的结论，证明了以孔子学院为代表的中文国际教育和文化传播对"一带一路"经贸投资的正向拉动作用。

宁继鸣（2008）从交易成本的概念出发，通过理论推衍论证了汉语国际教育和文化传播对于全球化经济合作的影响，[3] 以今天的角度而言，"一带一路"倡议正是针对全球治理赤字提出的中国方案，也是中国的全球化经济合作方案。连大祥等（2016）从定性分析的角度出发，认为孔子学院建立起来的中国与世界的信任关系，大大促进了中国与世界的经

---

[1] 教育部来华留学生统计，http://www.moe.gov.cn。
[2] 国家汉办、孔子学院总部，http://www.hanban.org。
[3] 宁继鸣：《从交易成本角度看语言国际推广对全球化经济合作的影响》，《山东大学学报（哲学社会科学版）》2008年第3期。

济贸易往来,有效地提升了中国对外直接投资、国际贸易和旅游业发展。① 如果说上述学术论证仅停留在理论推衍阶段的话,近年来学者们对此做了大量的实证研究:利安(Lien D.,Oh)和塞米尔(Selmier)对孔子学院数量和贸易引力的关系进行研究,并构建出了相关模型,认为每增加一所孔子学院在贸易上带来 6.1%—34.4% 的增长;② 在此基础上,谢孟军等(2017)以孔子学院的发展作为文化输出的代理变量,将交易成本嵌入跨国投资理论,基于局部均衡法阐释文化影响资本跨国流动,使用马氏距离匹配法和倍差法实证了孔子学院发展和资本输出之间的关系;③ 康继军等(2019)对上述双倍差模型的稳健性和准确性进行变量修正,通过空间计量经济学建模的角度出发,从规模和效果两个方面证实了文化传播对国际贸易正向影响。④ 李宝贵、于芳(2019)从个案研究出发,集中"一带一路"背景下俄罗斯汉语传播与中俄经贸合作相关性进行研究,通过 SPSS 的 Pearson 系数对由俄来华留学生人数、俄本土汉语学习者人数、俄孔子学院学习者人数和俄本土汉语教师人数四个变量组成的俄罗斯汉语传播指标和由中俄进出口额和中俄双边贸易额三个变量组成了中俄经贸合作指标进行检验,发现其相关程度均小于 0.05,具有显著的相关性特征。⑤

总的来说,中文国际教育和文化传播对"一带一路"经贸投资的影响主要体现在三个方面:第一,促进信息共享。"一带一路"的重点建设对象为"五通",即政策沟通、资金融通、设施联通、贸易畅通和民心相通,通过中文国际教育和文化传播促进信息共享正契合"五通"的根本

---

① 连大祥、王录安、刘晓鸥:《孔子学院的教育与经济效果》,《清华大学教育研究》2017年第1期。
② Line D., oh C. H., Selmier W. T., "Confucius Institute Effects on China's Trade and FDI: Isn't It Delightful When Folks Study Hanyu", *International Review of Economics & Finance*, 2012, Vol. 21, No. 1, pp. 147 – 155.
③ 谢孟军、汪同三、崔日明:《中国的文化输出能推动对外直接投资吗?——基于孔子学院发展的实证检验》,《经济学(季刊)》2017年第4期。
④ 康继军、张梦珂、黎静:《孔子学院对中国出口贸易的促进效应——基于"一带一路"沿线国家的实证分析》,《重庆大学学报(社会科学版)》2019年第5期。
⑤ 李宝贵、于芳:《俄罗斯汉语传播与中俄经贸合作相关性研究》,《辽宁大学学报(哲学社会科学版)》2019年第3期。

宗旨,即促进政治互信、经贸往来和信息畅通;第二,缩短文化距离。通过中文及中华文化的传播缩短"一带一路"沿线各国与中国的文化距离和心理距离,建立政治互信、促进民心相通,中文国际教育和文化传播秉民心相通之宗旨、依托畅通的设施和政策沟通平台、发挥对经贸和投资的推动作用,汪颖、许连和(2014)各自从产品的角度阐释文化距离与文化产品贸易的负相关关系;第三,降低贸易成本。通过架设语言的桥梁,降低中国和沿线国家经贸往来中的信息搜集成本、双方缔约和维护契约的监督成本、机会主义交易成本等。如果用一个图来表示的话,可以绘制出如下关系图:

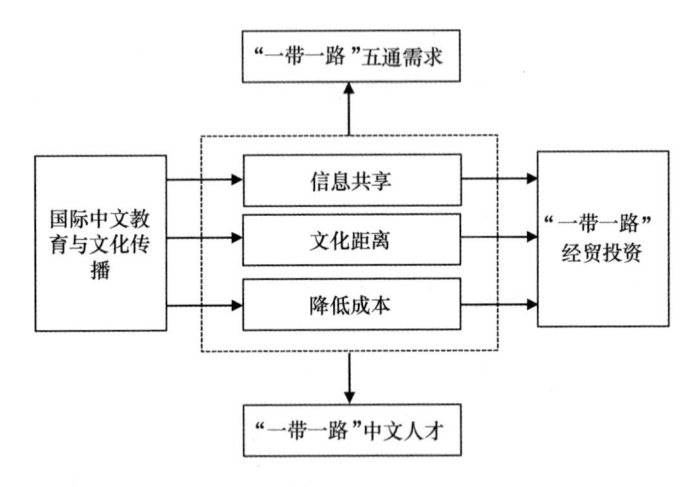

图 3-13 国际中文教育与"一带一路"经贸投资关系

在这个关系图中,"国际中文教育和文化传播"为因变量,"'一带一路'经贸投资"为自变量,其正相关的函数关系通过信息的互联共享、文化距离的缩减和交易成本的降低三个影响因素来实现的,这三个因素服务于"一带一路"建设重点"五通"之宗旨,这三个因素影响作用的发挥皆依托于国际中文人才来实现,"一带一路"国际中文人才的培养不但在传播中文和中华文化方面发挥重要作用,也对双边投资贸易起到强大的推动作用,这是遵循经济发展规律、促进贸易便利化的必然结果,更符合"一带一路"建设的本质要求。因此,建立系统化的中文复合型人才培养模式、行之有效地为"一带一路"建设培养中文人才势在必行。

三 "一带一路"国际中文人才需求分析

人才开发与经济社会协调发展与匹配性是人才需求的主要参照，延伸过来也是分析"一带一路"人才需求的基本依据，这一基本依据符合马克思劳动价值论和柯布（Charles W. Cobb）和道格拉斯（Paul Douglas）生产函数的基本思想。① 按照上述理论首先梳理一下该地区人才需求分析的理论基础，我们从四个维度进行逐一分析，如图 3-14 所示。

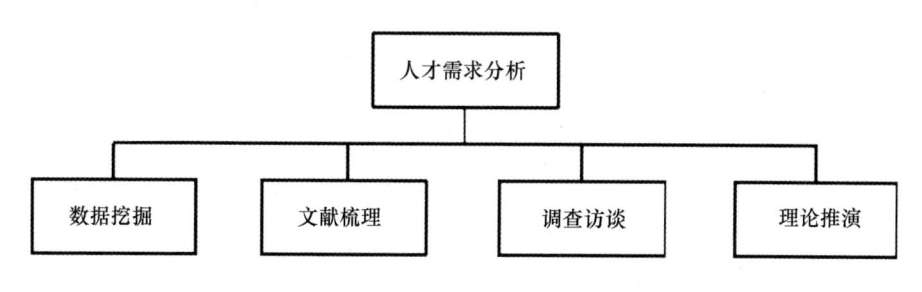

图 3-14 人才需求分析的四个维度

"一带一路"人才需求分析的第一个维度是数据挖掘，以人才需求为核心，通过数据的搜集与整理，得出影响该地区人才需求的进出口总额、对华贸易权重、贸易商品类型、贸易特征、地区问题、互派留学生、投资项目等要素，全面分析出影响人才需求的各要素因子；第二个维度是文献梳理，通过查阅搜寻与该地区经济、贸易、投资、企业等相关大量文献，包括企业招聘广告、企业发展年鉴与规划等，了解到企业目前真正需要什么类型的人才；第三个维度是访谈调研，通过对已经在该地区投资或者已经投资但项目尚未执行的企业进行实际的访谈，调查项目的进展情况，遭遇的困难和对人才的需求等；第四个维度是理论推演，基于以上收集到的大量材料数据，运用经济学、社会学的理论进行分析，

---

① Jantan H., Hamdan A. R., Othman Z. A., "Human Talent Prediction in HRM Using C4. 5 Classification Algorithm", *International Journal on Computer Science and Engineering*, 2010, Vol. 2, No. 8.

并考虑到对"一带一路"沿线国家和地区政治、语言、文化、宗教等因素对人才需求的影响，得出一个相对全面而科学的人才需求结论。最终以上述四者为维度，进一步提炼出"一带一路"人才需求行业的分布以及人才需求类型，并根据各自的权重，用可视化的图形展示出来。

根据上述"一带一路"人才需求分析的四个维度，我们首先需要进行政策层面的梳理和分析，结合"一带一路"建设实际调查的情况进行科学的理论推演，然后以中国对"一带一路"沿线国家和地区贸易投资相关数据为基础进行标准化处理，按照统一的标准将投资分门别类，按照类型进行加权之后进行聚类分析和可视化处理，从而得出"一带一路"人才需求的类别和地域分布图。

"一带一路"倡议一提出，就有学者对"一带一路"人才的内涵进行研究，李宇明（2015）认为语言应发挥思想舟舆的作用，在推进"一带一路"建设中积极铺路搭桥。[①] 周庆生（2018）通过实地调研，认为应该培养"语言+文化+专业"的国际中文人才；这种观点在政府的讲话中得到了回应，2018年12月在第13届孔子学院大会上，时任国务院副总理孙春兰发表主旨演讲，重点强调实施"汉语+"项目，构建和培育国家间人文交流和人才培养的综合平台，明确提出了打造"汉语"为引领的"+"各领域、各层次人才，并阐述了合作办学、课程设置、平台建设、培养过程等基础性问题。[②]

这个定义反映出新时期"一带一路"建设对人才内涵要求的转变，即培养既具有多语言交际能力，又具有专业素养和实践经验的复合型人才，因为语言互通是"五通"的基础。[③] 从这个定义出发，"一带一路"建设最需要的是覆盖于各个行业之上的语言人才。

接下来进行数据处理和分析，因为"一带一路"与沿线6大区域的贸易数据上文已经做出分析，所以下文主要对"一带一路"投资相关数据进行梳理和分析。根据商务部、世界银行、WTO、Trade-Map发布的

---

① 李宇明：《"一带一路"需要言语铺路》，《人民日报》2015年9月22日，第7版。
② 中国政府网，http://www.gov.cn/guowuyuan/2018-12/04/content_5345736.htm。
③ 陆俭明：《"一带一路"建设需要语言铺路搭桥》，《文化软实力研究》2016年第2期。

最新数据，截至 2018 年年底，中国对"一带一路"沿线 6 大区域至少 65 个国家和地区的投资项目覆盖 18 大类别，其中传统的租赁和商贸服务、金融业、制造业等投资超过百亿美元，具体分布如 3 – 15 所示，因各机构数据统计存在误差，故在各类统计基础上取近似数值。

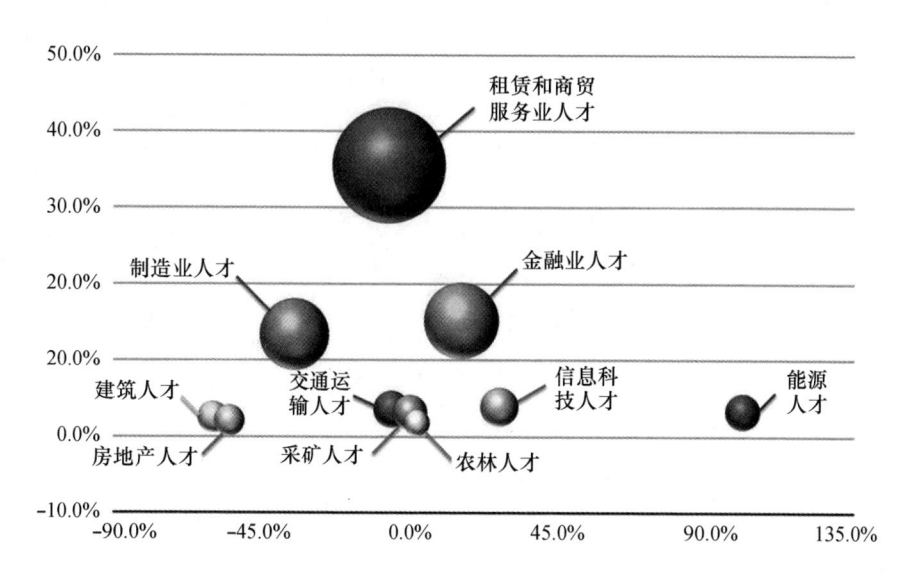

图 3 – 15　"一带一路"人才需求行业分布

将各区域人才需求类型划分成贸易、金融、交通运输、能源等通用类型，将数据先进行标准化处理，再按照类型加权之后进行聚类分析，从而得出人才需求的可视化图形，X 轴代表投资贸易额的同比增长量，Y 轴代表行业占比，气泡大小代表投资贸易额。通过图 3 – 15 可以看出"一带一路"人才需求除了普遍的语言人才需求之外，主要集中在商贸服务、金融业、制造业、能源、信息科技和交通运输方面。

通过图 3 – 15 对"一带一路"沿线国家 18 个大类别的贸易投资的数据挖掘总结梳理，可以看出投资贸易的增长会带来人才需求绝对量的增加，只是每个贸易投资类别人才需求相对论会呈现出差异性，这些并不影响投资数据作为人才需求行业分布和地域分布的观测指标的有效性。能给行业发展和贸易投资数据与人才需求带来负相关的变量是技术的革新,但是技术创新问题并不是本书讨论的重点,在没有增量空间的情况之下,技术革新有可能会消减人才需求,现在"一带一路"建设正处于蓬勃发展期,其巨大的增量空间带来的是人才在全球范围内各相关行业需求量的增长。而大数据挖掘和分析可以对未来一段时间人才需求提供很好的预测,对需求驱动下的"一带一路"人才培养模式构建起到导向性作用。

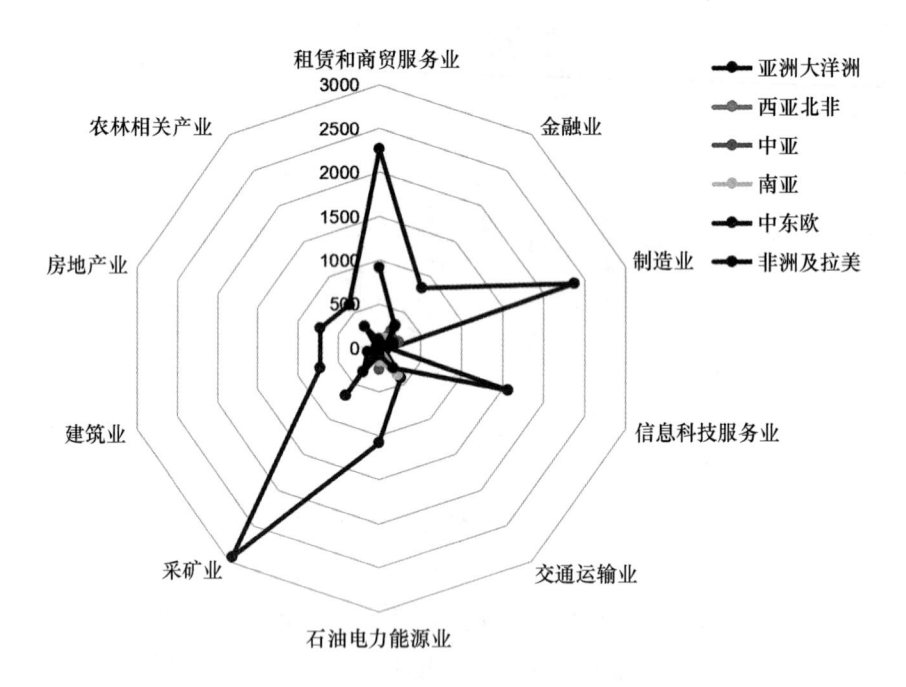

图3-16 "一带一路"人才需求行业及地域分布

如果加上"一带一路"地域的因素,通过搜集整理沿线6大地域10大主要行业的投资数据,得出以上雷达图,显示出人才需求的区域分布和行业覆盖特征,因为有些地域例如中东地区、非洲和拉美地区一些数据难以搜集,故部分行业人才需求向中心靠拢,通过图3-16可以清晰地看出人才需求类型和地域的强相关关系:亚洲大洋洲地区需求采矿、商贸、制造业人才,非洲及拉美需求信息科技、交通运输和建筑人才,中东欧地区需求金融、采矿和商贸人才,西亚北非和中亚地区需要能源人才,南亚地区人才需求则集中在建筑业和交通运输业。

第五节 "一带一路"国际中文人才培养模式要素分析

"一带一路"国际中文人才培养模式主要包括两个方面的内容：首先是为什么培养？其次是怎样培养？为什么培养涉及促进人类命运共同体建设的培养理念和服务于"一带一路"具体建设工作的培养目标问题；怎样培养包括培养主体、培养内容、培养方式、培养评价、培养对象、人才反馈等内容。① 本书以"一带一路"人才需求分析为出发点，分别从上述6个方面对"一带一路"国际中文人才培养模式进行详细分析，并对模式的应用和需要注意的问题进行阐述。

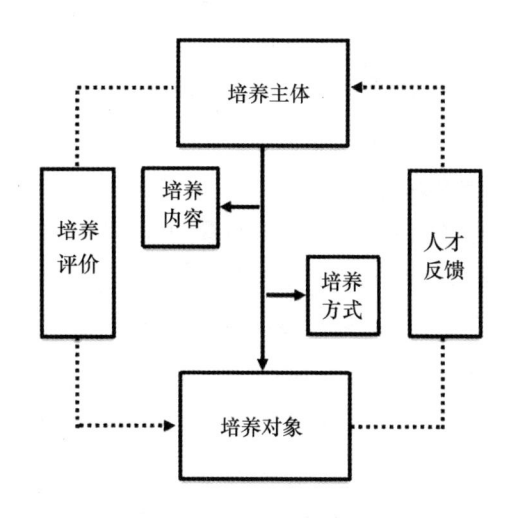

图 3-17 "一带一路"人才培养要素互动关系

一 "一带一路"需求下的人才培养理念转型

国际中文复合型人才培养的直接目标就是填补"一带一路"与沿线国家经济建设工作所出现的大量人才缺口，同时"一带一路"建设的需

---

① 聂建峰：《关于大学人才培养模式几个关键问题的分析》，《国家教育行政学院学报》2018年第3期。

求也对国际中文人才的培养理念提出了新要求。"一带一路"倡议下的中文复合型人才培养从理念到路径都已经打破原有集中在一时一地单一专业培养的范式，发生了结构性的转变，这是以现实需求为导向的中文复合型人才培养的必然结果，下面从三个方面讨论人才培养理念问题。

（一）"一带一路"愿景要求树立全球观理念

"一带一路"倡议的愿景是建设人类命运共同体，这就要求国际中文人才的培养首先要树立全球观。作为全球化进程中的一部分，中国已经从一个"本土型国家"成长为一个"国际型国家"，"一带一路"倡议正是针对全球治理赤字的中国方案与中国表达。因此，倡议从提出就具有全球化的视野和基因，而对支撑"一带一路"建设的国际中文人才的培养则必须具备全球视野，强调的"全人类"格局感，[1] 才能契合建设人类命运共同体理念。未来的人才培养应树立全球观，坚持以人的全面发展和全人类的根本共同利益福祉作为核心价值观念。[2] "一带一路"国际中文人才全球视野的培养理念设计也符合国际主流的价值观，这些都将是"一带一路"国际中文人才所必须培养的价值观。

作为对以建设人类命运共同体为愿景的"一带一路"倡议的紧密呼应，教育部签发纲领性文件《推进共建"一带一路"教育行动》，主要目的是推进中国与"一带一路"沿线国家教育共同体建设，重点围绕"一带一路"共建的"五通"，一方面促进民心相通；另一方面为其他"四通"提供人才支撑，从政策上明确了"一带一路"人才培养的全球观定位。

另外，"一带一路"建设的人才流动性特征也要求国际中文人才具备全球观。"一带一路"倡议涉及全球6大区域至少65个国家和地区，2019年3月，G7成员国的意大利率先加入倡议，"一带一路"不断扩容。针对"一带一路"建设培养的国际中文人才不会局限于一时一地，而是根据需求在"一带一路"所及的范围之内流动，因为全球化的一个重要

---

[1] 杨金龙、沈骑：《"人类命运共同体"视域下我国外语专业人才的价值重塑——"工具"与"人文"之辨》，《外语教育前沿研究》2019年第2卷第3期。

[2] 白长虹：《文旅融合背景下的行业人才培养——实践需求与理论议题》，《人民论坛—学术前沿》2019年6月上。

体现就是人口、人才的流动，只有最大限度地提高人才流通率和利用率，才能满足"一带一路"建设所需的巨大人才缺口，具备全球化理念必然是国际中文人才的首要素质要求。

（二）"一带一路"内涵要求多语言、跨文化培养理念

"一带一路"沿线所及不同的地域、不同的国家都拥有各异的文化传统，多元文化背景下的人才培养必须考虑到多语言和跨文化的理念要素。以经济一体化为驱动的全球化的进程中，尤其是在网络技术日渐发达的今天，拥有不同语言文化背景人们的各自表达是维持这个世界多元化的重要力量，也是促进文明互鉴、文明共生共荣生生不息的原动力所在。不同语言不同文化碰撞交流，不同地域和国家在语言文化方面也呈现出从冲突到融合的过程。中国追求的并非单边主义，并非语言和文化的侵略，恰恰相反，中国在全球化带来的冲击中提倡、尊重和保护多元文化，这也成为联合国教科文组织、欧盟等许多国际组织的共识。因此，以合作共赢为宗旨的"五通"建设从一开始就扎根在多语言、多文化的环境之内，"一带一路"中文复合型人才培养的理念也需要呈现出多语言、多文化的特征。

在中文复合型人才培养的共名之下，深植中国本土文化之根，以包容的文化态度培养具有多语能力、多元文化意识和文化整合力的跨文化人才是现实所需，诸多学者也表达了类似的观点：国际中文人才必须精通中文和外语的"双语"能力、中外文化兼修的"双文化"素养、中文作为第二语言、外语的教学能力和中华文化国际传播能力的"双能力"，还应加快培养通晓沿线沿路国家语言的各语种人才。培养多语能力和多元文化意识的人才不单是学界共识，也是中文语言全球化治理的重要一环。

（三）"一带一路"需求规定跨学科、复合培养理念

"一带一路"经贸投资合作表现出来的首要特征是体量巨大，也就意味着对相关人才需求量巨大。根据国家信息中心的统计数据，截至2021年12月，"一带一路"倡议6大区域65个国家和地区的人口覆盖32.1亿，占全球人口的43.4%；经济总量14.7万亿美元，占全球经济总量的17%；对外贸易总额9.37万亿美元，占全球贸易总额的22.3%。截至

2021年年底，中国在"一带一路"沿线6大区域和65个国家和地区的货物贸易额达1.9万亿美元，直接投资达1360亿美元，[①] 根据国资委的统计，截至2020年，共建项目8148个，央企参与投资的项目达到3120个，中国500强的民企有274家参与"一带一路"建设，参与度超过了50%。[②]

因"一带一路"沿线国家国情不同，投资贸易的地域分布、行业分布和层次分布都呈现出差异化特征，根据"一带一路"大数据报告统计，中国对沿线国家进出口贸易主要集中在亚洲大洋洲地区，占67.7%；[③] 从行业分布上来说，亚洲大洋洲地区的人才需求集中在采矿、商贸、制造业方面，非洲及拉美需求信息科技、交通运输和建筑人才，中东欧地区需求金融、采矿和商贸人才，西亚北非和中亚地区需要能源人才，南亚地区人才需求则集中在建筑业和交通运输业方面。

在"一带一路"建设与全球治理新格局之下，"专业+语言"新型复合型人才培养模式呼之欲出，专业型人才规划范式亟须在"一专多能"和"一精多会"两个方面发挥作用。[④] 2018年12月，时任国务院副总理孙春兰在第13届孔子学院大会致辞中强调语言对推进人类命运共同体的凝聚作用、要实施"汉语+"项目、要促进国际合作和平台建设。[⑤] 这是基于全球治理的视域确定了汉语的国际教育的根本任务作为全球治理的重要途径，[⑥] 也是本书所讨论"一带一路"国际中文人才跨学科复合培养理念的政策性依据。

二 中外合作背景下的多元培养主体分析

"一带一路"国际中文人才需求为人才培养理念提供了清晰的导向，

[①] 世界银行，https://data.worldbank.org.cn。
[②] 国家信息中心、"一带一路"大数据中心：《"一带一路"大数据报告（2018）》，商务印书馆2018年版。
[③] 中华人民共和国商务部：《中国对外投资发展报告（2021）》，2021年12月。
[④] 沈骑：《新中国外语教育规划70年——范式变迁与战略转型》，《新疆师范大学学报》2019年第5期。
[⑤] 中国政府网，http://www.gov.cn/guowuyuan/2018-12/04/content_5345736.htm。
[⑥] 胡范铸、陈佳璇、张虹倩：《目标设定、路径选择、队伍建设：新时代汉语国际教育的重新认识》，《世界汉语教学》2018年第32卷第1期。

在此基础上,"一带一路"中文复合型人才培养要素都被赋予了新的内涵。这些人才培养要素相互发生作用,构成了一个不可分割的有机统一整体,需要进一步地对人才培养主体、培养内容、培养方式和培养评价等要素进行深入的分析,才能完整构建出更具针对性的"一带一路"中文复合型人才培养模式,实现为"一带一路"建设培养国际中文人才的目标。

从"一带一路"建设轨迹上来看,中文国际人才培养作为教育共同体的一个组成部分,其培养路径是在跨文化、跨语言、跨国家、跨校园的环境中展开的,必然会涉及人才组织规划的中国和沿线国家政府、人才培养机构的高效、人才使用的"一带一路"企业以及为人才培养提供智力支持的智库,他们构成了"一带一路"国际中文人才培养主体要素的重要组成部分。对人才培养主体的分析必须从人才培养模式的系统中进行考察,才能厘清其功能和定位,因此需要首先构建起"一带一路"国际中文人才培养的理论模型。

人才培养模式是根据人才培养的目标和需求而制定出具有一定周期的系统性计划,落实到"一带一路"中文复合型人才培养的总体理论模型上,作为核心要素的人才培养是培养主体通过培养内容按照培养方式来完成的,与此同时还必须考虑到沿线国家的政治、经济、文化、法律以及学习者的国别化特征,以总理论模型为基本思路构建出适合沿线国家的国别化模型,使人才培养更具有针对性和有效性。

再进一步落实到"一带一路"国际中文人才培养的具体工作上,国家之间政策对接、学分互认、营商环境、投资贸易、互联互通等对人才培养起着直接的导向作用;对"一带一路"企业的实地调查和对"一带一路"大数据的挖掘、分析、整理都是由智库来完成;"一带一路"企业人才需求、聘用、专业要求、素质要求、实习培训等,企业起着重要的干预作用;"一带一路"国际中文人才的培养工作可以是跨国家、跨区域、跨文化合作完成,也可以是学生多校园、多国家、多证书的学习来完成,由此可以构建出"一带一路"国际中文人才培养的总体理论模型。

中外多重主体的人才合作培养意味着必须积极促进教育国际化合作,

明确学分互认程序，优化学分认证模式。在政府的全程参与和支持下，协同企业和智库资源形成一种合力，对以一方为主导的多方合作机构鼎力支持，完成人才培养的流程。这时作为多方合作主体的组织职能就凸显了出来：一方面需要整合政府、企业和智力集团的支持，进行顶层整合；另一方面高校等培养机构又要根据实际情况制订培养方案，进行中层设计；最后根据培养方案把学生派往不同的国家和地区学习，进行底层的落实，三个层面构成了人才培养的多重主体。

三个层面是一种联动关系：在政府政策的引导下，发挥高校及智库的作用，鼓励企业进行资金支持、拟出人才订单，充分利用中外各教学机构的优势，根据实际的需要对人才进行多国家的流动培养，学生在不同的校园中学习不同的知识，并获得相应的专业技能证书和学位证书。例如身在中国并在厦门大学注册就读的学生，如果有志于服务"一带一路"西亚北非国家的建设，学校根据企业对技能的要求，可以安排该生到土耳其中东技术大学学习相关技术、到阿联酋学习服务、到沙特学习贸易及阿拉伯文化等，通过学习培训拿到相应的资质证书，最终满足这些国家的人才实际需求。

三 以交际能力为核心的跨专业培养内容

"一带一路"国际中文人才培养内容要从两方面进行考察，首先是理论的推衍，其次是实地的调查。中文国际教育自诞生以来就是一个交叉学科，很难简单地归之于某个单一学科，这在学界已达成共识；而实际"一带一路"国际中文人才培养课程内容的设计必须以沿线国家的需求和实际状况为重要考量，因此，"一带一路"国际中文人才培养内容主要包含三个核心议题。

（一）以中文交际能力为核心的课程设计

国际中文人才培养的首先是以语言作为连接的切合"一带一路"现实所需的人才，语言作为思维的工具和交流的工具，实际上是自我交流和对外交流的工具。因此，交际能力是培养内容的核心之所在，如果把外在表现的交际行为视为海面漂浮冰山的一小部分，那么内在基础的交际能力则是水面之下大部分的，交际能力一般要符合海姆斯在《论交际能力》一书中所提出的可能性、可行性、适合性和有效性原则。① 作为课程设计的原则和依据，关于交际能力培养路径，郑通涛（2017）将其归纳为自然语言、跨模块认知、主体兴趣、探索能力、互动关系和表演能力六点。②

在"一带一路"国际中文教育目标体系中，中文的交际能力属于最核心的部分，渗透于体系的各要素之中，需要在真实语境中进一步地发展强化。以中文交际能力为核心的课程设计，其着眼点首先在于激发学生学习中文的兴趣，使其对中文和中华文化产生认知和认同，进而通过主动学习获得中文能力；其次，学生在获得基础的中文能力之后，围绕"一带一路"建设所需设置交际场景，在具体的语境中进一步拓展学生的交际能力；最后，"一带一路"倡议下的国际中文教育，其作用和效果是通过交际来体现和检验的，让学生置身"一带一路"交际场所中检验其能力，通过反馈进一步地完善课程设计，以中文交际能力为核心培养的人才更具有针对性，更切合"一带一路"建设所需。

（二）以中文为依托的跨学科融合培养

从中文复合型人才培养的实践经验上看，16 年来 548 所孔子学院在全球 150 多个国家和地区广泛开设，加上几百甚至上千年的海内外华文教育历史的积淀，以及在对"一带一路"建设调查为基础的人才素质需求上，国际中文人才培养内容要素已经十分明朗。立足教学和研究的角度，赵世举（2015）国际中文人才应具备"语言应用+语言教学+语言开发"的能力；孙宜学（2017）从专业角度出发，认为需要培养的人才是"语言+专业"；从工作实际需要来看，周庆生（2018）通过实地调研，认为应该培养"语言+文化+专业"的国际中文人才；邢欣和张全生（2016）通过对"一带一路"中亚国家中国企业实地调查，总结出中文人才要具备专业领域知识和双语或多语能力、跨文化交际与人际沟通能力、应变

---

① Hymes, D., "On Communicative Competence", In J. B. Pride, & A. Holmes (Eds.), Sociolinguistics: Selected Readings, Harmondsworth: Penguin, 1972.

② 郑通涛：《复杂动态系统理论与语言交际能力发展》，《海外华文教育》2017 年第 10 期。

突发事件和吃苦实干的能力。①

孔子学院长期以来所采取的人才培养模式就是"语言教学+文化",胡范铸等（2017）引入历史的概念来解释文化的组成部分,认为孔子学院所开展的大多属于"语言教学+器用文化",只停留在"语言教学+太极拳""语言教学+饺子""语言教学+剪纸"等浅层的文化上,谈不上"语言教学+思想观念"等;② 而2013年"一带一路"倡议提出以来,大量专业性的中文人才需求直接催生了"语言+文化+专业"的国际化中文人才培养模式。

实际上,国际中文人才培养是一项系统工程,仅仅做要素"+"法的人才培养最后的结果是既"+"得不够深入,也"+"得不够彻底。"一带一路"建设的多样化人才需求实际上打破了单一人才培养的阈限,"一带一路"所需的实际上是跨学科、跨语言和跨文化人才,正如西方大学中的东亚系、东方学院等国际人才培养先例,不仅仅是"中文+教学法+跨文化交际",而且是一种跨学科系统融合培养。

（三）国际中文人才培养内容的现状调查

任何有效的理论或模型都建立在扎实的社会调查基础之上,只有对国际中文人才培养的现状进行全面而深入的系统化调查,才能清晰地绘制"一带一路"沿线各国国际中文人才培养的真实图景,从而进一步确定本土化中文人才培养的具体内容。

对"一带一路"沿线国家人才培养现状的调查要从三个方面着手,Finch（2001）将人才培养背景视为一个复杂动态系统,借用这个模式对人才培养各要素进行宏观、中观和微观的切分,③ 由此可以看到实地的调查首先是宏观的层面,用话语分析的手段分析出"一带一路"沿线国家的文化、政治、法律、母语及第二语言角色地位和二语人才培养模

---

① 邢欣、张全生:《"一带一路"倡议下的语言需求与语言服务》,《中国语文》2016年第6期。

② 胡范铸、陈佳璇、张虹倩:《目标设定、路径选择、队伍建设:新时代汉语国际教育的重新认识》,《世界汉语教学》2018年第1期。

③ Finch, A. E., "Complexity in the Language Classroom", *Secondary Education Research*, 2001, Vol. 47, pp. 105–140.

式；其次是中观层面的结构化调查访谈，调查出学校的性质、级别、发展轨迹、所在地域情况等，以质性分析的方法描绘出可供性视野下这些国家人才培养的原生模式和问题，做到有的放矢；最后是微观层面的调查，包括学习者差异性、教师教材教法等"三教"调查，这个层面的调查可以采用编制量表的方式进行，通过发放调查问卷，绘制出结构方程模型，运用科学的量化分析得出影响人才培养各变量的情况。

经过"一带一路"人才需求的大数据分析和现场调查结果，按专业、层次、地域等不同需求纳入到人才培养规划之内，教学内容采用数据挖掘技术，连接各相关数据库，按照语言、专业、文化等模块化的方式编制出具体的人才培养计划。要特别突出技术的使用，学生的学习和培养并不限制于一时一地，可以通过学分互认的方式跨国家、跨文化、跨校园、多证书的学习，另外"一带一路"相关企业作为他们的实训基地保证了人才培养的效果。

四 国别化的国际中文人才培养方式

"一带一路"沿线6大区域和至少65个国家的政治背景、经济状况、文化传统、宗教信仰、地理风貌及制度政策都存在明显差异，培养对象的学习动机、学习策略及学习方法不尽相同，中国与"一带一路"沿线国家贸易投资合作的行业分布及人才需求层次有别，国际中文人才的培养必须考虑到这些特征，只有采取深植本土特征的国别化的培养方式，才能使培养出来的"一带一路"国际中文人才更具针对性。

（一）培养对象国别化学习行为特征提取

综合分析"一带一路"沿线国家中文学习者的学习行为，对有针对性地制订人才培养计划、提升人才培养效率意义重大。通常来讲，对学习过程产生影响的因素，大致包括学习者的性别、年龄、个体认知能力、智能、学习动机、个人学习期望、社会背景、生活经历、经济和文化背景等，这些是学习者的一般特征。另外，学习者的学习风格和已具备的母语能力、方言能力，以及其他外语能力也是需要考虑增设的特征要素（郑通涛，2016）。

作为"一带一路"中文复合型人才培养对象的学习者，大多以国家和地域为分界点，因地域和人种的不同、生长的环境不同、受到的历史政治文化的影响不同，呈现出截然不同的国别化特征，分别体现在认知差异、情感差异、学习策略和学习行为上，以上各变量之间其实是一种复杂动态关系。

多尼耶（Dörnyei，2005）受柏拉图的启发认为学习者由认知、情感和动机三个维度构成，[1] 罗宾逊（Robinson，2007）增加了学习策略的部分，而学习者学习过程是以学习者为中心通过向内和向外两个方向的构建完成，向内主要是学习者的个体认知差异，包括学习者的智力水平、语言学能、大脑记忆等三个方面；[2] 还有学习者的个体情感差异，包括学习动机、学习态度、学习风格以及学习过程中表现出来的性格特点、学习焦虑感、与周围人们的交际意愿等几个方面；最后是学习者的学习策略，包括对学习中文行为本身认知水平的元认知策略、学习认知策略和学习中文过程中所使用的情感策略等方面，围绕这些相互影响、相互作用的因素，构建起了关于学习者的"一带一路"国际中文人才培养系统复杂动态系统。

中文学习者的动机直接关乎学习者学习策略的选择，不同的策略导致不同的学习效果，而不同的学习效果直接影响着"一带一路"国际中文人才培养的效率，从效果上来看，它是构建"一带一路"国际中文人才培养模式最重要的原则之一，不同的国家和地域学习者的学习动机又不尽相同，因此有必要对沿线国家中文学习者的学习动机进行系统的调查分析。

萨克彻温大学的诺埃尔（Noels）和渥太华大学克莱门特（Clément）以及魁北克大学瓦勒朗（Vallerand）三位教授以及开发出关于学习动机

---

[1] Dörnyei, Z., *The Psychology of the Language Learners: Individual Differences in Second Language Acquisition*, Mahwah: Lawrence Erlbaum, 2005.

[2] Robinson, P., "Aptitude, Ability, Context, and Practice", In R. M. DeKeyser (ed.). Practice in Second Language Learning: Perspectives from Linguistics and Cognitives Psychology, Cambridge: Cambridge University Press, 2007, pp. 256 – 286.

调查的科学问卷,① 参照他们的研究成果,对他们编制的学习动机量表进行适当的调整,更切合"一带一路"和中文学习两个关键词,将动机调查分为无动机、外在调节、摄入调节型、认同调节、内在知识动机、内在成就动机、内在刺激动机几个分量表,采用5点李克特式量表设计问卷。通过对学习者学习动机的调查,系统地把握影响学习者动机的相关因素,并在课程设计和培养的过程中有针对性地引导。

(二)"一带一路"人才需求特征的国别化调查

为得到"一带一路"人才需求在沿线国家的地域分布、行业分布、层次分布和数量分布等特征,可以从实地调查和数据分析两个方面着手。

首先,以国别和地区为单位对参与"一带一路"建设的企业进行穷尽式的调查统计。调查的主要内容有：1. 企业人才需求的方向和职位描述;2. 对所需国际中文人才的素质要求;3. 目前以什么样的形式招聘中文人才;4. 有无和本土中文人才培养机构对接,效果如何;5. 目前招聘到的人才在质量和数量上是否切合所需;6. 今后五年之内的发展规划及用人要求。通过对这些参与"一带一路"建设企业进行国别化的调查,一方面可以得到翔实的人才需求数据,包括现在需求量及未来一段时间之内的需求量;另一方面可以调查出人才需求的行业分布、地域分布等,可以根据这些要求分行业、分层次、分地域地建立起"一带一路"人才实时需求数据库,并与"一带一路"企业建立广泛的联系,实时更新需求信息,为人才培养和就业指明方向。

其次,采用计算机技术深入挖掘"一带一路"建设各项相关数据。通过对大数据的分析描绘出国际中文人才的地域分布和行业需求。北京大学"一带一路"五通指数课题组将"五通"切分为若干二级指标和三级指标,② 基于此,辛越优、倪好(2016)将人才需求类型总结为"政策沟通"需要全球领导型国际化人才、"设施联通"需要高端技术型国际化

---

① Kimberly A. Noels, Luc G. Pelletier Richard Clément, Robert J. Vallerand., "Why Are You Learning a Second Language? Motivational Orientations and Self-Determination Theory", *Language Learning 50：1*, February 2000, pp. 57-85.

② 北京大学"一带一路"五通指数研究课题组：《"一带一路"沿线国家五通指数报告》,经济日报出版社2017年版。

人才、"贸易畅通"需要创新创业型国际化人才、"资金融通"需要金融领军型国际化人才、"民心相通"需要人文交流国际化人才。[1] 这些指标可以作为"一带一路"人才的分类标准，在此基础上进一步做人才需求分析，如表3-1所示。

表3-1　　　　"五通"人才切分指标及人才需求类型

一级指标	二级指标	人才需求门类	人才需求类型
A. 政策沟通	A1 政治互信	翻译组织人才	全球领导型国际化人才
	A2 合作机制	公关谈判人才	
	A3 政治环境	调研分析人才	
B. 设施联通	B1 交通设施	物流交通人才	高端技术型国际化人才
	B2 通信设施	通信设施人才	
	B3 能源设施	能源人才	
C. 贸易畅通	C1 畅通程度	税务会计人才	创新创业型国际化人才
	C2 投资水平	政策分析人才	
	C3 营商环境	跨国贸易人才	
D. 资金融通	D1 金融合作	金融人才	金融领军型国际化人才
	D2 信贷体系	金融人才	
	D3 金融环境	金融人才	
E. 民心相通	E1 旅游活动	旅游人才	人文交流的国际化人才
	E2 科教交流	科教人才	
	E3 民间往来	组织沟通人才	

以"五通"构架为基础进行切分的人才类型，基本上覆盖了"一带一路"建设所需的人才类别，通过对该地区投资贸易额、政府合作协议、

---

[1] 辛越优、倪好：《国际化人才联通"一带一路"：角色、需求与策略》，《高校教育管理》2016年第4期。

留学生数量的统计,采用层次分析法以及 K‐means 聚类分析法,① 梳理出"一带一路"地域分布和行业需求特征,最后结合该地区政策进行质性分析,最终绘制出人才需求可视化图谱。② 通过对培养对象进行国别化分析和对沿线国家分国别的人才需求调查提取出人才培养特征,以此为基础进行课程内容的设置、教材的编纂和教师的遴选,为下一步国际中文人才的有效培养打下坚实的基础。

(三)建设国别化中文人才培养大数据库

大数据时代的国际中文教学需要庞大的数据库作为依托和支撑,目前国内外中文教学相关的语料库包括中介语语料库、现代汉语语料库、汉语水平考试(HSK)动态作文语料库、标注语料库、汉语均衡语料库、跨语言语料库、兰开斯特汉语语料库等林林总总非常丰富,总结起来,这些语料库大约可分为三大类:1. 互联网连接的语料库;2. 把互联网作为语料库;3. 来自互联网的语料库。③ "一带一路"国际中文人才不单单是培养对语言的把握和运用,它还需要以中文及"一带一路"沿线国家语言为中介满足"一带一路"建设需要的人才,这种人才首先是多语人才,其次是专业型人才,最后也是最重要交际型人才。"一带一路"国际中文人才培养数据库建设,然后进行模块化处理,比如可分为语言模块、专业模块和交际模块等。

大数据时代的中文语料库建设可以通过共享、连接和自产三种方式实现,它不再仅仅是有关语言的语料库,还包括了满足"一带一路"专业所需的数据库。运用最新的大数据挖掘技术,从大量的、模糊的、随机的实际应用数据中提取潜在的有用的信息(知识),连接网络或其他数据库,以及正在产生的数据流,以整个互联网作为中文课程教学资料来源。

---

① 蔡新宇、孙迪、付丽丽:《基于"五通"政策的俄语区国家人才需求空间分布研究》,《北京联合大学学报(人文社会科学版)》2019 年第 4 期。

② 郭旭、陶陶、黄丽君:《大数据视野下西亚北非与中国经贸合作人才需求与培养模式分析》,《海外华文教育》2017 年第 8 期。

③ 郑通涛、曾小燕:《大数据时代的汉语中介语语料库建设》,《厦门大学学报(哲学社会科学版)》2016 年第 2 期。

五 打造"一带一路"国际中文人才培养评价体系

"一带一路"国际中文人才的评价工作是人才培养质量的保证,在中外合作培养的背景下,必须着力打造政府、高校、智库、企业等联合的科学评价体系,才能得到沿线国际以及国际社会的认可。总的来说,中文复合型人才培养有五个质量标准:1."一带一路"政府部门、经济界和教育合作标准,例如考试委员会和高等教育标准制定机构;2."一带一路"学生培养过程标准,例如学生在校学习和在企业接受培训时间比例问题;3."一带一路"国家机构认可行业人才标准,例如国际上通行的双元制高等教育标准,权威行业协会颁发相应的资质证书;4."一带一路"国家认证的高等教育师资标准,例如称职的企业教师和高等学校教师聘任等;5."一带一路"高等教育研究及反馈制度标准,例如德国联邦高等教育研究所发布的全国高等技术教育年度报告和高等教育标准,"一带一路"国际中文人才的培养必须满足这五个标准。构建更加开放包容、规范完整的现代国际中文教育体系。[①]

"一带一路"语境下人才培养的评价体系必须符合政府政策方向,落实到高校和智库的人才培养过程上,精准对接企业国际中文人才需求。因此,必须加强政府、高校、智库、企业在教育质量监测和保障领域的合作,制定统一并且具有可观测的质量监测标准,推进中国与"一带一路"沿线国家在中文复合型人才培养质量标准上的统一。[②] 整体上需要制定"一带一路"国家中文教育质量标准框架,在此基础上与"一带一路"沿线国家建立起国别化的课程控制体系、质量监测体系、质量服务体系、教学信息体系和评估标准体系;具体执行的层面,需要建立以"中文+"为核心分层建立"中文"及"+"相关专业和技能统一的外部和内部质量监测标准;最终人才评价质量体现上,包括企业参与的考核在内,上文所论述的各类学位、证书以及文凭的颁发和国际互认等都属于国际中

[①] 孙春兰:《2019 国际中文教育大会主旨演讲》,2019 年 12 月 9 日。http://www.gov.cn/guowuyuan/201912/09/content_5459817.htm。

[②] 郄海霞、刘宝存:《"一带一路"教育共同体构建与区域教育治理模式创新》,《湖南师范大学教育科学学报》2018 年第 6 期。

文教育共同体质量评价体系的内容。

第六节 "一带一路"国际中文人才培养模式构建

一 国际中文人才培养模式的历史参照

为了保证"一带一路"中文复合型人才培养模式的针对性和有效性,除了上文"一带一路"人才需求分析和各个要素分析之外,还要参照国内外历史上同质语种人才培养的经验,然后以中文复合型人才培养环境的系统化调查为基础,最终构建出具有应用价值并且可操作性强的"一带一路"国际中文人才培养模式。

语言的国际传播和语言人才培养问题是各国在发展过程中都会遭遇到的问题,中文的国际传播和人才培养不是第一个也不是孤例,在历史或者现阶段的国际环境中与中文有着相似状况的外国语言,比如法语、德语、日语等,以歌德学院、法语联盟等为代表的机构在语言传播和人才培养的有效经验可资借鉴。

总结这些语言传播和人才培养机构成功的经验,首先,从立法的角度确定语言传播和人才培养的权威地位。德国相继出台对外文化教育等一系列方案,法国颁布了重法语排他语性质的《维莱哥特雷法令》(1539)、《法语使用法》(1992)。欧洲委员会奉行语言多元化和文化多元化核心思想之下出台《欧洲语言共同参考框架:学习、教学、评估》,为语言人才培养提供了具体而微的实施方案。其次,建立了立体的语言传播和人才培养体系。目前1000多所法语联盟遍布137个国家,再加上法语学校共计50万法语教师、1.2亿万法语学生,体量巨大;德国以歌德学院为代表的学术和教育中心及对外媒体形成了立体多元的人才培养机制。最后,政府—民间的组合模式,大量的企业参与其中,使语言传播人才培养得到最大限度地发挥。[①] 无论从组织架构到开展形式再到体量规模,这些都是"一带一路"国际中文人才培养值得吸收和借鉴的。

[①] 王志强、王爱珊:《德国对外文化政策视角下的雨对外传播及其实践》,《德国研究》2014年第4期。

另外，在中国漫长的国际中文教育和人才培养的历史进程中、在各层次的国际中文教育和人才培养的广泛实践中，以有效性为旨归提取被历史和实践证明了的行之有效的中文人才培养实践要素。例如厦门大学海外教育学院自 1956 年成立以来，受限于当时技术条件开始以函授的形式，以中文为中介语为东南亚培养了 3 万多名医学、化学、物理、数学、文学人才，他们为东南亚发展和中国与东南亚的交流做出了重要贡献。① 在"一带一路"背景之下，以今天的视野来看，当时所培养人才的理念正契合了"一带一路"建设所需，技术的日益成熟、交流的日益广泛为多语言、多文化背景之下培养多学科人才提供了诸多可能，非常值得借鉴和深思。

二　国际中文人才培养模式理论构建

新形势下国际中文人才培养模式的构建属于顶层设计工作，它是立足于"一带一路"的宏阔背景、针对现实问题提出来的。吴应辉（2018）关于国际中文师资培养"六多六少"问题的论述正好也反映了国际中文人才的现状：1. 通用型教师培养多，国别化、区域化、语别化教师培养少；2. 需求层次多，培养层次少；3. 理论课程多，实习实践少；4. 培养数量多，对口就业少；5. 中国教师培养多，国外本土教师培养少；6. 国内独立培养多，中外联合培养少。总之，同质化培养多，区别化与精准化培养少。②

"一带一路"中文复合型人才培养从一开始就具有全球视野，它的设计必须符合国际主流的价值观，这些也将是"一带一路"国际中文人才所必须培养的价值观。另外，还要借鉴国外相关人才培养经验以及语言政策制定。根据上文所论述"一带一路"人才培养模式构建原则，国家之间政策对接、学分互认、营商环境、投资贸易、互联互通等对人才培养起着直接的导向作用；对"一带一路"企业的实地调查和对"一带一

---

① 厦门大学海外教育学院：《厦门大学海外教育学院建院六十周年：校友录：1956—2016》，2016 年。

② 吴应辉：《国际汉语师资培养"六多六少"问题与解决方案》，《语言战略研究》2018 年第 6 期。

路"大数据的挖掘、分析、整理都是由智库来完成;"一带一路"企业人才需求、聘用、专业要求、素质要求、实习培训等,企业起着重要的干预作用;"一带一路"国际中文人才的培养工作可以是跨国家、跨区域、跨文化合作来完成,也可以是学生多校园、多国家、多证书的学习来完成,由此可以构建出"一带一路"国际中文人才培养的总体理论模型:

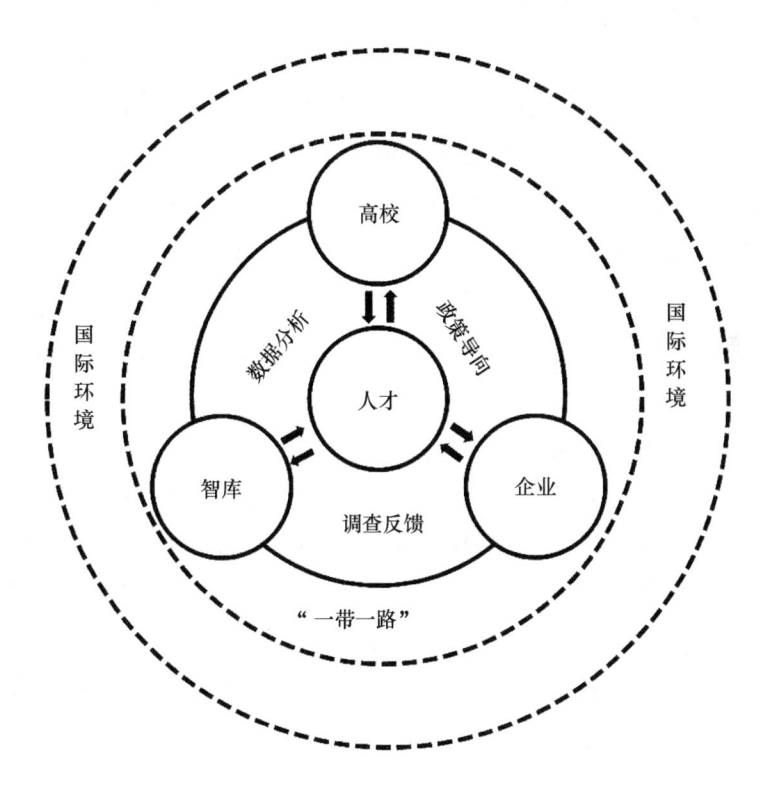

图 3-18　"一带一路"国际中文人才培养理论模型

这是"一带一路"国际中文人才培养的总体理论模型,核心要素是人才培养,围绕人才培养的是培养环境、培养内容和培养方式等,在周围是影响人才培养的各变量。实际上真正可以执行的模型还必须考虑到沿线国家的政治、经济、文化、法律以及学习者的国别化特征,以总体理论模型为基本思路构建出适合沿线国家的国别化模型,使人才培养更具有针对性和有效性。

三 "一带一路"视野下国际中文人才培养路径

长期以来，国际中文培养的人才主要满足国内的需求，而"一带一路"倡议提出以来，国际中文教育国际化的任务迫在眉睫，"双一流"大学概念的提出正逢其时，中国高校培养的人才不再仅仅满足国内的需求，而是要立足国际视野走出去，与其他国家合作交流，积极探寻人才培养的新路径、新模式，以更好地服务"一带一路"建设。

面对"一带一路"建设人才的巨大缺口，目前我国国际中文教育首先面临的是"一带一路"教育系统硬件问题，高校总体国际化办学水平不高，相关专业人才培养能力不足，对如何培养、如何走出去问题没有认真研究。其次是"一带一路"教育国际融合问题，对"一带一路"建设、人类命运共同体建设与国际中文教育关系没有真正了解，国际中文教育体系并没有与"一带一路"需求很好地适应。比如：改革现有人才培养方案、修订国别化人才培养方案、"一带一路"高校学分转换系统、"一带一路"就业协调机制等问题。

"一带一路"涉及沿线6大区域70多个国家，每个国家和地区的背后都有不同的历史文化传统和政治经济体制，国际人才培养应兼顾不同地域的语言文化政策，与之形成和谐共存的良好关系才能谈得上发展，因此，"一带一路"视野下的国际中文教育在政策导向的层面应具有开放性，从办学理念上来说应具备高度的包容性，从专业设置的角度而言应具有国际性，人才培养应具备跨语言、跨专业、跨文化等跨界的性质。

（一）"一带一路"国际中文教育合作路径

1. "一带一路"国际中文教育国际化质量特征

"一带一路"倡议下中国与沿线国家的合作办学呈现出数量扩张和发展多样化的态势，中外教育合作项目在迅速发展的同时如何保障质量问题，成了跨境教育质量监管领域的重要关切，"一带一路"沿线各国情况各异，究竟以怎样的可观测的指标体系去衡量则成为必须考虑的问题。

总的来说，"一带一路"国际中文教育有五个质量特征：（1）"一带一路"政府部门、经济界和教育合作标准，例如考试委员会和国际中文教育标准制定机构；（2）"一带一路"学生培养过程标准，例如学生在校学习和在企业接受培训时间比例问题；(3)"一带一路"国家机构认可行业人才标准，例如国际上通行的双元制国际中文教育标准，权威行业协会颁发相应的资质证书；(4)"一带一路"国家认证的国际中文教育师资标准，例如称职的企业教师和高等学校教师聘任等；(5)"一带一路"国际中文教育研究及反馈制度标准，例如德国联邦高等教育研究所发布的全国高等技术教育年度报告和高等教育标准。

打造可操作的人才培养质量保障体系，这是建设"一带一路"教育共同体最为重要的内容，本书认为"一带一路"人才培养质量保障体系可以划分为五个子系统：(1)教育课程控制系统；(2)课程质量监测系统；(3)教育质量服务系统；(4)教学质量评估系统；(5)教学质量信息系统。推动人才培养质量保障系统的建设和完善，是中文教育国际化的基础和前提。

2."一带一路"国际中文教育发展路径

"一带一路"国际中文人才国别化培养是建设"一带一路"教育共同体不可分割的一部分，需要以各国国情为依托群策群力才能完成。总的来说，"一带一路"中文教育国际化的发展路径可以细分为宏观路径、微观路径以及一个支持系统，如图3-19所示。

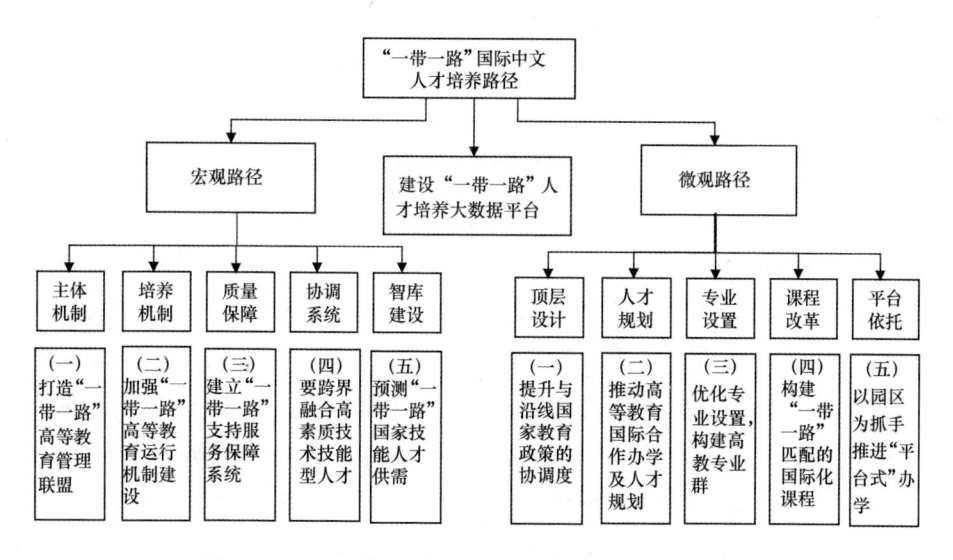

图3-19 "一带一路"背景下国际中文教育发展路径

首先,从宏观路径而言需要做到以下五点:(1)建立主体机制,打造"一带一路"国际中文教育管理联盟,解决谁来培养的问题;(2)完善培养机制,加强"一带一路"国际中文教育运行机制建设,解决怎样培养的问题;(3)建立"一带一路"支持服务保障系统;(4)系统协调,要跨界融合高素质技术技能型人才;(5)建立研究型智库,根据目前"一带一路"人才培养系统所反馈的问题不断地进行深入的研究,预测"一带一路"沿线国家技能人才供需。

其次,"一带一路"国际中文教育发展微观路径,也需要做到以下五点:(1)加强顶层教育发展协调度的制度设计;(2)重视"一带一路"建设核心技术人才的培养规划;(3)优化国际中文教育专业设置,与"一带一路"建设联动,构建特色国际中文教育相关专业群;(4)全面开展"一带一路"国际中文人才培养国际化课程体系改革;(5)以园区建设为重要抓手,依托固定园区开展办学活动,重点推进"平台式"办学。

最后,是"一带一路"国际中文教育发展的支持系统,要着重打造国际化的人才培养学术交流平台,成立"一带一路"国际中文人才培养协调机构,联络国内外各级政府、高校、智库等团体共同行动,打造常规制的"一带一路"人才国别化培养高峰会,促进不同国家、不同文化背景、不同学科视野下人才培养的学术研究交流,出版人才培养权威学术刊物,共同将"一带一路"国际中文人才培养工作推向前进。

(二)"一带一路"人才培养方式的多样性

1."一带一路"人才培养模式构建

中国高等教育传统的人才培养模式的要素只是局限于教学环节内部,忽视了社会发展对人才素质要求的变化,无法满足"一带一路"多层次的人才需求,也无法支撑"一带一路"多主体、多层级的人才培养。在新型立体化人才培养模式中,人才培养包括智库、高校、企业三个主体,通过精英教育培养高端政策型人才,通过学历教育培养复合应用型人才,通过技能教育培养基础实用型人才,通过多样化的培养满足"一带一路"不同层次的人才需求,包含三个培养模式,如图3-20所示:

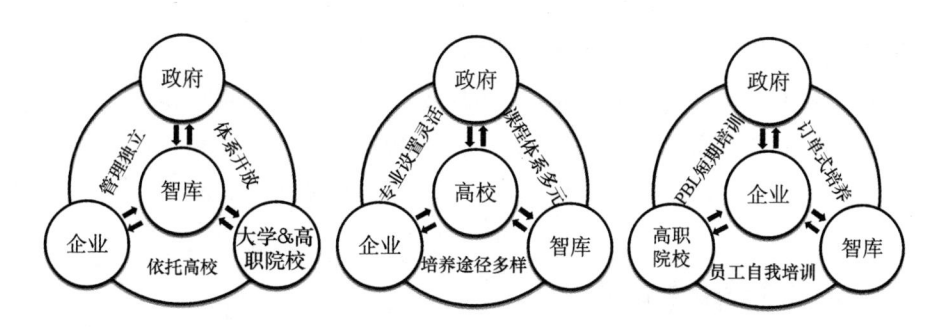

图 3-20　"一带一路"所需人才的类型化培养模式

第一，精英教育。该模式以培养高端政策型人才为主要目标；第二，学历教育。该模式以培养复合应用型人才为主要目标；第三，技能教育。该模式以培养基础实用型人才为主要目标，企业是人才培养的需求侧。

2."一带一路"人才培养途径

以上从理论上详细论证了"一带一路"人才培养模式，落实到具体的操作层面，人才培养的方式则呈现出多样化的现象，可以分为以下四种：

第一，中外合作办学。

中国合作办学的形式之一高校联盟已经逐步展开，这是教育主体之间建立在互信互利基础之上多元沟通和系统治理平台，按照布迪厄所提出"社会资本"的概念出发，高校联盟是社会资源优化配置的产物，① 因为学分是中外合作高校互认学位、互授联授的通兑货币，需要建立起与中国国内大学相应的学分转换系统，确定有效的学分互认标准。其实"一带一路"人才培养更需要的是多方合作办学。这是一方为主导、多方共同参与的模式，根据学生生源地、意愿、企业需求等，安排其以某个教学单位为主的多国家、多校园和多证书的人才培养。

这种人才培养模式集中了优势资源，大学等教育机构的功能得到充分的发挥，设置了科学的培养计划，不同的专业被安排到不同国家和地

---

① 葛继平、郎朋：《社会资本理论视角下区域高校联盟研究》，《教育评论》2016 年第 4 期。

区的学校就读，政府的政策得到最大限度地落实，根据企业提供的人才需求进行订单式的培养，最终企业也得到了急需的人才。运用整合的力量把教育的空间大大拓展，把教育的时间大大缩减，同时又节省了教育的成本，其培养的人才获得的证书是"一带一路"国家和地区普遍承认的职业技能证书或专业学位证书，可以自由流动，提高了人才的利用率。

第二，校企合作培训。

校企合作主要是培养国际化技术人才，从本质上看"一带一路"倡议还是基于全球经济合作，从这个角度而言，"一带一路"人才培养的整体布局要契合"一带一路"建设的六大经济走廊、重要发展领域、重点推进国别、重大工程项目等规划路线，[①] 经济合作的推进造成了技术人才的缺口，重视区域化和国别化特色的校企合作就成了培养人才的有效途径，校企合作在资本运作、组织创新和品牌打造方面还有诸多优势。

通过"一带一路"所涉及的企业与高校的互动，高校根据"一带一路"企业实际所需有针对性地培养人才，企业也参与到课程的建设之中，校企互相发挥优势共建师资队伍和实践基地，[②] 将科研和技术优势落实到课程中，共育拔尖人才，共同指导毕业设计，以学校和企业的利益共赢点为基础，以区域、国别和行业需求为导向，订单式的全程参与培养"一带一路"建设所需人才。

第三，产教融合集团。

如果说校企合作只是针对"一带一路"某一行业、某一地域局部人才解决方案的话，那么产教融合集团的设立则是立足全局解决人才需求的大规模培养方案，这也是中国从国家的层面进行积极推动的，2017年国务院办公厅曾出台文件提出产教融合，注重人才供给侧结构性改革议题。[③]

---

① 辛越优、阙阅：《"一带一路"倡议下的高等教育合作：国家图像与推进战略》，《高等教育研究》2018年第5期。
② 赵艳林：《突出区域特色，改革人才培养模式》，《中国高等教育》2016年7月。
③ 国务院办公厅：《关于深化产教融合的若干意见》，http://www.gov.cn/zhengce/content/2017-12/19/content_5248564.htm。

第四，互联网+培训。

目前5G互联网时代正在到来，大数据支持下教育新技术广泛应用，技术的革新给"一带一路"人才培养提供了新的机遇，从教材的编写到课程的推进，通过大数据分析提供清晰的行动导图，各类数据库陆续建立，以此为基础结合互联网教育技术，联通学习资源平台和执行教学的平台，最终实现"一带一路"人才培养的互联互通、共享共建的新格局。

在此背景之下的教学资源研发和人才培养更应该和新技术紧密结合，学生国别化学习行为分析为基础的多重感官学习系统研发、教学语料库设计语研发和复杂动态数据的实时修订功能的开发显得非常重要。5G背景下的AI和VR技术为教育提供了在场的教学环境，极大地提高人才培养的效率，建立在跨学科基础之上的教学资源开发为"一带一路"国际中文教育与人才培养提供了广阔的前景，也为更具针对性和精细化的国别化人才培养提供了更大的可行性。

四　小结

2019年1月美国国务院资政报告显示孔子学院和孔子课堂的铺设和大量注册学员及外派教师已经影响了美国教育体系，作为先行者的语言文化教育事业已经取得突出的成绩，国际中文教育需要迎头赶上，"一带一路"人才培养是建设人类教育共同体的重要体现，也是为"一带一路"建设提供人才的坚实保障，其主要任务在于如何缩小中国与"一带一路"沿线国家的语言文化差异、社会组织结构和经济发展程度，在于如何面对"一带一路"国家体制空白现象，如何降低"一带一路"国家体制空白产生的经济合作成本问题。针对此，本书已经从顶层设计的层面分析国际中文教育的挑战、机遇和创新发展路径，尝试解答了这些问题。

总之，"一带一路"建设和人才培养乃百年大计，在国家层面的理念引导下通过政策部署、完善机制建设，促进"一带一路"人才培养标准国际化，为"一带一路"建设提供人才培养和流动的平台保障，促进"产""学""研"的密切结合并实现"一带一路"建设全覆盖，助力中国经济、中国企业、中国教育、中国方案、中国智慧走出去，在此背景之下，国际中文教育重要地位会日益凸显、国际中文教育品牌国际竞争力日渐强大、国际中文教育吸引力将攀上高峰、国际中文教育结构会持续转型升级，"一带一路"国际中文教育发展愿景可望可期。

第 四 章

"一带一路"国际中文人才
培养中观模式研究

本章从中观角度着眼,着重探讨"一带一路"倡议下区域化中文复合型人才培养模式,从整体上对这些区域进行考量,客观分析出"一带一路"沿线6大区域人才需求的最大公约数,并进行有针对性地培养,是提升人才培养效率和专业性的可靠保障。本章首先阐述"一带一路"建设对区域化人才培养所提出的要求,分别阐述了东南亚、西亚北非、中亚、南亚、中东欧和独联体六大区域的人才需求状况、人才培养要素,构建出适合该地区的区域化中文复合型人才培养模式。

如本书第二章中所论,复杂动态理论视野下的"一带一路"国际中文人才培养系统共有三个:微观的学习者系统、中观的人才培养系统、宏观的"一带一路"环境系统。三个系统并非各自独立,而是一种兼具嵌入性和独立性并相互影响的关系,这三个系统最终全面连接,构成了"一带一路"国际中文人才培养模式复杂动态状况。复杂动态理论视野下的"一带一路"国际中文人才培养模式其实是同一个模式在"一带一路"环境下不同层面的同一种考察,即以国际中文人才培养模式为核心在宏观、中观和微观三个层面下的研究,简而言之是一体三面,这不单是复杂动态理论的理论要求,也是"一带一路"倡议下国际中文人才培养的现实要求。

第三章已经从宏观的角度考察了"一带一路"视野下的国际中文人才模式构建必须考量的要素,并且在理论和现实的基础上构建出国际中文人才的宏观理论模型，反映出以"一带一路"国际中文人才培养为核心各方面要素的复杂动态关系，为国际中文人才培养模式在中观层面和微观层面的构建奠定基础。

本章就是在"一带一路"国际中文人才培养宏观模式的基础上进一步深入，对人才培养的中观层面各要素进行全方位探讨，首先从"一带一路"沿线6大区域与中国的政治往来、经贸合作等因素出发，分析出该地域人才需求的行业分布和类型分布状况，为下一步人才培养模式的构建指明方向；其次从宏观角度对区域性的政治、经济、文化、地理、风俗等特点进行考察，从中观角度对语言政策、语言环境、第二语言地位等因素进行分析，从微观角度对学习者的学习环境诸如教师、教材、教法等问题进行研究；最后在此基础上构建出"一带一路"6大区域化中文人才培养模式。

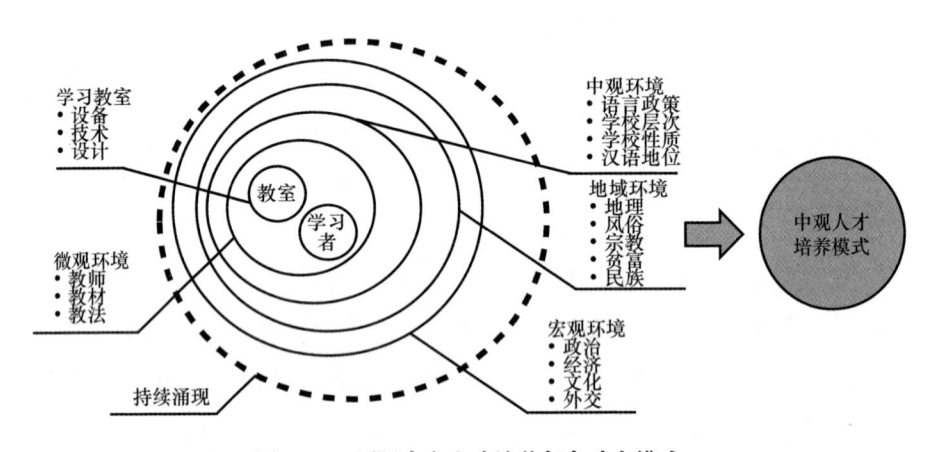

图4-1 国际中文人才培养复杂动态模式

图4-1显示了中观层面"一带一路"国际中文人才培养模式构建的理论根据，在对"一带一路"6大区域与中国的政治往来、经贸合作分别进行分析后，得出该地区的人才需求分布状况和人才需求类型特点，以此为培养目标和培养方向，进一步对"一带一路"区域性的人才培养要素进行详细分析，对于该地域不同国家的实际情况，以地区整体性特点出发取最大公约数，有针对性地构建出适合该地域的人才培养模式，

称之为"一带一路"国际中文人才培养中观区域化模式,下文将据此进行详细分析。

第一节 "一带一路"东南亚中文人才培养模式研究

"一带一路"东南亚中文人才培养模式研究的意义,从历史角度而言,东南亚地区覆盖了"一带一路"中的海上丝绸之路经济带,占据了"一带一路"内容的半壁江山;从现实角度而言,亚太地区是当前全球事务的重点,不但因地理位置重要性,也因其与中国地缘的接近性,是中国周边命运共同体构建的重要内容,也是中国外交的优先方向;东盟作为一个地域共同体不但展现了其命运诉求的一致性,也展现了其内在政治、宗教、文化、经济、地域、气候、人口、资源等种种的复杂性,从这个角度而言,探讨"一带一路"国际中文人才培养模式构建的可能性则具有标本示范的作用,可以推而广之,光而大之,服务于整个"一带一路"人类命运共同体构建的伟大实践。

本书所研究的"一带一路"国际中文人才的培养模式立足于全球的广阔视野中,借鉴被历史和实践证明了的行之有效的语言人才的培养模式,并通过实地调查和研究,通过质性分析和量化分析的方式梳理出东南亚各国学习者的学习特点,结合东南亚各国的政治经济文化状况以及语言政策和教育理念,最后,以"一带一路"建设的真实人才需求为最终的指向,运用复杂动态理论的方法确定中文复合型人才培养的内容、构建不同层次、不同纬度的中文复合型人才培养模式,其较强的针对性和有效性对于东南亚各国的中文复合型人才培养模式起到有益的借鉴作用。

一 东南亚中文人才需求大数据分析

(一)"一带一路"倡议下东南亚中文人才培养

1. 东南亚从松散组织到共同体的演进

东南亚国家联盟简称东盟,创建于1967年,东盟的前身是马来西亚、菲律宾和泰国于1961年7月31日在泰国曼谷成立的"东南亚联盟",

1967年8月，印度尼西亚、马来西亚、泰国、新加坡和菲律宾五个国家在曼谷举行会议并发表了《曼谷宣言》，东盟宣告成立，并意欲以其重要的地理位置在大国博弈的过程中争取更大利益。

东盟的成员国众多，经济发展水平参差不齐，经济贸易的规模差异比较大，但是东南亚国家一直是区域经济合作的重要力量。然而，以印尼传统乡村决策模式为核心的"东盟方式"，[①] 因为其决策过程的模糊与组织方式的非正式性和松散性，引起了一些学者的担忧，而更多的学者认为东盟方式是东南亚国家特殊的一种决策风格，[②] 2008年的金融危机对东盟方式产生了强烈的冲击，东盟内部进行了不断调整，变动东盟方式为东盟区域一体化，并于2016年建成东盟共同体。

中国和东盟的关系也经历了五个阶段的发展，第一个阶段，以东盟的方式参与其中，共同探讨发展中国家所面临的问题，虽然达成了很多的协议和原则，但是因为东盟内部缺乏强有力的约束力，造成了很多问题不能有效解决；[③] 第二个阶段，东盟通过对自身内部的调整，在逐步的发展中找到了适宜的解决方式，以国家政治和安全利益为核心的中国东盟关系开始了一个新的进程，东盟诸国纷纷与中国建立友好的对话关系；第三个阶段，以"10＋3"为主的友好合作成绩斐然；第四个阶段，2001年中国与东盟签署了自贸协定，因经济利益大而互相需求的阶段；第五个阶段，以"东盟宪章"为核心的中国与东盟的关系迈向了新阶段，增强双方贸易的互补性并深化投资合作，推进中国—东盟合作关系发展的新高度。

2. 中国—东盟共同体的合作发展契机

东盟各国都以自身的利益为出发点来制定对中国的政策，但是因为东盟国家内部在经济政治、历史、文化等方面存在的差异，其对华的政

[①] 张洁：《东南亚安全共同体的政治基础》，载张蕴岭主编《世界区域化的发展与模式》，世界知识出版社2004年版。

[②] Rodolfo Severino, "Southeast Asia in Search of an ASEAN Community: Isights from the Former ASEAN Secretary‑General", *Institute of Southeast Asian Studies*, 2006.

[③] 宋宝雯、方长平：《"东盟方式"与东盟对区域合作的主导作用》，《中国青年政治学院学报》2013年第5期。

策也不尽相同，虽然各有差异，但是中国与东盟外交的主旋律从来没有发生改变，即东盟推行的多边外交，对华实行友好政策，推行大国平衡战略。中国作为崛起中的大国将会继续加强与东盟国家的对话与谈判关系，在与东盟各国的交往中，将继续充分考虑东盟各方的利益，建立睦邻友好互信的伙伴关系。

由于东南亚国家的经济发展水平、开放程度以及服务业的重要性不尽相同，经济合作与发展的政策也因为国家的不同而进行调整，中国和这些国家经济合作的趋势是利用中国广阔的市场、丰富的资源逐步改善投资环境，鼓励东盟国家的商家和投资者进入中国，优化贸易商品的结构，中国和东盟国家的经贸合作是全方位多层次的，虽然取得了一些成绩，但是未来经贸合作发展的空间和潜力仍然很大。

《东盟宪章》延续了东盟方式中互不干涉内政、协商一致的文化理念，主张尊重各个成员国的民族特性，这种独特的政治风格来源于东盟特有的组织文化、安全文化和外交文化的认同，这种文化认同感与中国主张在尊重多样性平等的基础上文明对话、互相借鉴、取长补短、和谐共处具有内在的精神一致性。促进东亚文化的崛起，提升东亚文化的国际影响力这是中国与东盟的共同事业，也是未来双边文化交流与合作的趋势。

随着中国与东南亚国家产业合作深度的不断加深，因为东南亚各国的国情并不相同，中国与这些国家的产业合作进程并不一致，尽管如此，从整体上而言中国与东南亚国家的产业合作层次不断提高、产业合作平台不断扩展、产业合作机制不断完善。《东盟宪章》等文件生效之后，有利于提高中国对东盟国家谈判效率，扩大深化产业合作相互投资的范围。[①]

从整体上而言，中国和东南亚国家，无论是针对作为一个整体的东盟，还是针对政治经济发展不平衡的个体国家，中国与之所呈现出来合作发展的潜力巨大，中国与东南亚国家的政治互信逐步加强、一体化建设稳步推进，产业结构也将调整优化，与东南亚国家产生良好的经济互

[①] 于建忠、范祚军：《东盟共同体与中国—东盟关系研究》，人民出版社2018年版，第220页。

补性，从深层次而言，集群产业结构进一步优化，分工协作的专业化也将进一步加强，在经济合作和贸易投资开展的背后是对中文人才的大量需求，这客观上为中文复合型人才的培养提供了必要的条件和历史契机。

(二) 东南亚中文人才需求及分布大数据分析

自2013年"一带一路"倡议提出以来，东南亚各国与中国的贸易合作关系逐渐升级，越来越密切。本节首先通过对东南亚国家对中国的进出口贸易大数据分析，理出双方贸易商品类别进而分析出经贸合作人才需求分布；其次梳理中国与东南亚各国合作重大项目，得出东南亚各国所需要的专业人才类型分布；最后以产业发展特点分析在"一带一路"倡议下的国际中文人才需求状况。

1. 经贸投资大数据下的人才需求分析

中国是东盟第一大贸易伙伴，2021年中国对东盟贸易额8782亿美元，同比增长28.1%。与东盟十国的贸易中，中国向东盟出口达4836.9亿美元，较之去年同期增长26.1%；中国从东盟进口达3945.1亿美元，同比增长30.8%。总体看，中国与东盟的贸易占"一带一路"贸易的48.9%，较2020年下降1.6%。在"一带一路"贸易中，前十大贸易国的贸易额达12709.5亿美元，占"一带一路"贸易总额的70.7%。在"一带一路"贸易排名中，中国与越南的双边贸易额甚至超过了排名靠后的43个国家与中国双边贸易之和。

根据海关总署、国家信息中心2021年统计数据，"一带一路"国家与中国贸易额前十的国家中，2021年，中国与越南的双边贸易创造新的历史纪录，全年双边贸易额达到了2302.04亿美元，同比增长幅度达19.7%。其中，中国对越南出口1379.3亿美元，同比增长21.2%，中国从越南进口922.7亿美元，同比增长17.6%。在东盟国家以及"一带一路"沿线国家中，越南继续保持中国"一带一路"沿线第一大贸易伙伴的地位。同时，在中国的对外贸易中，越南也是中国十大单一贸易伙伴之一。[1]

马来西亚是中国在"一带一路"沿线的第二大贸易伙伴。2021年，

---

[1] 数据来源：《"一带一路"贸易合作大数据报告 (2018)》，2018年5月7日。

中国与马来西亚双边贸易额达 1768.04 亿美元，同比增长 34.5%。其中，中国对马来西亚出口 787.4 亿美元，同比增长 39.9%；中国从马来西亚进口 980.6 亿美元，同比增长 30.4%。从贸易规模看，中国是马来西亚最大的贸易伙伴国。

2021 年，泰国成为中国在"一带一路"沿线的第四大贸易伙伴。全年中泰双边贸易达到 1311.79 亿美元，同比增长 33%。其中中国对泰国出口 693.7 亿美元，同比增长 37.3%，中国从泰国进口 618.1 亿美元，同比增长 28.4%。

在 2021 年的中国对外贸易中，印尼是增长幅度最大的国家之一。根据中国海关的统计数据，中国与印尼双边贸易规模达到 1244.3 亿美元，同比增长 58.6%。其中，中国对印尼出口 606.7 亿美元，同比增长 48.1%；中国从印尼进口 637.6 亿美元，同比增长 70.1%。

表 4-1　2021 年"一带一路"国家与中国贸易额超过 100 亿美元国家[①]

国别	贸易规模（千美元） 进出口	出口	进口	同比增速（%） 进出口	出口	进口
越南	230204239	137930086	92274153	19.7	21.2	17.6
马来西亚	176804413	78741980	98062433	34.5	39.9	30.4
俄罗斯联邦	146887244	67565332	79321912	35.8	33.8	37.5
泰国	131179404	69366794	61812610	33	37.3	28.4
印度	125664343	97520881	28143462	43.3	46.2	34.2
印度尼西亚	124434002	60673350	63760652	58.6	48.1	70.1
新加坡	94055386	55264196	38791190	5.4	-4.1	22.7
沙特阿拉伯	87309595	30324491	56985104	30	7.9	45.9
菲律宾	82052127	57314183	24737943	34	36.8	27.9
阿联酋	72361736	43822260	28539476	46.6	35.6	67.3
波兰	42134096	36592221	5541875	35.7	36.9	28.3
伊拉克	37298161	10690834	26607327	23.4	-2.1	37.8

---

① 数据来源：海关总署、"一带一路"观察：《2021 年中国"一带一路"贸易分析》，https://new.qq.com/omn/20220121/20220121A08UOM00.html。

续表

国别	贸易规模（千美元）			同比增速（%）		
	进出口	出口	进口	进出口	出口	进口
土耳其	34230312	29187775	5042537	42.2	43.5	35.1
阿曼	32133410	3566023	28567387	71.5	15.9	82.4
巴基斯坦	27822327	24233322	3589005	59.1	57.8	68.9
哈萨克斯坦	25250692	13981061	11269630	17.4	19.5	14.9
孟加拉国	25144095	24097152	1046943	58.4	59.8	30.9
以色列	22834795	15299715	7535080	30.2	36	19.9
科威特	22124486	4385552	17738934	54.9	23.6	65.2
捷克	21162463	15108745	6053718	12.1	10	17.9
埃及	19973398	18266614	1706783	37.3	34	84.8
乌克兰	19305322	9406448	9898874	29.7	36.8	23.7
缅甸	18617388	10537099	8080288	-1.5	-16	27.3
卡塔尔	17166571	3961173	13205398	57	50.5	59
匈牙利	15713554	10147307	5566247	34.5	37.1	30
伊朗	14777672	8280557	6497115	-1	-2.5	0.9
柬埔寨	13668419	11567998	2100421	43.1	43.6	40.3
斯洛伐克	12091695	4545348	7546347	27.8	49.9	17.3
罗马尼亚	10215705	6708645	3507060	31.6	30.9	32.9

自1995年以来，中国和东盟的贸易规模在22年中均实现正增长，仅在1998年、2009年、2015年和2016年有小幅下降。2020年东盟与中国贸易的商品结构，以机械电子设备行业、矿产资源及其中间品、燃料和化工产品以及农产品为主。具体分为：（1）机械电子设备行业占总体贸易额近一半，电机、电气、音像设备及零附件、核反应堆、锅炉、机械器具及零件和光学、照相、电影、计量、检验、医疗或外科用仪器及设备、精密仪器及设备三类合计占比达到47.8%。（2）矿产资源及其中间品，燃料和化工产品合计占总体贸易额的21%，而且这些产品大都属于东盟的贸易顺差产品，也即东盟具有出口比较优势的产品。（3）食用水果及坚果；柑橘类或甜瓜的果皮（15）在贸易额中排名第10，也是东盟

具有出口比较优势的产品。[①]

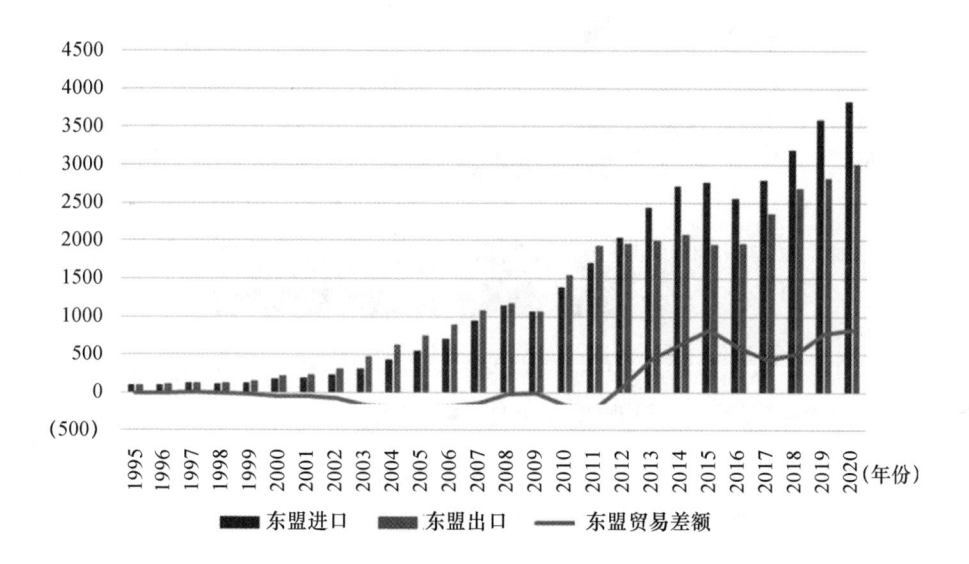

图 4-2　1995—2020 年东南亚国家对中国进出口贸易额（单位：亿美元）

数据来源：海关总署，Wind，北大汇丰智库。

图 4-3 是 2020 年度中国与东南亚国家机械电子设备贸易数据统计，其中电机、电气、核反应堆、锅炉、电子设备为主要贸易物资。

图 4-4 中国对东南亚国家 2020 年度主要矿产、燃料及化工产品数据统计，主要以矿物燃料、矿物油及其产品、塑料制品、钢铁制品、橡胶及有机化学品为主。

从中国对东南亚国家的贸易交易总额主要产品，并且疫情之下的贸易主要通过电子商务平台进行，数字经济突飞猛进。通过以上数据可以看出具备中文素养的数字经济人才、电子商务人才、电气人才、化工人才为主要所需。

自 2009 年首次成为东盟第一大贸易伙伴以来，中国已经稳居东盟最重要的贸易伙伴位置。2003 年，东盟 25% 的国际贸易是东盟成员国间的

[①] 北大汇丰智库：《2021 年中国与东盟经贸关系分析和展望报告》2021 年 8 月。https://thinktank.phbs.pku.edu.cn/2021/zhuantibaogao_0811/39.html。

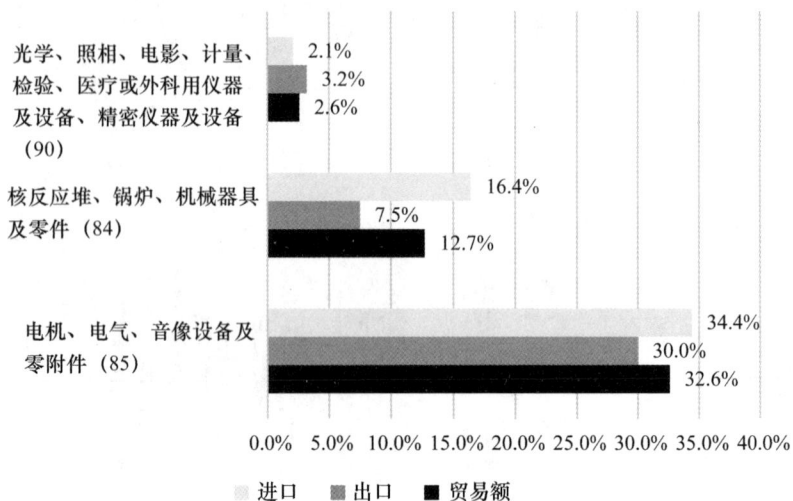

图4-3 2020年中国机械电子设备在东盟贸易额

数据来源：海关总署，Wind，北大汇丰智库。

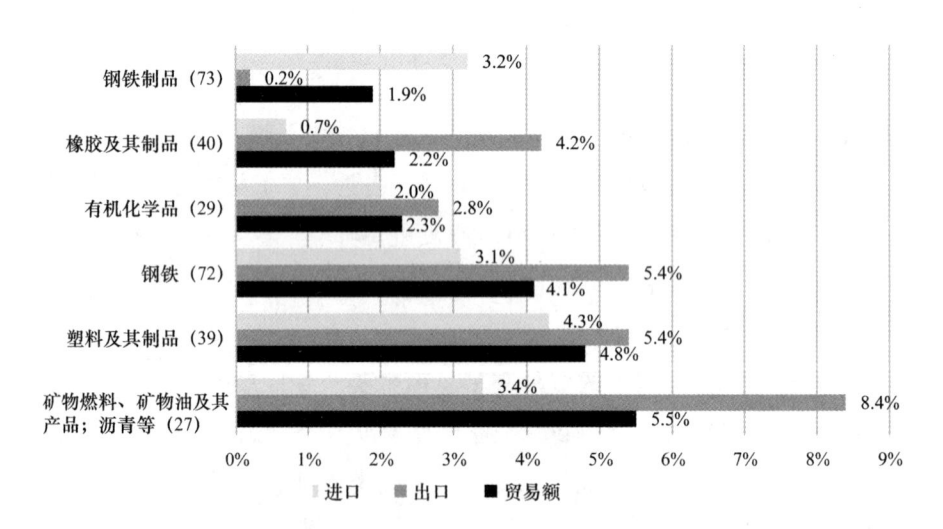

图4-4 2020年中国矿产、燃料、化工产品在东盟贸易额

数据来源：海关总署，Wind，北大汇丰智库。

贸易，美国、日本和欧盟分列第1—3位贸易伙伴，三者合计占东盟贸易额的40%，中国的占比仅为7.4%。2020年，东盟内部成员国间贸易的占比下降至 21.3%，中国成为第一大贸易伙伴占比上升为 19.4%，美国、欧盟和日本分列第 2—4 位，三者合计占东盟贸易额的 28.9%。[①]

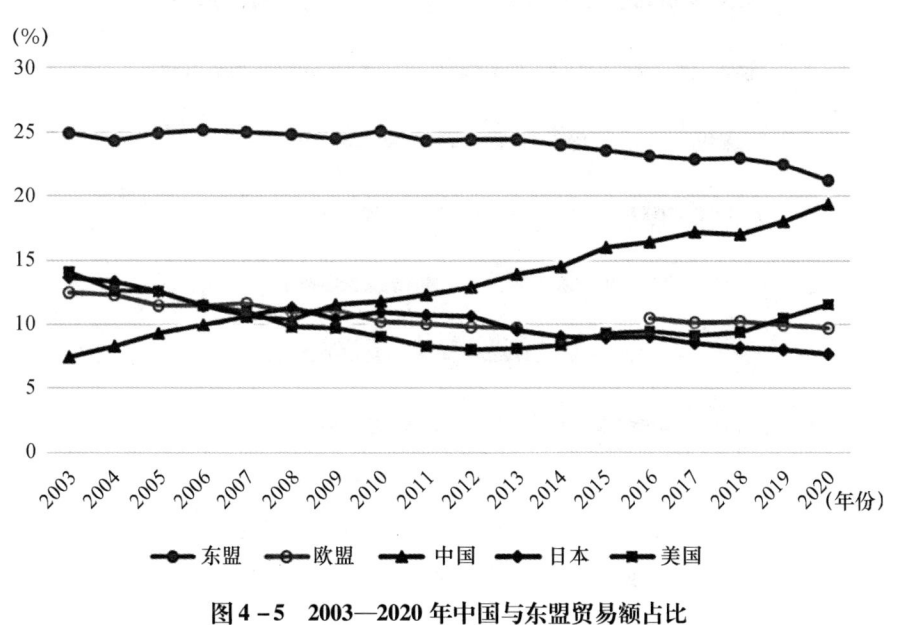

图 4-5　2003—2020 年中国与东盟贸易额占比

数据来源：海关总署，Wind，北大汇丰智库。

在全球贸易关系对比图中可以看出东南亚的地位举足轻重，"一带一路"倡议下中国对沿线国家和地区经济贸易的促进作用有目共睹，总体来说自倡议提出以来，中国对沿线 6 大区域至少 65 个国家的进出口贸易额稳中有增，中国不同区域的进出口贸易额反映出"一带一路"贸易人才在不同区域的需求情况。

表 4-2　2020 年中国与共建"一带一路"国家贸易额地区分布

地区	亚洲	欧洲	大洋洲	北美洲	南美洲	非洲
占比	67.7%	16.1%	1.2%	9.7%	4.3%	0.9%

---

① 北大汇丰智库：https://thinktank.phbs.pku.edu.cn/2021/zhuantibaogao_0811/39.html。

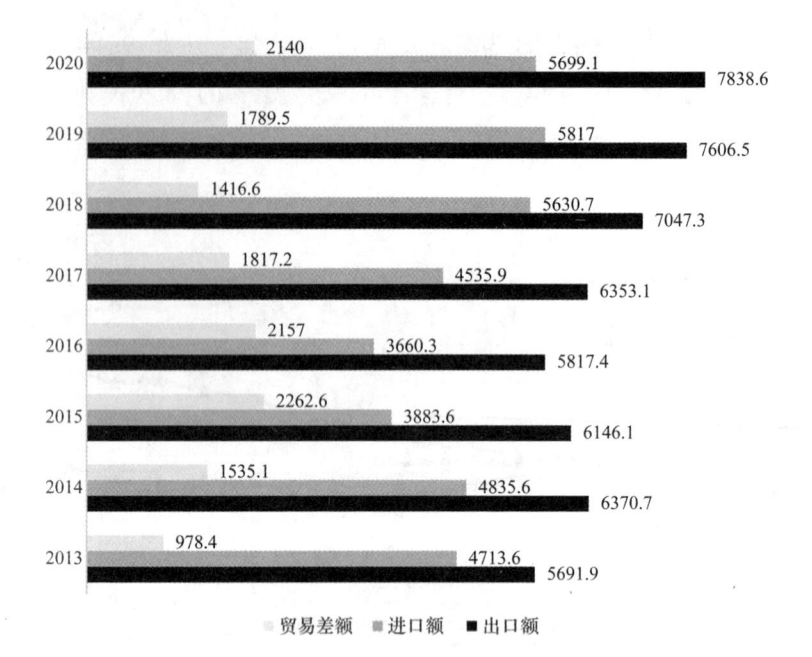

图 4-6　2013—2020 年中国与"一带一路"
沿线国家货物贸易额（单位：亿美元）

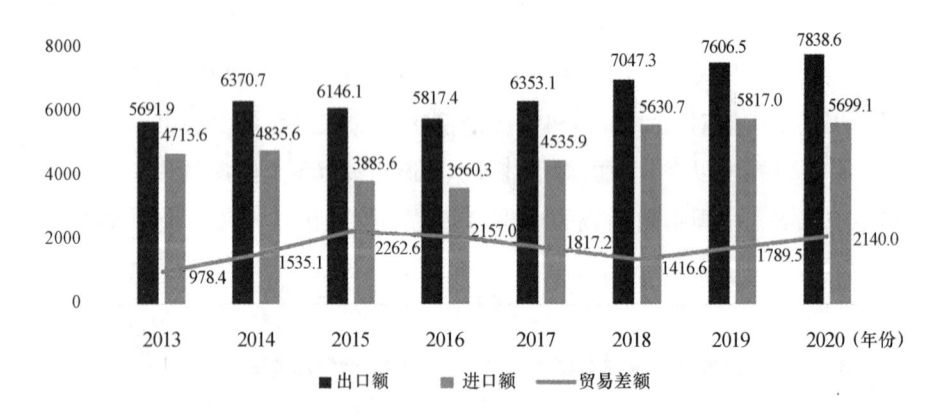

图 4-7　2013—2020 年中国与"一带一路"
沿线国家服务贸易额（单位：亿美元）①

---

①　以上三图数据来源为商务国际贸易经济合作研究院：《中国"一带一路"贸易投资发展报告 2021》。

通过图 4-6 可以看出，中国对亚洲大洋洲地区的进出口贸易遥遥领先于其他地区，根据国家信息中心的统计，中国与沿线国家贸易额前十的国家中东南亚国家就占据了 6 个席位，中国对前十的国家出口额占中国对"一带一路"国家比重合计 65.6%，[①] 其地位举足轻重。

为了更清晰地看出"一带一路"经贸人才需求分布，我们将所搜集到的数据进行标准化（Zero-mena normalization，0-均值标准化）处理，其方法和公式如下所示：

$$x' = \frac{x-u}{\sigma}$$

上式中，x 是原始数据，u 是样本均值，σ 是样本标准差。回顾一下正态分布的基本性质，若 $x \sim N(u, \sigma^2)$，则有：

$$y = \frac{x-u}{\sigma} \sim N(0, 1)$$

其中，$N(0, 1)$ 表示标准正态分布函数，这些经过标准化处理过的数据只具有相对的意义，其中 X 轴为各区域贸易额占比，Y 轴为贸易额同比增长，气泡大小为贸易额，经过分析可以得出"一带一路"经贸人才需求可视化区域分布图 4-8。

在图 4-8 中可以清楚地看到"一带一路"经贸人才需求的中心集中在亚洲大洋洲地区，其次是西亚北非地区，南亚、中东欧、非洲拉美和中亚地区贸易水平有待提升。究其原因，首先是人口优势，根据联合国 2021 年统计数据，东南亚 11 国年龄中位数为 30.2 岁，比中国年轻 8 岁，[②] 人口增长速度高于世界水平，巨大的人口数量带来的是为消费能力增长储备了巨大的潜力，与此同时为劳动密集型产业提供良好的人口条件；其次是文化接近性，位于贸易前十的韩国、新加坡、泰国、越南等国家同属于汉字文化圈，较之于"一带一路"沿线其他地区有着较短的文化距离和心理距离，高效的顺畅交流保障了贸易的顺利进行；再次是华人华侨的桥梁作用，东南亚是华人华侨聚集最多的区域，他们对祖籍国抱有深厚的感情，对推动"一带一路"经贸投资起到巨大的作用；最

[①] 国家信息中心：《2018"一带一路"贸易合作大数据报告》，2018 年 5 月。
[②] 联合国人口统计，https://www.un.org/zh/sections/issues-depth/population/。

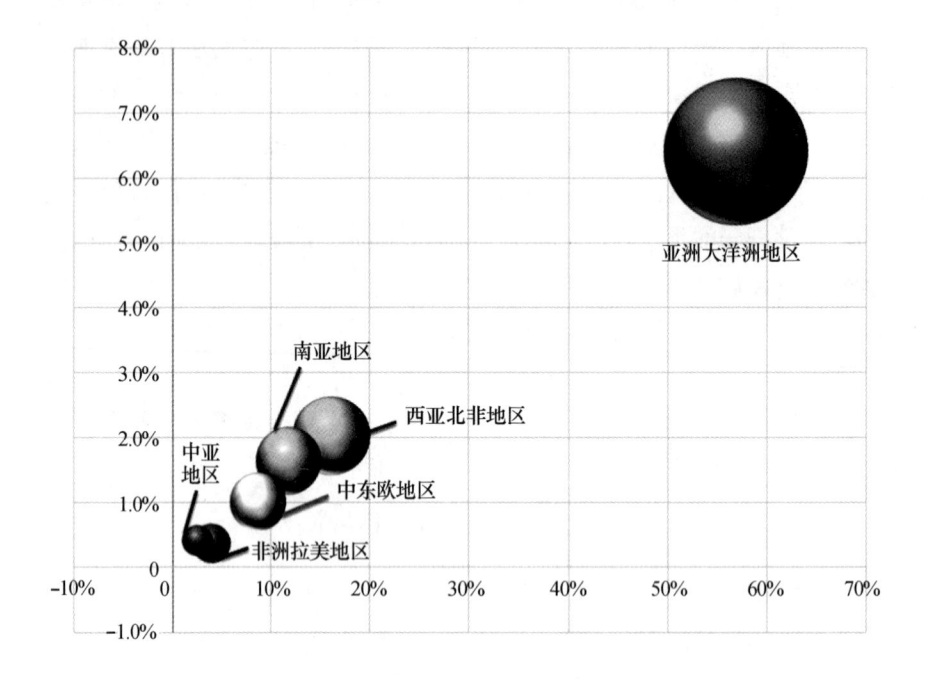

图4-8 "一带一路"经贸人才需求区域分布

后是地缘优势，亚洲大洋洲地区离中国较近，货物运输的周期较短，大大节省了贸易成本。因此，贸易人才、物流人才、中文交际人才以及这些要素组成的复合型人才，不仅是东南亚地区所需，也覆盖到"一带一路"其他区域。

2. 东南亚中文人才需求行业分布分析

自"一带一路"倡议2013年提出以来，东南亚国家与中国共同合作的重大项目呈现出逐渐增多的趋向，表中数据为2020年，表4-3为中国对东南亚各国投资的行业分布，其中建筑业、零售业、制造业、基础设施建设比较活跃。

表 4-3　　　　　　　2020 年中国对东盟投资行业　　　　（单位：万美元）

行业	流量	比重（%）	存量	比重（%）
制造业	633796	39.5	3242288	25.4
租赁和商务服务业	170370	10.6	2001073	15.7
批发和零售业	159839	10	1883482	14.8
电力/热力/燃气及水的生产和供应业	143559	8.9	1193993	9.4
建筑业	167357	10.4	1055955	8.3
采矿业	-12380	-0.8	885272	6.9
金融业	76395	4.8	711940	5.6
交通运输业/仓储和邮政业务	83374	5.2	610235	4.8
农/林/牧/渔业	54996	3.4	536972	4.2
信息传输/软件和信息技术服务业	65622	4.1	167471	1.3
房地产业	10881	0.7	161361	1.3
科学研究和技术服务业	4413	0.3	126992	1
居民服务/修理和其他服务业	25169	1.6	68490	0.5
教育	2023	0.1	27252	0.2
卫生和社会工作	606	0	23418	0.2
其他行业	20307	1.2	65091	0.4
合计	1060327	100	12761285	100

数据来源：商务部 2021 年度中国对外直接投资统计公报。

中国对东南亚地区的投资方面，到 2020 年年末，中国对东盟直接投资流量 160.63 亿美元，占对亚洲投资量的 14%，中国在东盟设立直接投资企业超过 6000 家，雇用外方员工近 55 万人。[1] 根据 2018 年 4 月安永在北京发布的《中国走出去》第七期报告，截至 2017 年年底，中国对东南亚地区投资达 341 亿美元，增长近 3 倍，创出历史新高，有望引领"一带一路"发展。[2] 通过对相关数据的搜集整理，其重大投资项目如下：

---

[1] 商务部、国家统计局、外汇管理局：《2021 年度中国对外直接投资统计公报》。
[2] 安永：《"一带一路"拓展宏图　海外投资稳步前行》，2018 年 4 月 11 日，中华人民共和国商务部网站。

表4-4　　　　"一带一路"东南亚地区重大投资项目

国家	项目名称	投资额	类别
印尼	雅万高铁	51.35 亿美元	交通运输
	苏拉威西机场	40 亿美元	
	北加里曼丹的 Kayan 水电站	20 亿美元	能源
	合资巴厘岛发电厂	16 亿美元	
	天然气转换设施	7 亿美元	
	北加里曼丹的塔纳 Kuning Mangkupadi 工业园区	—	工业
	炼钢厂	12 亿美元	
老挝	中老铁路磨丁—万象段	400 亿人民币	交通运输
	色贡煤电一体化项目 EPC 合同	21 亿美元	能源
	万象环网输变电项目总承包合同、Kohing-Naphia 和 Namxam HPP-Houamuang 输电线路及配套变电站、南欧江流域梯级水电站（二期）项目、南俄 3 水电站、XePianXeNamnoy 水电站项目、南塔河 1 号水电站项目	68.73 亿美元	
泰国	泰东经济走廊（EEC）连接三机场高铁	524 亿人民币	交通运输
	中泰铁路	113.6 亿美元	
	泰中罗勇工业园	29 亿美元	工业
马来西亚	南部铁路、东铁项目	728 亿人民币	交通运输
	康诺桥燃气电站工程	2.4 亿美元	能源
	金海湾—森林城市房地产项目	2500 亿人民币	房地产
	关丹产业园大马城项目	200 亿人民币	基建
柬埔寨	51 号公路复建、76 号公路	1.62 亿人民币	交通运输
	7 座发电厂	24 亿美元	能源
	银湾旅游度假区项目	20 亿人民币	房地产
菲律宾	JPCPP 700 兆瓦电站项目	20 亿美元	能源
缅甸	中缅油气管道工程	25.4 亿美元	能源
越南	永新燃煤电厂、海阳燃煤电厂 BOT 项目	53.785 亿美元	能源

通过表4-4可以看出中国对亚洲大洋洲地区的投资主要集中在东南亚地区，投资类型分布主要集中在铁路、能源电站、工业园区等方面，

东南亚地区大部分国家属于发展中国家，基础设施建设成为这些国家发展的硬件基础，正好和中国过剩的产能补其不足，形成互惠共赢的利益共同体，随着中国对这一地区投资的进一步推进和深化，对建设基础设施人才的需求也会日益增加。

另外，作为中国外交的优先方向，东南亚地区虽然在2015年宣布建成了命运共同体，但是其内部政治、宗教、文化、经济等发展的不平衡造成很多问题，[①] 使得东盟这一机构尚不能像欧盟一样有效发挥作用，但是与中国的经济往来甚为密切，中国的投资范围从企业到教育非常之广，层次也比较丰富，总体来说，东南亚国家和中国一样同属发展中国家，对支持其国家发展的职业人才需求较多，这些特征和南亚非常类似，所不同的是南亚需求培养周期更短的技术型人才。

另外，随着中国经济实力的显著增强，国内人民生活水平也在不断提高，赴国外旅游的游客数量也直线上升。从国家信息中心、"一带一路"大数据中心及《东盟国家数据统计》中的数据可以清晰地看出这一趋势。因此，文化旅游与酒店等相关行业也成了中文人才需求量最多的领域。

二 东南亚中文人才培养要素分析

"一带一路"国际中文人才培养的六要素之中，无论是对于宏观层面的"一带一路"总体模式而言，还是对中观层面"一带一路"区域化模式而论，抑或微观层面"一带一路"国别化模式来说，其中文复合型人才培养理念的内容没有改变，都是树立全球观理念、多语言和跨文化的理念、跨学科、复合培养理念；中文复合型人才培养的主体也没有改变，即由人才组织规划的中国和沿线国家政府、人才培养机构的高校、人才使用的"一带一路"企业以及为人才培养提供智力支持的智库联合构成；由培养主体主导、参考培养对象反馈的培养评价也没有发生改变，对于区域性人才培养而言，改变的是培养目标、培养方式和培养内容，因此，本章将从这三个方面着重论述，并最终构建起"一带一路"东南亚中文

---

① 参见许利平《中国与周边命运共同体：构建与路径》，社会科学文献出版社2016年版。

人才培养模式。

(一) 培养目标

通过上文的大数据分析和文献阐述，可以发现"一带一路"背景之下东南亚急需大量的"汉语+专业"的职业人才。事实上，东南亚国家在其自身发展的历程中，在人才培养方面逐步将职业人才培训列为首要任务。然而就现实的情况而言，问题如下：首先，失业率较高。一般而言，发达国家青年失业率通常比成年人失业率大1.5倍到2倍，而东南亚国家特别是青年的失业率平均为三四倍。泰国青年失业率与成人失业率相差更大，其2—4月份青少年失业率升至6.9%，应该积极调查劳动力市场政策，为他们提供丰富而体面的工作机会。其次，缺乏技能掌握较为全面人才，职业教育亟待普及，使学生获得就业市场的专业技能。最后，所学技能与社会需求不匹配。"一带一路"建设正好提供导向作用。

反观中国近年来职业教育方面的发展，肖凤翔依据 UCINET 中 Core-periphery 分析功能测算出 3 个年度"一带一路"沿线各个国家的核心度，[1] 发现中国则可以看作整个"一带一路"职业教育国际合作网络中的核心国家。而在职业教育国际合作网络节点核心度除中国外排在前九位的国家中东南亚占据五个，占据了一半以上，如表4-5所示。

表4-5 2015年、2017年和2019年中国与沿线国家职业教育国际合作网络节点核心度前十国家

2015年		2017年		2019年	
国家	核心度	国家	核心度	国家	核心度
新加坡	0.797	中国	0.623	中国	0.784
马来西亚	0.521	新加坡	0.506	新加坡	0.294
中国	0.188	马来西亚	0.333	马来西亚	0.231
泰国	0.164	印度	0.216	印度	0.226

---

[1] 肖凤翔、殷航、安培：《"一带一路"沿线国家职业教育国际合作网络研究》，《职业技术教育》2019年第30期。

续表

2015 年		2017 年		2019 年	
国家	核心度	国家	核心度	国家	核心度
印度尼西亚	0.093	印度尼西亚	0.21	印度尼西亚	0.179
菲律宾	0.08	泰国	0.195	俄罗斯	0.179
印度	0.067	俄罗斯	0.141	沙特阿拉伯	0.177
沙特阿拉伯	0.065	沙特阿拉伯	0.145	泰国	0.167
阿联酋	0.046	阿联酋	0.135	阿联酋	0.15
越南	0.046	伊朗	0.088	越南	0.143

中国处于整个"一带一路"职业教育国际合作网络的绝对核心位置，东南亚11国作为分析区域，构建一个由中国和东南亚11国组成的12国合作子网络进行分析。中国在2015年的合作子网络中核心度仅次于新加坡和马来西亚，位列第三。2017年则以0.623的核心度名列第一位。2019年中国继续保持与东南亚诸国的职业教育合作态势，其核心度依旧高居第一，这也反映出中国加强同东南亚国家职业教育合作的高度意愿以及在该地区职业教育辐射力、品牌影响力的显著提升，已然成为该地区名副其实的最重要核心合作国。"一带一路"背景之下，正好可以优势互补、发挥合力。

（二）培养方式

落实到"一带一路"国际中文人才培养路径的层面，作为"一带一路"中文国际推广的重要组成部分和优先工作方向，其实这两者是一种同构关系，"一带一路"国际中文教育是推进"一带一路"建设的手段和过程，"一带一路"人才培养是"一带一路"建设的要求和支撑，这是一体两面的同构关系，犹如车之两轮、鸟之两翼，"一带一路"教育发展和经贸合作并驾齐驱，共同推动"一带一路"倡议的建设工作。由此可以看出，本书所集中讨论的"一带一路"国际中文人才培养与"一带一路"国际中文教育的命题是一而二、二而一的问题。

随着当前国际局势下区域一体化的加强，东南亚联合成立的东盟，其国际自决性日渐增强，东盟作为一个整体既防止了边缘化的危险，又在大国之间游刃有余实行平衡战略，保证了东盟在国际上的话语权；另一方面，东盟各个国家又根据自身情况制定的发展战略在某种程度上来说与中国的"一带一路"倡议共同体现了发展的诉求，东南亚国家作为中国的周边命运共同体，无论是从政治、经济、文化还是安全的角度而言，都与中国的命运休戚相关，东盟也因此成为中国外交的优先方向。

东南亚地区是"一带一路"建设的关键区域，以印度尼西亚为代表的东南亚国家，他们所提出的海洋强国之路与中国的"一带一路"政策存在着对接的关系，中国企业随"一带一路"的推进也在东南亚稳步发展，而中文人才的培养是中国与东南亚各国交流合作的重要软实力支撑，也是中国"一带一路"建设的桥梁和纽带，以此为契机，立足东南亚大量地培养中文复合型人才，不仅是中国教育对外开放治理水平的重要体现，也是"一带一路"战略实施不可缺少的人力资源保障。

从这个角度而言，立足于区域发展的对人才的真实需求，有针对性地培养中文复合型人才，加强中国和东南亚各国的合作交流，促进教育资源的优化配置，构建科学系统的中文复合型人才培养模式以更好地服务"一带一路"建设则是当务之急。

以上是国内外学者从宏观的角度对国际中文人才培养问题从理论和实践上进行的有益探讨，下面就东南亚各国对国际中文教学和人才培养具体状况作为一个整体概述：

印尼民主进程的加快，为中文教育重新兴起提供了良好的条件，印尼政府把中文教学纳入国民教育的轨道，中文教育有了合法的地位，各种形式校外中文补习学校方兴未艾，师资紧缺已成了印尼中文教育发展的瓶颈，国民学校的中文教育缺少统一的教学要求和评估标准。菲律宾表现出来的情况是菲化后的菲律宾华文学校的中文教学应该是第二语言的教学的定位，从数据和规模上看，主流社会的高等学校和华文学校逐年递增，这也证明了菲律宾中文教学的特点，官方越来越关注中文教学，华教中心在菲律宾中文教学中功不可没。越南中文教学，就目前的情况看依然没有被纳入当地国民教育体系，华文中心是目前华人社会中文教学的主要力量，相当一部分高校都开设有中文专业或中文课程；其存在的问题集中在中文教师水平偏低且严重匮乏及缺少本土化的教材两个方面。①

泰国政府从 1992 年起对中文教学开始实行全面放开的政策，根据数据统计，华校中文教学的规模不断扩大，与中国"汉办""侨办"交往密切，接受中文志愿者教师、培养本土中文教师以及编写中文教材等方面做了很多的工作，以高等学校和基础教育为代表的主流社会学校普遍开设中文课程，但是，仍存在一些问题，包括没有统一完善的基础教育中文教学大纲，中文师资成分复杂、水平参差、数量不足，教材也是良莠不齐。缅甸当前存在的问题，主要集中在当局限制性的语言政策和学生出路不清晰造成生源匮乏两个方面。缅甸中文教学的发展要通过两国高层接触，争取缅甸当局推行有利于中文教学的语言政策。马来西亚存在多年的师资问题没有从根本上得到缓解，甚至还出现了华人族群的本土化转型，而本土族群出现商业导向的"汉语热"。文莱华文学校的发展一直相对比较平稳，越来越多的非华裔子弟进入华校学习，但也表现出了少数年轻人对"根"的认同开始淡化、中文教学的形式比较单一和缺少本土化教材等问题。②

东南亚地区的职业教育国际合作较为活跃，形成了多个核心国。在中国与东南亚国家组成的合作子网络中，中国的核心度数值已跃居首位，充分说明中国在该区域内发挥着重要作用，同样反映出中国—东盟自由贸易区在促进中国与东盟国家的职业教育合作网络发展完善层面扮演了重要角色。中国与沿线国家协同借力"一带一路"倡议政策东风，在未来职业教育国际合作领域应深度聚焦权力合作、制度合作、文化合作和能力合作等"四维"，不断为世界输出职业教育区域合作经验智慧。

（三）培养内容

"一带一路"东南亚国际中文人才培养内容取决于要培养什么样的人才，上文已经论述东南亚急需的是语言加专业的复合型职业人才，从这

---

① 郑通涛、蒋有经、陈荣岚：《东南亚汉语教学年度报告之二》，《海外华文教育》2014 年第 2 期。

② 郑通涛、蒋有经、陈荣岚：《东南亚汉语教学年度报告之三》，《海外华文教育》2014 年第 3 期。

个角度出发就可以确定培养内容了,"一带一路"倡议下的东南亚中文人才培养主要注重以下几个方面:

首先,根据东南亚各国发展的实际情况,以及与"一带一路"合作的情况,必须培养学习者具备实用性的专业能力。这类高精尖的人才比较匮乏,和"一带一路"倡议对接的各个基础设施建设项目迫切需要大量的高素质专业化人才参与其中,所以专业化是第一要求。

其次,培养学习者多语言能力。虽然东南亚是华人聚集最多的地区,但是"一带一路"建设是开放包容的,"一带一路"建设人才必须具备中文、东南亚通用语以及本国本民族语言,只有这样的人才才能使国际合作执行下去,一方面使国际合作顺利开展,另一方面使技术得到广泛的传播和传承,多种素质是"一带一路"建设人才所需,这些人才往往重视专业而忽视语言,连全球通用语的英语能力都不过关,再去学习一门新的东盟各国语言难度可想而知。长期来看,从所需专业出发,通过专业的职业培训让学生达到能力要求,这就需要长远规划,有针对性地培养学习者的专业能力或者语言能力,以更好地适应"一带一路"建设要求。

再次,还要培养学习者对不同文化的适应能力。必须正视和面对东南亚深处大国博弈的中心地带,对不同文化的适应能力显得非常重要。

就东南亚国家本身而言,政治问题、文化冲突问题夹杂在一起,对外国和本土人才提出了严峻的挑战。因此,"一带一路"倡议下的职业人才培养要尊重不同文化,坚持不同文化不论国家或族裔背景、国家强弱都是普遍平等;在处理具体工作中关于社会文化事务的问题时还要意识到文化和宗教信仰平等且相互尊重。

最后,应培养学习者具有实践能力和应变能力。东南亚国家涉及不同的国情、地情和民情,对在地化的具体问题的应变和管理能力是"一带一路"倡议下职业人才基本素质之一。涉及"一带一路"建设过程中沿线国家的文化和宗教、意识形态问题,根据沿线各国不同国情特点,在人才培养的过程中注意各国的环境、资源、法律规定等的不同,共同面对语言覆盖下的职业型人才培养所遇到的具体国别情境的问题。

三 "一带一路"东南亚中文人才培养模式构建

如上文所论,基于东南亚特点的"一带一路"国际中文职业人才培养模式构建是整个职业教育制度设计中最重要的部分。结合东南亚的实际情况,借鉴西方国家双元制的职业教育体系来构建东南亚国家的"一带一路"中文复合型人才培养模式是比较现实的选择。

从另一个方面而言,"一带一路"倡议所提出的"民心相通"的目的是建立"命运共同体",在这个层面上的"一带一路"人才培养的首要任务是对培养中文、中华文化的认同。[①] 关于构建"一带一路"国际中文教育共同体的努力,薛卫洋(2016)以区域合作为视角,以联合国教科文组织 2005 年颁布的《保证跨境高等教育办学质量的指导方针》(Guidelines for Quality Provision in Cross-border Higher Education)为出发点,以巴伦支海跨境大学为例,探索"一带一路"教育共同体建设中跨境高等教育合作新模式。[②] 早在 2015 年,祁亚辉就从理论上阐述了构筑中国—东盟教育共同体的拓展路径,他认为要大力推动中国与东盟国家教育机构的合作、积极推进中国与东盟教育要素的合作、大力推动中国—东盟双方教育对象的合作并大力推动中国—东盟双方人力资本市场的合作。[③]

在这个统一的教育框架之下,考虑到"一带一路"国际中文人才培养各要素,参照德国双元制职业教育模式构建东南亚中文复合型人才培养模式,考虑到东南亚地区的政策状况、劳动力需求状况、职业教育培训设计及行业认证等问题,最终构建出"一带一路"东南亚职业型中文复合型人才培养模式如下:

在企业、学校、行业协会和政府达成共识的基础之上,共同界定、监测和监督企业教学及传授内容,制定完备的法律框架,开展职业教育

[①] 卢俊霖、祝晓宏:《"一带一路"建设背景下"语言互通"的层级、定位与规划》,《语言文字应用》2017 年第 2 期。

[②] 薛卫洋:《区域跨境高等教育合作新模式的探析与借鉴——以巴伦支海跨境大学为例》,《比较教育研究》2016 年第 12 期。

[③] 祁亚辉:《教育合作巩固和拓展中国—东盟命运共同体的人文基础》,《东南亚纵横》2015 年 10 月。

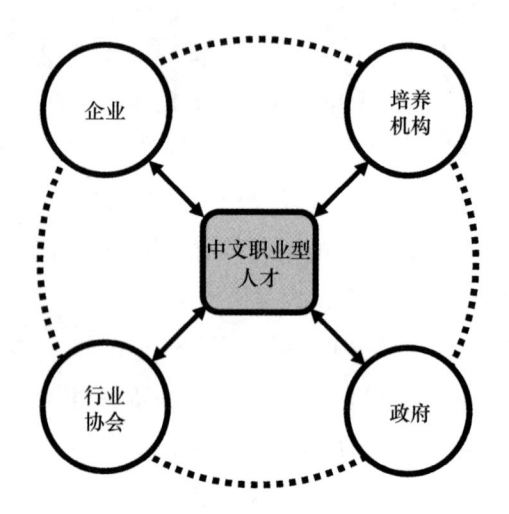

图4-9 东南亚中文职业型人才培养模式

研究，为开展职业教育的学校提供相关资源，授权给社会伙伴和行业协会。双元制职业教育培养的路径首先是订立教育合同，实施与工作单位相结合的职业教育，单独组织考试，其教育的标准是国家层面的，紧跟时代需求，各利益相关者达成共识，共同支持并保障双元制职业教育的素质。

双元制职业教育必须具备五个方面的质量特征：1. 政府部门、经济界和社会伙伴的通力合作；2. 在工作的过程中开展职业教育；3. 双元制教育必须具备全国认可的职业教育标准；4. 开展双元制的教育主体必须具备合格的职业教育资质；5. 职业教育研究和建议等要制度化和规范化。

第二节 "一带一路"西亚北非中文人才培养模式研究

本节以"一带一路"大数据为基础和出发点，以国家提出的"一带一路"倡议为契机，通过系统搜集整理中国与西亚北非地区的贸易投资数据，在对权威数据广泛挖掘和分析的基础上，以西亚北非地区实际政治、经济、文化状况为依托，以该地区复杂的政治格局、民族宗教等问题为考量，对其影响中文复合型人才需求的各因子进行综合分析，在数据和事实的基础上对这一地区人才需求及行业分布进行可视化的呈现，并以此为基础提炼出多国家、多校园、多证书的中文复合型人才培养模式，为"一带一路"倡议下西亚北非国家的中文人才培养提供切实可行的建议。

一 "一带一路"倡议下的西亚中文人才培养

本书所研究的西亚北非16国也就是传统意义上的中东地区，包括土耳其、伊朗、叙利亚、伊拉克、阿联酋、沙特阿拉伯、卡塔尔、巴林、科威特、黎巴嫩、阿曼、也门、约旦、以色列、巴勒斯坦15个西亚国家和1个非洲国家埃及，国土总面积共约739.4万平方公里。

从地理位置上而言，中东地区是一湾两洋三洲五海之地，这里地枕三洲（亚、欧、非三大洲）、周通五海（里海、黑海、地中海、红海、阿拉伯海）。这一地区联系亚、欧、非三大洲，处在沟通大西洋和印度洋的枢纽地位，在这一区域之内，里海是世界上最大的湖泊，也是最大的内陆咸水湖，交通便利，海陆空的路线可顺利运送石油到各国；土耳其海峡是黑海出入地中海的门户；作为波斯湾唯一出海口的霍尔木兹海峡，其航运十分繁忙；沟通印度洋和地中海的苏伊士运河和红海是亚、非两洲的分界线。

襟三洲而带五海，控两洋以通欧亚。位于"五海三洲两洋"之地的中东地区，不但是沟通大西洋和印度洋并且连接西方和东方的要道，也是欧洲经北非到西亚的枢纽和咽喉，中东地区因其地利之便和资源之丰在世界政治、经济和军事上的地位极其重要，也使其成为世界历史上资本主义国家群雄逐鹿之所、兵家必争之地。

由12个国家组成的石油输出国组织（简称OPEC，Organization of Petroleum Exporting Countries或"欧佩克"），其成员国石油储量占世界石油储量的75%，原油产量占世界原油产量的40%，原油出口量占世界原油交易的60%。再加上历史问题、宗教问题、民族问题、地缘政治问题，因此，这些也使西亚成为局势最动荡的地区之一。

2013年，中国提出的"一带一路"倡议，不但构成了中国外交话语体系的重要组成部分，更是世界经济发展的一支强心剂，其"和平发展、合作共赢、共商、共建、共享"的理念和精神，在全球经济治理体系中发挥着越来越大的作用。西亚是中国"一带一路"沿线国家和地区的重要组成部分，自古以来，西亚就是东、西方交通的要道，"丝绸之路"由中国西安，沿河西走廊出新疆，经巴基斯坦再由西亚到欧洲，战略地位十分重要。

目前这一地区日益加剧的紧张局势并没有阻挡发展的脚步，对外贸易持续增长，中国的进出口贸易总额虽然因局部地区的政治动乱问题而下滑，但是中国对这一地区的投资额却在稳步增加，大规模的基建项目，与这一地区国家政策接轨的工程及劳务承包项目不断扩大，在现实的困境中，发展的生机不断显现，因局部紧张造成的人才匮乏问题亟待解决，综合考虑这一地区复杂的情况，分析出这一地区人才需求的要点为何，提炼出适合这一地区的人才培养模式并建立长效机制，为该地区下一步的发展提供持续强劲的人才保障是本文的命意之所在。

本书以中国—西亚北非贸易投资数据为出发点，对中东地区的贸易、投资、基建及与中国的经济贸易往来、派遣留学生数量等各项发展指标进行综合的梳理，首先廓清影响这一地区人才培养的各因子，并进行详尽的分析；然后根据上述分析所呈现的问题进行分类整理，以具体的数据和实际情况为依托，分析出这一地区具体的人才需求是什么，分门别类地详细整理出各行业人才需求现状，并用可视化的图形将人才需求的行业和权重呈现出来；接下来对现有的各种条件进行可行性分析之后，以现有的各种优势条件和实际情况为考量，提炼出适合该地区的人才培养模式，通过这种模式构建出这一地区人才培养的长效机制；最后就这一地区人才培养凸显出来的问题和优势进行总结和求证，分析出中东地区人才培养切入的契机，并从该地区的实际情况出发勾勒出未来发展的美好愿景。

以下我们就从影响人才培养的政治、经济、民族、文化、投资、贸易、留学等方面进行逐一呈现和分析，为下文人才需求分析和人才模式的提炼打好基础。

二 西亚北非中文人才需求分析

中国投资在大多数西亚国家吸纳的 FDI 中所占的份额是不断上升的。

比如，仅在 2017 年 3 月，中国与沙特就签署了首批总额为 550 亿美元的 30 个涉及多个行业的产能与投资合作项目；2019 年 2 月，又在"中沙投资合作高峰论坛"期间签署了总额为 280 亿美元的 35 份投资与产能合作协议。截至 2020 年，中国与中东地区贸易额 2726.3 亿美元，中国稳居阿拉伯国家第一大贸易伙伴国地位；中国自中东地区原油进口 2.5 亿吨，占同期中国进口总量的一半，中国已成为中东地区石油进口最大国家。

根据中国海关、国家统计局以及"一带一路"大数据研究中心的统计资料显示，中国对西亚北非出口以机械、机电产品为主，进口以能源型产品为主，该地区分布着多个世界上石油和天然气储量丰富的国家，多年来一直为世界供应大量的油气资源。受国际油价持续低迷的影响，2014 年该地区经济增长率 1.87%。2014 年，中国前十大石油进口国有 6 个都在该地区。截至 2017 年，中国已成为伊朗第一大贸易伙伴，以色列、土耳其第二大贸易伙伴。我国在上述国家设立投资企业已达 1656 家，主要集中在阿联酋、沙特、土耳其和伊朗等。

该地区阿联酋、卡塔尔、巴林等国金融市场发达，其中阿联酋和卡塔尔已建立金融自由区，并拥有独立的监管体系。近年来，中资银行加速在西亚北非国家布局，目前已在 16 国设立了 3 家子行，9 家分行，4 家代表处。当地银行在华设立 12 家代表处，1 家分行。银保监会与土耳其、阿联酋、卡塔尔、巴林、科威特和以色列分别签署了 MOU。

（一）中国—西亚北非贸易大数据分析

中国与西亚北非国家的整体贸易状况显示，中国与沙特阿拉伯、阿联酋、伊朗、伊拉克等国家的贸易持续走强；阿曼、以色列、科威特、埃及等国家也从昔日的局部紧张趋于平稳，与中国的经贸往来低调稳健地向前推进；也门、约旦和巴林虽然国土面积不大，但同样拥有丰富的石油、天然气和矿产资源，这三个国家向中国每年派遣 1000 名至 2000 多名留学生，这是一股不可小觑的力量，将来也必然会成为中国和这些国家国际经贸往来和文化交流的桥梁和生力军。西亚北非国家逐渐走出了 2014 年的政治失序带来的阴霾，尽管从当前的形势看，局部地区还充满着剑拔弩张之势，但是整体上政治的动态稳定是主要方面，反映在经济指标上就是贸易量与投资的增长。

表4-6　2021年中国与西亚北非进出口商品总值统计①（单位：万美元）

序号	国家	进出口总额	增长	出口额	进口额
1	土耳其	3065061	42.9%	2597898	467162
2	伊朗	1162163	-16.5%	637915	524247
3	叙利亚	83494	-36.5%	83361	133
4	伊拉克	3017714	-9.6%	1092399	1925315
5	阿联酋	7236174	46.6%	4382226	2853947
6	沙特	5569832	29.3%	2019828	3550003
7	卡塔尔	1090396	-2%	263274	827122
8	巴林	178018	-40.6%	138032	39985
9	科威特	1428562	-17.3%	357852	1070710
10	黎巴嫩	53042	56.2%	51607	1435
11	阿曼	1991707	68.4%	241911	1749795
12	也门	206939	-14.6%	167339	39599
13	约旦	274836	18.5%	246672	28163
14	以色列	1266464	18.2%	802044	464420
15	巴勒斯坦	12834	27.8%	12800	33
16	埃及	1997340	37.3%	1826661	170678

从"一带一路"整体进出口贸易的总量上来看，西亚北非所占的比例为22.6%，是"一带一路"经济贸易总量相当重要的一部分。

从统计图上可以清楚地看出阿联酋、沙特阿拉伯和土耳其居于该地区进出口贸易的前三位，这三个国家占据了中东地区贸易总额的60%，体量不可谓不巨大，而事实上，从贸易额总量这个指标可以看出这三个国家除了有着丰富的资源之外，还有着相对稳定的政治环境，为商业贸易提供了相对良好的条件，而人才的需求、培养和输出在政治、商贸的大环境下大都聚集在这些国家。

---

① 国家统计局：《中国统计年鉴2021》，http://www.stats.gov.cn/tjsj/ndsj/2021/indexch.htm。

(单位：万美元)

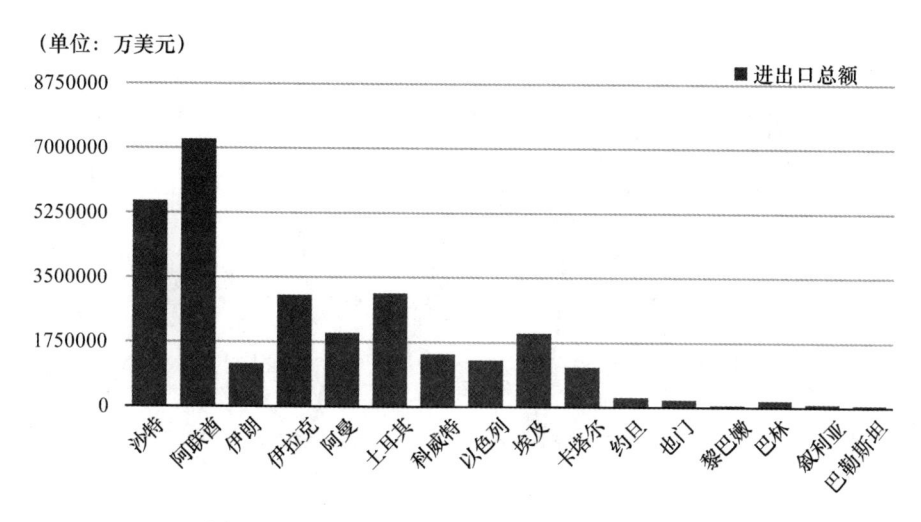

图 4-10　2021 年中国—西亚北非进出口贸易总额

除了这 3 个国家之外，以色列、卡塔尔、北非的埃及、科威特、伊拉克、伊朗这 6 个国家所占比例占 5% 左右的权重，其对外经济贸易的活跃度非常高，这几个国家之中除了北非的埃及之外，其所拥有的国土面积普遍非常小，但因为丰富的自然资源和优惠的政策使其贸易活动比较活跃。值得注意的是，北非的埃及拥有辽阔的版图，自然资源也同样非常丰富，但是因为政局不稳贸易额却只占 5%。同样的情况发生在巴勒斯坦地区，该地区蕴藏的自然资源同样丰富，但是因为地区冲突不断，其出口额仅有 1.1 亿美元，进口额达到 7.5 亿美元，贸易逆差接近 7 倍。上述进出口贸易总额的统计表中可以从侧面反映出稳定的政治环境对商业贸易和国家发展的影响。

1. 中国与西亚北非进出口贸易发展状况

根据联合国统计司（UN COMTRADE DATABASE）的统计结果，2000 年至 2014 年贸易总量一直处于显著的增长态势，从 2014 年开始由于中国经济结构转型、地缘政治等原因，贸易量下降到 2011 年的水平。

从 2002 年开始一直到 2020 年，中国与西亚北非诸国的贸易统计图上可以看出，中国因为一直奉行独立自主、和平共处的外交政策，在中东地区各种矛盾不断激化的情况之下，中国努力同各国保持良好的关

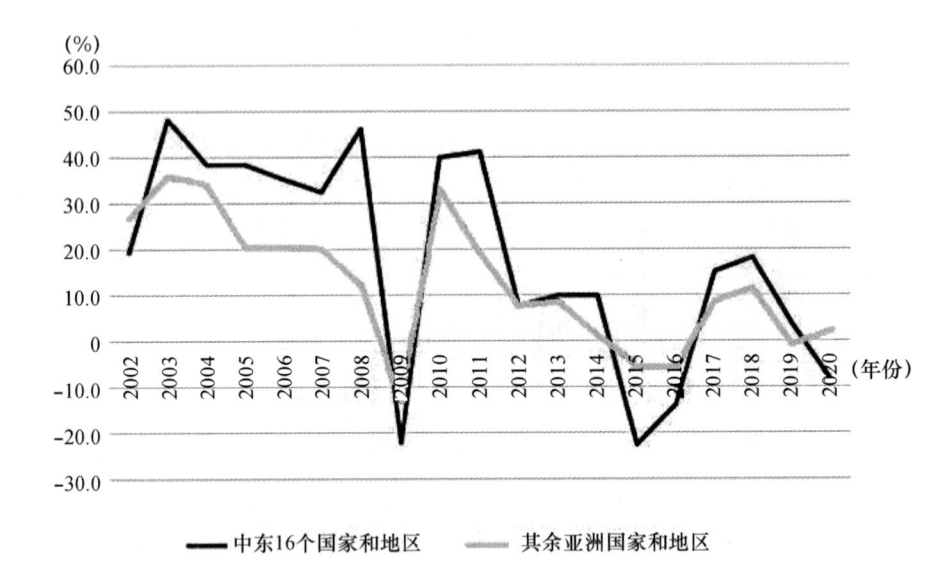

图 4-11 中国—西亚北非进出口贸易发展状况（数据来源：商务部统计）

系，发展贸易等多方合作，并取得了令人瞩目的成绩，从 2000 年开始一直到 2014 年达到顶峰，一直呈上升趋势，一度超过中国进出口贸易总额的四分之一，甚至逼近 30%，可见中国与中东诸国重要的经济贸易关系。

从 2014 年开始，中国与中东国家的贸易合作关系骤然下滑，一度降到 2011 年的水平。2014 年是一个重要的时间节点，无论是对于中东国家、美国，抑或中国而言都是非常重要的一年。2014 年，中东形势最大特点就是崩溃，政治秩序崩溃、政治版图解体，最突出的表现就是"伊斯兰国"异军突起。2014 年 6 月，"伊斯兰国"突然攻占伊拉克第二大城市摩苏尔，一路南下，势如破竹直逼巴格达。"伊斯兰国"似乎一夜之间出现，震惊了世界。基辛格评价说，1919—1920 年在中东建立起来的政治秩序现在正在崩溃，其实，这个政治秩序崩溃早就开始了。

随着中国"一带一路"各项政策的稳步推进，中东国家与中国的经贸合作也日渐加强，出现了回暖的气象，整体而言出现了可喜的发展，如伊拉克、伊朗、也门比去年同期增长了60%左右，阿曼、沙特、科威特、巴林也出现了大幅的增长。

2. 西亚北非各国家贸易特点

根据《中国统计年鉴2018》及国家"一带一路"数据库的统计结果，西亚北非各国的贸易权重如下图所示：贸易总量排名前五的国家是沙特22.1%，阿联酋16.02%，伊朗12.24%，伊拉克10.61%，阿曼7.6%。

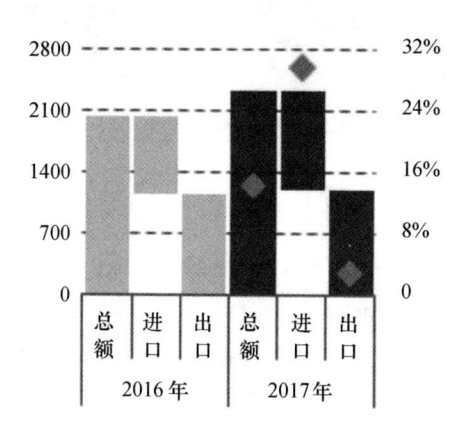

图4-12　2017年西亚北非在"一带一路"中贸易权重

数据来源："一带一路"贸易合作大数据报告2018。

从2000年开始一直到2016年，整体而言中国与中东国家的贸易是相当稳健的，16年来中东国家中与中国贸易量最大的就是沙特阿拉伯，其次是阿联酋、伊朗、土耳其、伊拉克，甚至贸易量的排名顺序很少发生改变，说明了中国与中东国家发展贸易的努力没有白费，中国在中东的贸易是成功的。

2020年，中国出口这一地区以矿产品（石油、天然气）、化学工业及其相关产品（石油化工的有机化学品）、塑料及其制品和贱金属及其制品（钢铁、铜及其制品）为主。27章（矿物燃料、矿物油及其产品；沥青等）占阿曼对中国出口额的91.3%，沙特阿拉伯和阿联酋对中国出口额的73.8%和71.2%。中东大部分国家，对中国出口的主要商品就是油气产品以及相关石化产品。进口以机电、音像设备（机械电子设备）、车辆、航空器、船舶及运输设备（车辆）、光学、医疗等仪器（医疗设备）和杂项制品（家具、寝具及灯具）为主。机械电子设备行业占中东从中国进口额的一半左右。

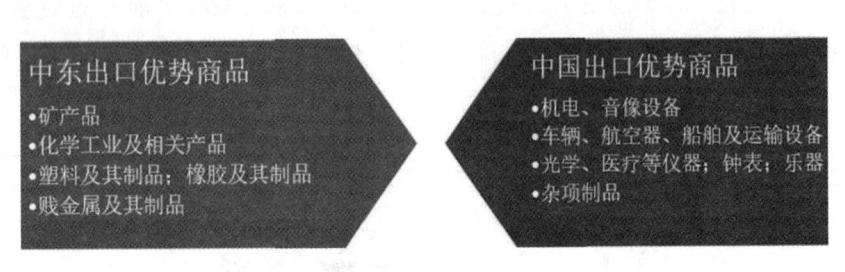

中东出口优势商品
- 矿产品
- 化学工业及相关产品
- 塑料及其制品；橡胶及其制品
- 贱金属及其制品

中国出口优势商品
- 机电、音像设备
- 车辆、航空器、船舶及运输设备
- 光学、医疗等仪器；钟表；乐器
- 杂项制品

图 4-13　2020 年中国对西亚北非贸易主要产品

对比 2017 年中国自西亚北非地区"一带一路"国家进口商品主要集中于 HS 商品编码 27 章（矿物燃料为主，以下简称"HS27"），进口额为 826.5 亿美元，较 2016 年增长 29.1%，占中国自西亚北非地区国家进口额的 72%，其中沙特阿拉伯是中国自西亚地区进口 HS27 最主要的进口来源国，中国自沙特阿拉伯进口 HS27 为 214.4 亿美元，较 2016 年增长 31.2%，占 HS27 总进口额的 18.7%。与 2016 年相比，2017 年中国自西亚地区进口的前十大商品进口额均出现不同程度增长，增速均在 10% 以上。

中国"一带一路"政策的构建与最终成功与否，还是要以市场导向、以企业为主体的落实情况，中国的国有企业、民营企业、外商投资企业以及其他类型的经济组织则发挥了生力军的作用。事实上，这些企业也确实担负起了先头兵的作用，从历年西亚北非国家贸易与投资的企业构成与贸易构成的权重图上我们可以清楚地看到这一现象。

在进口主体中，国有企业是对西亚，北非地区的第一大进口贸易主体，民营企业首次超过外资企业成为第二大进口贸易主体。其中国有企业 2017 年进口额为 726.9 亿美元，较 2016 年增长 36.8%，占所有贸易主体进口额的 63.3%，占比继 2013—2016 年持续下降后于 2017 年小幅上升；民营企业 2017 年进口额为 217.3 亿美元，较 2016 年增长 25.7%，占

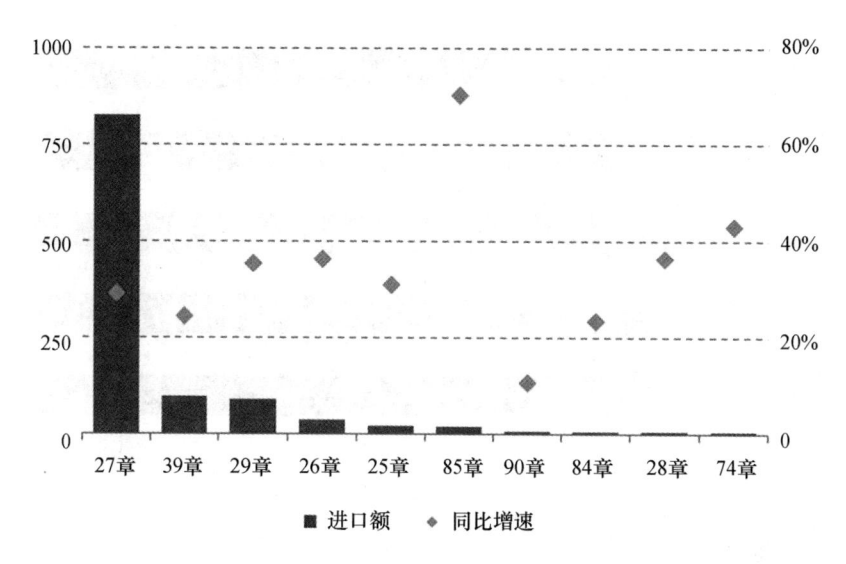

第四章 "一带一路"国际中文人才培养中观模式研究

图 4 – 14　2017 年中国对西亚北非进口额前十位产品

数据来源:"一带一路"贸易合作大数据报告 2018。

所有贸易主体进口额的 18.9%。另外,其他企业出口额增长迅猛,较 2016 年增长超 3 倍。

(二)"一带一路"西亚北非投资数据分析

通过联合国统计司、世界银行、中国商务部、中国国家统计局、中国驻西亚北非大使馆商务处公布的数据,汇总出中国在西亚北非国家投资及承包项目表,其中承包项目 50 项、国家重大项目 47 项,合计 97 项,对于重大项目的说明,我们所遴选的重大项目,基于三个方面的考量:第一,就是涉及国家战略层面的投资项目,是两国政府签署的正在进行或将要进行的重大合作项目;第二,对于投资的国家和地区要有重大的影响力;第三,投资或者合作项目无论是金额、劳动力等必须具备相当大的体量,其余个体贸易或者零星的贸易,不但难以统计,而且所占比例不大,因此不在重大项目之列。总体而言,中国对这一地区保持在能源资源、基础设施、工程承包等传统领域合作势头的同时,在高新技术产业等新兴合作领域取得突破,合作持续深化。

■民营企业 ■外资企业 ■国有企业 ■其他企业

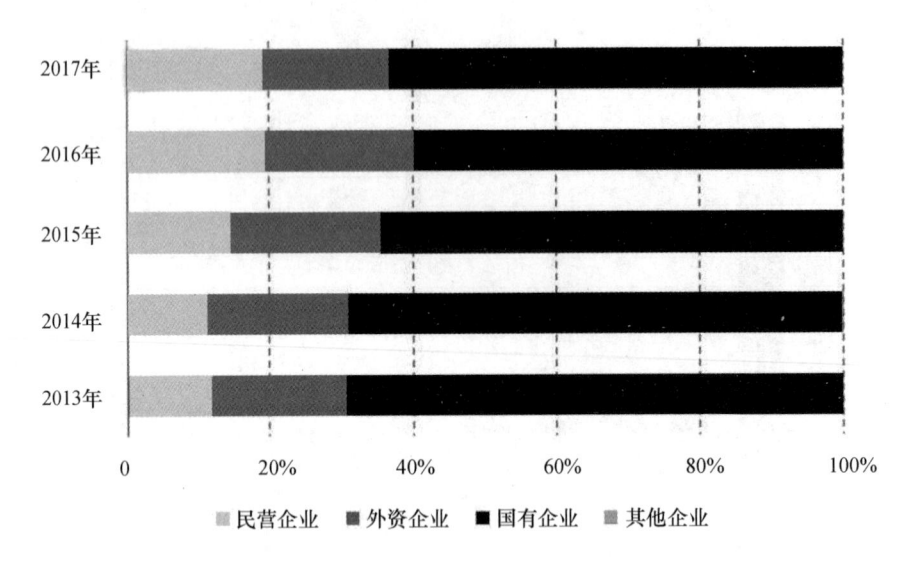

图4-15 西亚北非进出口企业构成比重

数据来源：国家信息中心。

表4-7　　　　　　中国对西亚北非重大投资项目汇总

序号	国家	基础设施类	工业类	工业园区类	旅游文化类	金融贸易类	医药类	农业类	其他	小计
		重大投资项目汇总								
1	土耳其	2	7							9
2	伊朗	1	6		1	1	3	1	2	15
3	叙利亚									
4	伊拉克		4							4
5	阿联酋		6		1	1			1	9
6	沙特	1	17		1				6	25
7	卡塔尔	4								4
8	巴林		3							3
9	科威特									
10	黎巴嫩		1							1

续表

序号	国家	重大投资项目汇总								小计
		基础设施类	工业类	工业园区类	旅游文化类	金融贸易类	医药类	农业类	其他	
11	阿曼	1	3	1	1			1		7
12	也门	1						1		2
13	约旦		3						1	4
14	以色列	5	2					1		8
15	巴勒斯坦									
16	埃及		5			1				6
	合计	15	57	1	4	3	3	4	10	97

根据 2017 年统计数据中国与西亚北非诸国签署的贸易、投资、基建、劳务承包等项目，大部分的项目都已经启动，虽然中间有些项目已经开展，但是因为地方政策，或受阻于当地特殊情况，开工以来一直延宕；还有一些已经达成合作意向但尚未执行，这些问题虽然构成了中国与这一地区经贸合作的一些阻力，但从另外一个角度而言，也反映了对相关人才的急切需求。

（三）西亚北非地区人才需求综合分析

根据以上分析，总体说来，"一带一路"倡议下西亚北非地区需要的人才类型，除掌握中文以外，还必须是具备以下素质的复合型人才，基本上分为以下几类：

首先，西亚国家所使用的语言都是小语种，"一带一路"的背景下，小语种人才的大量需求是当务之急，从表 4-8 中可以看出所需语言人才。

表 4-8　　"一带一路"西亚北非国家语言人才需求分类

序号	国家	官方语言	语言种类
1	土耳其	土耳其语	土耳其语
2	伊朗	波斯语	波斯语

续表

序号	国家	官方语言	语言种类
3	叙利亚	阿拉伯语	
4	伊拉克	阿拉伯语	
5	阿联酋	阿拉伯语	
6	沙特阿拉伯	阿拉伯语	
7	卡塔尔	阿拉伯语	
8	巴林	阿拉伯语	阿拉伯语
9	科威特	阿拉伯语	
10	黎巴嫩	阿拉伯语	
11	阿曼	阿拉伯语	
12	也门	阿拉伯语	
13	约旦	阿拉伯语	
14	以色列	希伯来语、阿拉伯语	希伯来语、阿拉伯语
15	巴勒斯坦	阿拉伯语	阿拉伯语
16	埃及	阿拉伯语	

其次，中国与西亚国家建立了广泛的战略合作关系，主要集中在原油开采加工、化工化工、水电设施、港口建设、建筑建材、铁路建设、医药卫生等方面，因此需要大量这些方面的技术人才。

再次，随着中国和西亚国家经贸往来的日益频繁，中国主要进口原油、矿产、化工材料等，西亚国家主要从中国进口机械设备、电子电器、运输设备、家居服装等，所以需要大量经贸人才、熟知当地法律以合理规避风险的法律人才、核算业务的会计人员以及市场营销人员等。

最后，因为政治、宗教、民族等问题，该地区的国家最需要的是审批发放各种银行贷款的人才、红十字会医生以及联合国维和部队。这三类人才包括行业性质的专门技术人才的需求，政治稳定是前提，只有安全保障了，投资才不会有很大的风险。

西亚的问题就是共性的，根据投资大环境存在的问题，除了需要贸易量前十列出的一些小商品类的人才，就是需要重大投资项目所需的技术人才，最后就是因为这些国家都是宗教和部落酋长色彩浓厚，所以最重要的是需要精通当地语言和风俗文化的人，跟当地的部落酋长沟通，基本上就是这几大类。

需要补充说明的是，西亚北非16国人才需求分析是基于一系列综合因素之上的，我们首先考察了其所处的自然地理环境、人类学的特征，然后从国家的层次考量政治体制、对外政策，回归到历史传统、宗教信仰、民族文化的深远影响，最后落足于中国和西亚诸国的政策导向、投资项目、双边贸易额、互派留学生等方面，综合运用经济学中人才需求理论，辅之以人才智库的分析、投资项目及企业的人才需求信息等，运用大数据技术，在复杂动态系统中充分考虑各变量之间的关系，最后推演出西亚北非诸国的人才需求状况。

1. 西亚北非各国人才需求行业分布

基于上述搜集到的进出口贸易额、贸易前十的商品类别、投资项目及行业分布、留学生，还有通过理论推演和访谈，结合西亚北非国家具体政治、民族和宗教等各方面的因素，综合得出这一地区人才需求行业的分布，并根据各自的权重，用表展示如下。

表4-9　　　　　　　　西亚北非各国人才需求行业详情

需求行业		具体需求
语言类		精通阿拉伯语、波斯语、希伯来语、土耳其语等小语种人才
政治类		外交、维和部队
医疗援助		救援及医疗人才
民族宗教类		精通当地语言，熟悉伊斯兰宗教文化以及当地风俗习惯的人才
基建类	公路、铁路	路桥施工等方面人才，如：电气工程师、路面工程师、沥青摊铺机操作手、计量工程师、装修工程师、试验工程师、工程机械维修工等技术人员
	港口	港口工程师、机械运输技术人员、设备安装维修人员
	桥梁	桥梁制梁技术人员、管道工程师、结构工程师
	公共设施	电站、电控、环保、液压等技术人才；输水管道、水电维修类技术人才、给排水工程师

续表

需求行业		具体需求
工业类	采掘（伐）工业	能源研发、石油钻探与开发技术人才、原材料采集人员
	加工工业	机器零部件加工；车工、钳工、焊工、油漆工
	化学化工	污水处理技术人员；水质净化与监测等技术人才；塑料工程技术人员、化验人员；食品加工、纺织类人才
	食品纺织	食品加工、食品安全卫生、纺织印染类人才
商贸类		懂得当地法律且熟悉国际项目运作模式的商务谈判人才；房地产经营管理人才；基层管理、中高级管理人才，如：项目经理、项目商务经理、项目健康安全环保经理
农业类		农田平整、养蜂、农产品加工

通过中东地区人才需求行业分布图（见图4-18）我们可以看出，对语言的需求占到了最为重要的位置，因为这一地区除土耳其说土耳其语、伊朗说波斯语之外，其余国家和地区以说阿拉伯语为主，这三种语言都属于小语种，本来学习的人数就少，再加上专业的需求，语言人才非常匮乏。其次是工业，因为该地区的自然资源特别丰富，这些石油、天然气、矿产等资源需要开发、开采、储藏与运输，相关的化学化工项目也需要大量人才；基础建设和贸易是该地区占经济比重非常大的两块，随着中国"一带一路"政策的推进，中国已经与该地区达成或参与重大项目97个，各类型项目1000多个，中国与该地区的经济贸易中，贸易占了很大比重，占中国贸易量近四分之一；中国一直奉行不干涉其他国家内政的原则，所以政治方面保持友好合作，参加人道主义救援等，还有农业，因为该地区以干旱的热带沙漠气候为主，农业不太发达，所以该地区政治和农业相关人才需求的比重不大。

2. 西亚北非各国人才需求分述

（1）土耳其。土耳其的官方语言是土耳其语，土耳其是目前中国在西亚国家派遣留学生较多的国家之一，懂土耳其语的中国人较少。从经济贸易上而言，中土两国都是以原材料进出口为主，双方合作都是火力发电、水泥等基础设施项目，因此需要较多电站、电控、环保、液压等技术人才；从政治上而言，需要大量懂得当地法律的人才以及善于谈判的经贸人才，一方面规避法律上的风险；另一方面减少因违约而造成的投资损失。

（2）伊朗。伊朗拥有丰富的石油等矿产资源，从贸易量上看，伊朗出口中国原油、天然气、矿石等，进口中国的机械、粮油和药品，因为伊朗的官方语言是波斯语，人员方面其需求的首先是精通波斯语的人才，然后是医疗及设备、水电设施、运输设备方面的技术人才，以及商务管理等人才。

（3）叙利亚。专家分析投资的风险极大，商业投资稀薄，其所需人才是能够进行多方谈判的阿拉伯语人才、维和部队救援及医疗人才。

（4）伊拉克。中国在该地区主要进行的是原油进口、出口电气、运输设备、工程机械、纺织服装等贸易，国家投资主要集中在开采石油等基础设施上面，因此伊拉克需要的是语言人才、石油钻探与开发的技术人才以及商贸及商务管理人才。

（5）阿联酋。阿联酋是中国派遣留学生较多的国家之一，阿联酋的经济条件较好，中国派遣的留学生主要学习航空、机械、服务等专业，也是阿联酋最需要的人才，另一方面随着中国基础设施的输出，阿联酋与中国合作的基础项目如电站、仓储、垃圾处理等都需要相关方面的人才。

（6）沙特阿拉伯。沙特因为投资环境良好，国家相对稳定，也比较富庶，与中国合作最深入的国家，经贸方面主要进口中国的机械和电器，出口原油和石化产品，投资方面双方合作比较深入，双向投资成果显著，沙特在中国主要投资化工产品、房地产经营管理等项目，中国投资沙特的也主要是化工、经济开发区建设、建材、房地产等，所需人才涉及语言、服务、基建、化工、管理等多方面复合层次的人才。

（7）卡塔尔。卡塔尔的投资环境相对良好，卡塔尔出口中国以矿物原料、化学化工材料为主，主要进口中国的机械、家电及家居用品，两国合作主要在房建、港口、铁路、供水等基础设施方面，除了需求阿拉伯语人才之外，所需都是房屋建筑、路桥施工、输水管道、水质净化与监测等方面人才。

（8）巴林。中国目前在巴林尚无重大的投资项目，大部分以项目承包的方式开展，主要进行钢管焊接、钢丝绳、工业阀门等工业小部件为主。在"一带一路"的战略背景下，将来两国的合作主要集中在基础设施方面，需要的人才主要以各类基础建设，以及语言、商贸谈判、法律为主。

（9）科威特。科威特确立的引资重点在高新技术产业领域，而不鼓励投资那些能力过剩的行业。具体而言，鼓励外商投资合作的重点领域有以下几个：①石油为该国的支柱性产业。②基础设施建设："2035发展愿景"计划实施的重要一步即为完善基础设施建设，包括交通运输、供水、电力、房屋建设等方面。政府对外招标，吸引了大批外国公司的进入。③服务行业：近年来政府对服务业的发展也给予了高度重视。④高科技产业：科威特引进外资的目的不完全是资金，更注重引进外国高科技技术和专业型人才，主要有电子网络技术、电信、软件开发、环保产业、先进的石油技术等领域。科威特目前的人才需求除了石油化工、交通运输、电力机械、医疗、旅游、金融、信息技术等专门人才，还需要精通当地语言，熟悉伊斯兰宗教文化以及当地风俗习惯的人才。

（10）黎巴嫩。对基础设施建设类相关人才需求较大，如公路、铁路、空运、水运和电力行业的人才。同时，黎巴嫩第三产业所占比例达到76%，其中经济增长的主要动力来自金融、房地产、旅游业，目前对人才的需求除了集中在以上三个行业外，还需要精通阿拉伯语、法语语言文化的人才。

（11）阿曼。根据阿曼基础设施建设存在的问题，阿曼的人才需求有：水电维修类技术人才、法律咨询、基层管理、环保、石油化工、小语种人才。

（12）也门。该国丰富的自然资源吸引不少国家投资合作。需要石油化工、水产养殖、交通运输、小语种、法律咨询、熟悉当地部落政治和部落文化的人才。

（13）约旦。目前在约旦的公司有：中国机械工程有限公司签署了约旦马达巴美国大学（四期）建设项目合同。中国铁路工程集团、巴基斯坦基础设施发展公司和约旦公司组成的联合公司获得约旦首都安曼至东北部工业城市扎尔卡轻轨铁路项目。根据以上公司的招聘信息,急需:工程机械配件采购师、桥梁制梁技术人员、空调通风专业技术人员、路面工程师、沥青摊铺机操作手、计量工程师、装修工程师、试验工程师、工程机械维修工等技术人员。

(14) 以色列。以色列作为发达市场,其国家标准沿袭欧标和美标,对工程项目的建筑环保等标准高。目前中以工程领域合作尚处于初级阶段,仍存在不同层面上的问题,具体表现为管理水平不高、技术人员签证困难、政治风险和安全问题。这就要求想要在以色列市场站稳脚跟的中国企业必须深入学习当地法律法规、谨慎参与项目、严格执行合同、远离领土争议,同时要注重加强安全管理、做好应急预案,低调对外宣传、做好媒体公关。基于此,急需中高级管理人才、工程专业技术人才、熟悉以色列法律和国家文化的人才。

(15) 巴勒斯坦。需要熟悉阿拉伯语和伊斯兰文化的人才。

(16) 埃及。需要熟悉阿拉伯语和埃及政治文化、经济法律的相关人才、电力相关专业或国际贸易、金融及其他经济学类、工商管理等公共管理类专业人才;熟悉国际项目运作模式的商务谈判人才。

三 "一带一路"西亚北非中文人才培养存要素分析

(一) 培养目标

西亚北非地区很多国家由于战争及政局不稳等原因,经济发展也受到内外部环境的影响,GDP 增速缓慢,除了恐怖主义威胁、民族宗教矛盾等原因导致的地区局势动荡外,还有一个重要的原因就是人口增长过快导致失业率上升。例如:1980 年埃及人口是 4400 万,到 2015 年达到 9150 万,其中 25 岁以下的就占到一半,西亚北非地区很多国家都面临和埃及一样的问题。年轻人面临着就业问题,如果这一问题解决不好,只会让内忧外患的局面更加难以控制。如何把人口负担转变为人才优势,是所有发展中国家在发展过程中要面临的首要问题。因此,这些国家一方面要降低人口增长速度,缓解人口过多带来的就业压力;另一方面,必须增加教育投资,提高人口素质,并以市场需求为导向培养人才。

从整体上而论，西亚及北非的埃及有一个共性的特征，一方面该地区蕴含大量的石油天然气及矿产资源；另一方面因为地缘政治、西方国家干预、民族矛盾、宗教问题，武装冲突不断，是名副其实的火药桶，随时都有引爆的可能，给中国在该地区的投资增加了风险，但因其重要的地理位置和自然资源，他们一直与中国保持密切的经贸关系，从长远上来看，随着这些国家的政局走向日益稳定，中国对西亚北非地区的基础投资也越来越多，需要的国际中文人才也会越来越多。

（二）培养内容

根据"'一带一路'人才白皮书"统计，招聘过程中，中国有72%的国企员工从国内招聘，仅有28%的员工从海外招聘。而海外招聘过程中却面临一系列的困难，比如：缺乏找到合适候选人的渠道、目标人才不了解中国和中国企业、熟悉当地法律又懂国际运营的本地化人才稀缺等。从以上分析可以看出，一边是目标国的高失业率，一边是国内企业在海外市场招不到合适的人才，二者之间存在矛盾。经过对西亚北非16国的国情、到中国的留学生情况统计以及中国企业在该地区投资面临的问题等因素的综合分析，必须克服人才培养存在的问题。

当地培养的人才与中国企业需求的人才适配度较低。换而言之，该地区虽然人口较多，但是并未把人口优势转变为人才优势，所培养的人才达不到企业的用工要求。人才国际化程度较低，高级专业型人才紧缺。服务于"一带一路"国家的人才不仅需要精通小语种、熟悉所在国国情，还应具备国际金融、贸易、法律等专业知识，从过去的"单一语种 + 单一专业"向"多语种 + 多技能"的人才培养模式转变。

西亚北非地区国际教育"单向输出"态势较为明显。西亚北非来华留学生基本上保持在每年12000人以上，其中学历生占60%以上，所学专业主要集中在管理、经济、法学、中文等。国际教育本是国际化人才培养的重要渠道，但由于战乱频繁等原因，中国学生很少选择该地区的国家作为留学目的地国，其实，像以色列、沙特等经济较为发达、政局较为稳定的国家可以出台一些优惠政策，吸引中国学生前往学习，以达到国际教育"输入输出"的平衡。

在迎接风险与挑战的同时，也有很多的契机：中国提出"一带一路"

倡议与沿线许多国家可以政策对接，以西亚北非国家中的土耳其为例，土耳其提出了"中间走廊"的政策概念，并希望成为"一带一路"倡议的一部分，这中间包括建设土耳其东西铁路、大型的能源与基建项目及产业园区、中间自由贸易区、影视合作等。

借助这些机会，树立开放合作的思想观念，做好适合本地区中文复合型人才培养所需的教材的开发问题，坚持平等协商、共同合作、动态调整的原则，在此基础上完善人才培养方案，最终完成该地区的人才培养问题。需要特别指出的是，师资队伍是国际中文教育事业最核心的要素之一，必须先着力联合培养大量过硬的师资队伍。

（三）培养方式

入驻企业缺乏中长期的人才培养规划和人才储备。由于西亚北非地区局势动荡、经济发展缓慢等因素，完全依赖目标国自己培养人才以满足外方企业需求显然是不现实的，这就需要入驻企业从互利共赢的角度考虑，与当地高校或职业学校合作，采取订单式培养方式，制订长、短期人才培养方案，建立人才储备库。

人才培养形式较为单一，用人单位参与人才培养的积极性不高。部分企业管理者认为，培养人才是学校的事，宁可花高薪去社会上招，也不愿进行早期投资，根据需求自己培养。目前中国企业在西亚北非地区的投资主要集中在能源和基础设施建设领域，除了高级管理和技术人才外，还需要大量的基层管理和技工人员，高级管理和技术人才主要依赖国内派出，目的是把母公司的企业文化带入目标国，而基层的管理和技工人员主要靠海外招聘，这就需要企业为当地人才提供多元化、个性化的培训方式，根据市场需求、企业需求对行业进行细致分类，对人员进行分类培养。

另外，通过西亚北非国家来华留学生统计分析，可以给予针对这一地区学习者培养方式上的启发。目前统计了2013年到2015年西亚北非16国来华留学生人数（学历生和非学历生），中国赴西亚和北非国家留学以阿联酋和土耳其最多，其他几乎没有。

表 4-10　　2013 年西亚北非 16 国来华留学生人数统计　　（单位：人）

序号	国家	2013 年 合计	本科	硕研	博研	专科	非学历生	合计
1	土耳其	749	519	198	28	4	1241	1990
2	伊朗	656	228	186	238	4	509	1165
3	叙利亚	230	124	67	38	1	343	573
4	伊拉克	306	83	91	132	0	2	308
5	阿联酋	25	22	1	2	0	0	25
6	沙特阿拉伯	1213	950	207	56	0	876	2089
7	卡塔尔	8	8	0	0	0	0	8
8	巴林	435	428	3	3	1	0	435
9	科威特	31	26	5	0	0	0	31
10	黎巴嫩	47	24	18	5	0	0	47
11	阿曼	40	26	12	2	0	0	40
12	也门	969	577	259	128	5	848	1817
13	约旦	801	741	36	24	0	195	996
14	以色列	59	32	19	7	1	20	79
15	巴勒斯坦	143	70	44	29	0	0	143
16	埃及	400	43	165	192	0	345	745
	总计	6112	3901	1311	884	16	4379	10491

其中 2013 年亚洲来华留学生共计 219808 人，其中西亚北非 16 国共计 10491 人，占亚洲来华留学生总人数的 4.8%；学历生 106763 人，其中西亚北非 16 国共计 6112 人，占亚洲学历来华留学生总人数的 5%；非学历生 113045 人，其中西亚北非 16 国共计 4379 人，占亚洲非学历来华留学生总人数的 3.9%。

表4-11　　　　　2014年西亚北非16国来华留学生人数统计　　　　（单位：人）

序号	国家	2014年 合计	本科	硕研	博研	专科	非学历生	合计
1	土耳其	806	520	236	39	11	1275	2081
2	伊朗	828	255	225	343	5	471	1299
3	叙利亚	278	143	89	45	1	334	612
4	伊拉克	371	118	112	141	0	256	627
5	阿联酋	24	21	1	2	0	44	68
6	沙特阿拉伯	1165	878	217	70	0	698	1863
7	卡塔尔	9	7	2	0	0	5	14
8	巴林	596	591	2	2	1	24	620
9	科威特	39	35	4	0	0	18	57
10	黎巴嫩	55	33	15	7	0	105	160
11	阿曼	37	25	8	4	0	27	64
12	也门	1290	766	362	157	5	1094	2384
13	约旦	690	618	46	26	0	184	874
14	以色列	66	32	25	8	1	371	437
15	巴勒斯坦	190	89	52	49	0	90	280
16	埃及	500	70	204	225	1	338	838
	总计	6944	4201	1600	1118	25	5334	12278

其中，2014年亚洲来华留学生共计225490人，其中西亚北非16国共计12278人，占亚洲来华留学生总人数的5%；学历生114967人，其中西亚北非16国共计6944人，占亚洲学历来华留学生总人数的6%；非学历生110523人，其中西亚北非16国共计5334人，占亚洲非学历来华留学生总人数的4.8%。

表4-12　　2015年西亚北非16国来华留学生人数统计　　（单位：人）

序号	国家	2015年 合计	本科	硕研	博研	专科	非学历生	合计
1	土耳其	839	539	244	42	14	1307	2146
2	伊朗	919	256	223	434	6	471	1390
3	叙利亚	313	158	92	60	3	347	660
4	伊拉克	475	179	155	141	0	130	605
5	阿联酋	23	20	2	1	0	43	66
6	沙特阿拉伯	1077	826	179	72	0	507	1584
7	卡塔尔	10	8	2	0	0	5	15
8	巴林	639	633	4	2	0	32	671
9	科威特	51	50	1	0	0	23	74
10	黎巴嫩	62	36	15	10	1	105	167
11	阿曼	33	13	14	4	2	14	47
12	也门	1543	907	447	181	8	1143	2686
13	约旦	712	632	49	29	2	214	926
14	以色列	67	32	26	9	0	495	562
15	巴勒斯坦	180	90	49	41	0	110	290
16	埃及	643	107	243	243	50	424	1067
	总计	7586	4486	1745	1269	86	5370	12956

其中，2015年亚洲来华留学生共计397635人，其中西亚北非16国共计12956人，占亚洲来华留学生总人数的3.3%；学历生184799人，其中西亚北非16国共计7586人，占亚洲学历来华留学生总人数的4.1%；非学历生212836人，其中西亚北非16国共计5370人，占亚洲非学历来华留学生总人数的2.5%。

国家之间互派留学生是增进了解、共同发展的长久之计，一方面通过留学学到了专业方面的知识，无论是对于自己职业规划还是国家发展都有所裨益；另一方面在目的语的环境之下，必然会受到所在国文化的熏陶，更能理解所在国的思想和文化，从跨文化冲突到跨文化融合，留学生是一股非常重要的潜在力量，也将扮演着非常重要的角色。

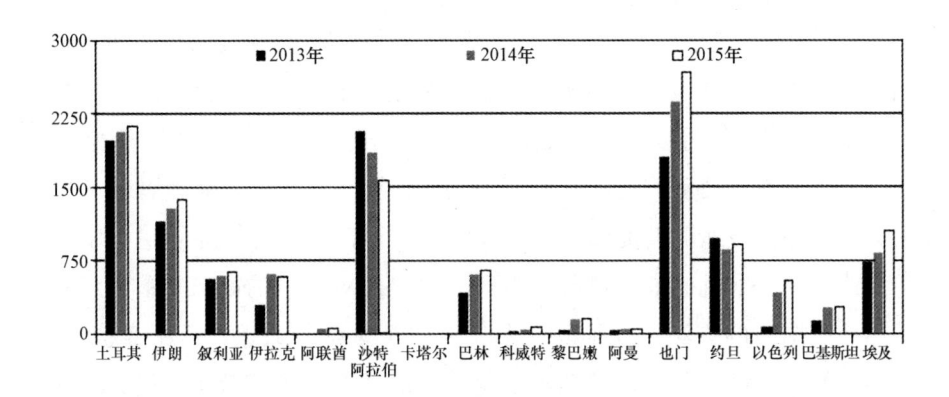

图 4-16 2013—2015 年西亚北非国家来华留学生统计

西亚北非地区中国留学生数量不多，留学生集中在阿联酋、土耳其和沙特阿拉伯 3 个国家。在阿联酋主要学习航空、服务、机电等专业；在土耳其主要学习开采、冶炼、媒体等专业；在沙特阿拉伯主要学习经济贸易、管理等专业。

反观西亚北非地区来华留学的统计图，就会发现情况完全不同了，因为中国非常稳定的政治环境，宽容友善的文化氛围，飞速发展的经济带动科学技术进一步发展，中国的软实力和世界范围内的影响力逐渐增强，所以他们来华留学生的人数都在逐年增加，主要集中在语言、医学、经济管理等专业。土耳其、沙特阿拉伯每年派往中国的留学生 2000 多人，伊朗、埃及接近 1500 人，巴林、也门、约旦每年也有一定数量的留学生，也门派遣留学生人数一度领先所有西亚北非国家。

总之，要解决人才培养过程中存在的问题，需要政府的政策沟通、校企的资金融通，三方共同参与，才能创造互利共赢的局面。

四　西亚北非中文人才培养模式构建

通过对上文影响人才需求的 12 个因子进行详尽分析，可以提炼出西亚北非地区的人才培养模式，首先梳理一下该地区人才需求分析的理论基础，本书从四个维度进行逐一分析，分析的思路如下：以人才需求为核心，首先通过数据的搜集与整理，得出了影响该地区人才需求的进出口总额、对华贸易权重、贸易商品类型、贸易特征、地区问题、人才需求问题、互派留学生、投资项目、人才需求类型等12个要素，全面分析出影响人才需求的各要素因子；通过查阅搜寻与该地区经济、贸易、投资、企业等相关大量文献，包括企业招聘广告、企业发展年鉴与规划等，了解到企业目前真正需要什么类型的人才；接下来我们用访谈调研的方法，对已经在该地区投资或者已经投资但项目尚未执行的企业进行实际的访谈，调查项目的进行情况，遇到的困难和对人才的需求等；最后我们用理论推演的方法，基于以上搜集到的大量材料数据，运用经济学、社会学的理论进行分析，尤其对企业所不能回答的关于政治、语言、文化、宗教等因素对人才需求的影响，最终得出一个相对全面而科学的人才需求结论，并以上述四者为维度，进一步提炼出适用于该地区的人才培养模式。

通过分析西亚北非地区人才需求各因子之后，在大数据的视野下通过文献梳理、调查访谈、数据整合、理论推演等得出对各类人才大致需求，我们进一步提炼出该地区人才培养的模型，总结起来就是多国家、多校园、多证书人才培养模式，如图4-17所示。

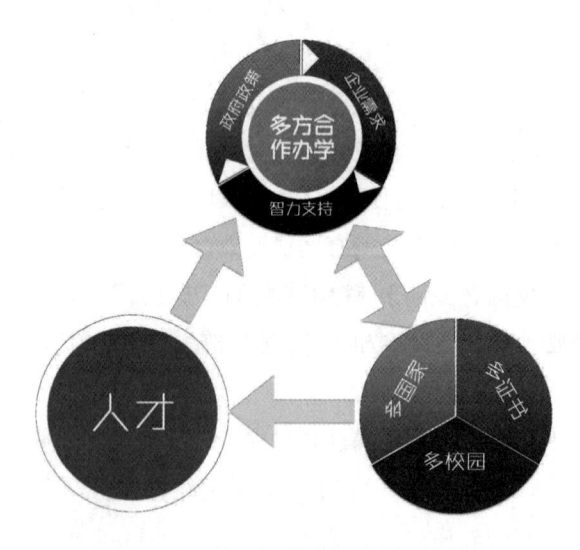

图4-17 西亚北非国家人才培养模式

这个人才需求模式中，居于核心地位的是由一方主导的多方合作机构，在政府政策的支持与参与下，在企业人才订单与资金的支持下，在各专家组成的智库及机构的支持下，实行人才的多方培养，以一方为主导，根据实际的需要对人才进行多国家的流动培养，在不同的校园中学习不同的知识，并获得相应的专业技能和学位证书。

图4-17所示多方合作机构其实是以一方为主导、多方共同参与的模式，如果多方共同办学，则涉及办学各个方面的因素，也没有发挥中外各教学机构的优势资源，也没有这些机构历史积淀下来的公信力和影响力，况且在管理方面也相当掣肘。所以，根据学生生源地、意愿、企业需求等，安排其以某个教学单位为主的多国家、多校园和多证书的人才培养。例如身在中国的学生，如果愿意在中东国家有所作为，根据人才的实际需要，以厦门大学海外教育学院为主导，学生注册在厦门大学海外教育学院，学院根据企业对技能的需求，可以安排该生到土耳其中东技术大学学习相关技术，到阿联酋学习服务，到沙特学习贸易及阿拉伯文化等，并拿到相应的资质证书。

需要特别解释的是，在政府的全程参与和支持下，协同企业和智力资源形成一种合力，对以一方为主导的多方合作机构鼎力支持，完成人才培养的流程。这时作为多方合作机构的整合职能就凸显出来：一方面需要整合政府、企业和智力集团的支持，进行顶层整合；另一方面又要根据实际情况制订培养方案，进行中层设计；最后根据培养方案把学生派往不同的国家和地区学习，进行底层的落实，三个层面构成了人才培养的主体。

多国家、多校园、多证书人才培养模式集中了优势资源，根据中东这一地区的特殊地情培养出"销路"对口的大量人才，在这个过程中大学等教育机构的功能得到充分的发挥，设置了科学的培养计划，不同的专业被安排到不同国家和地区的学校就读；政策得到最大限度地落实；根据企业提供的人才需求进行订单式的培养，最终企业也得到了急需的人才。运用整合的力量把教育的空间大大拓展，把教育的时间大大缩减，同时又节省了教育的成本，以中东地区为例，其培养的人才获得的证书是这些国家和地区普遍承认的职业技能证书或专业学位证书，因而可以

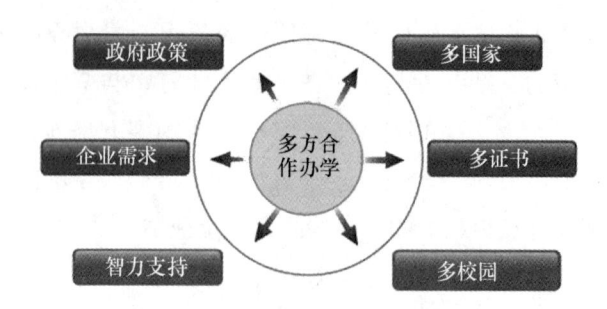

图 4-18　多方合作机构的整合关系

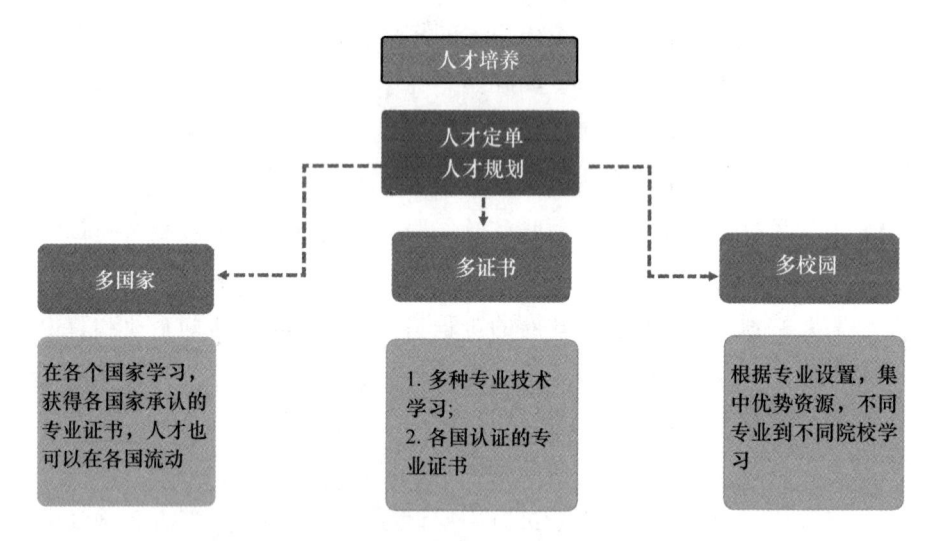

图 4-19　多国家、多校园、多证书人才培养模式

在中东这一地区内自由流动，提高了人才的利用率。这种培养模式很好地解决了现在集中培养对口人才的机构特别少的问题，这些机构要么专业不对口，要么培养人才与实际要求相去甚远，所以在实际操作中可以实行多国家、多校园、多证书的培养模式，为国家的"一带一路"倡议提供现实的和后备的人才。

五　小结

本节通过对西亚北非国家在经贸、投资与教育方面数据的搜集与整理，同时结合一系列重大事件对该地区复杂的政治格局、民族宗教等问题的影响进行综合分析，在数据和事实的基础上对这一地区人才需求进行可视化的呈现，并以此为基础提炼出人才培养的模式。

通过这番梳理工作明确了影响人才培养各因素关系，也为将来的工作指明了方向。在中国"一带一路"倡议下，中国与沿线国家和地区的经贸投资、文化交流将会进一步推进，每一项政策的实施、每一个项目的执行都势必会拉动这一地区大量的人才需求，作为贸易量占中国贸易量近四分之一的西亚北非地区，又是能源的主要进口地区，因为政治、语言、宗教等特殊原因造成人才匮乏的现象是与如此大体量的经济及投资往来不相称的，因此对人才的培养成为当前亟待解决的问题，如何充分地整合优势资源、以有效地培养模式为该地区培养出可以跨区域流动并且拥有多证书多资质的实用人才，是本书的命意之所在。

第三节 "一带一路"中亚中文人才培养模式研究

本节全面阐述了中国同中亚地区在"一带一路"倡议下的合作状况，通过大数据分析研究这些国家的人才需求状况，最后从实际出发，对中亚五国及蒙古国际化中文人才的培养目标、能力要求、培养方式以及评估体系等人才培养要素进行分析，最终构建出"一带一路"中亚中文人才培养模式，以期为"一带一路"沿线国家与世界范围内的国际化中文人才培养提供参考借鉴。

一 "一带一路"倡议下中亚地区中文人才培养

中亚地区从地理位置上而言属于中国周边的命运共同体，无论在历史上的丝绸之路，还是现在"一带一路"倡议下，中亚都是贯通亚欧大陆的交通枢纽，是战略缓冲的核心地带，有着极为重要的地缘政治意义。中亚还是"一带一路"倡议提出的发端，习近平在2013年出访哈萨克斯坦时，首次提出建设"丝绸之路经济带"的倡议。与此同时，哈萨克斯坦以"光明之路"对接中国"一带一路"倡议，中亚地区遂成为"一带一路"沿线的重要组成部分。

中亚地区具有丰富的能源，被誉为"第二个中东"。据估计，中亚能源储量高达总储量的四分之一。因此，中亚成为"一带一路"建设和能源合作的重要对象。中国作为中亚各国第一或第二大贸易伙伴，也是推动"一带一路"建设，谋求地区稳定发展的重要力量，该地区丰富的油气资源是中国重要的能源基地，中国与中亚国家能源等优势领域合作进一步深化，基础设施等共赢领域合作不断加强，太阳能、通信、电子等新兴领域前景广阔。[①]

由此可以清晰地看出，"一带一路"倡议下，中国与中亚地区五个国家及蒙古在能源合作方面表现为全面推进的态势。随着"一带一路"建设的进一步深化，在产能合作的支撑力量下，"一带一路"中亚地区中文人才的素质要求已经非常清晰了。

二 "一带一路"中亚中文人才需求分析

本节通过挖掘和梳理中国与中亚地区的五个国家及蒙古在"一带一路"建设过程中的经贸及投资大数据，探求"一带一路"建设过程中中文复合型人才需求的特征，为有针对性地人才培养和下一步的培养要素特征提取做好准备。

（一）中国—中亚地区贸易大数据分析

"一带一路"倡议自 2013 年提出至今，中国与中亚五国、东亚蒙古的经贸投资比较顺畅。中亚五国 2021 年向中国出口贸易具体情况，如图 4－20 所示。

（二）中国对中亚地区的投资大数据分析

"一带一路"倡议下中国对中亚地区的五个国家的投资额统计如表 4－13 所示。

[①] 田原：《"一带一路"倡议下中国与中亚国家经贸合作现状及展望》，《国际贸易》2019年第 8 期。

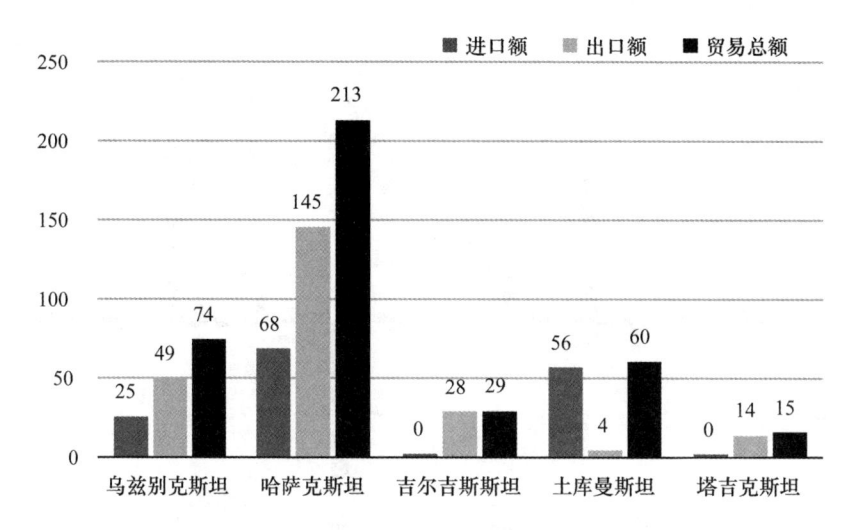

图 4-20 2021 年中亚五国进出口贸易情况（单位：亿美元）

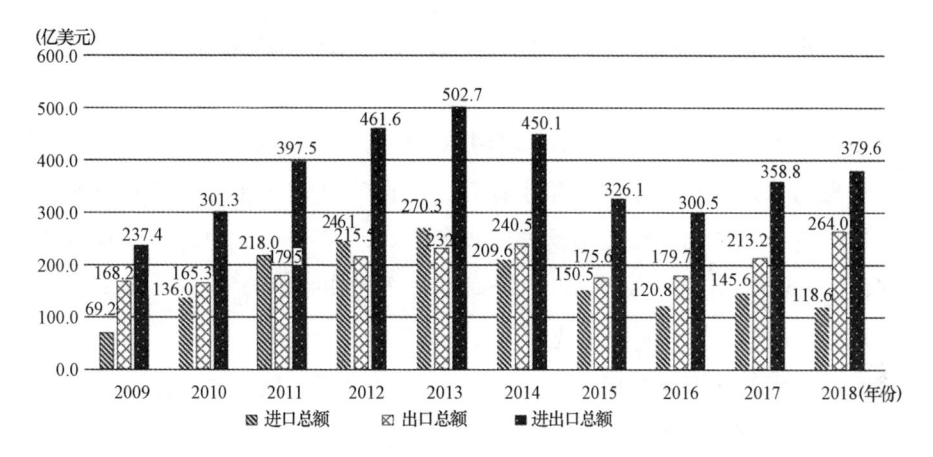

图 4-21 2009—2018 年中亚进出口贸易情况（单位：亿美元）

数据来源：Wind 数据库。

表 4-13 中国对外直接投资年度流量 （单位：万美元）

国别	2010	2011	2012	2013	2014	2015	2016	2017	2018
乌兹别克斯坦	-463	8825	-2679	4417	18059	12789	17887	-7575	9901
哈萨克斯坦	3606	58160	299599	81149	-4007	-251027	48770	207047	11835
吉尔吉斯斯坦	8247	14507	16140	20339	10783	15155	15874	12370	10016
土库曼斯坦	45051	-38304	1234	-3243	19515	-31457	-2376	4672	-3830
塔吉克斯坦	1542	2210	23411	7233	10720	21931	27241	9501	38824

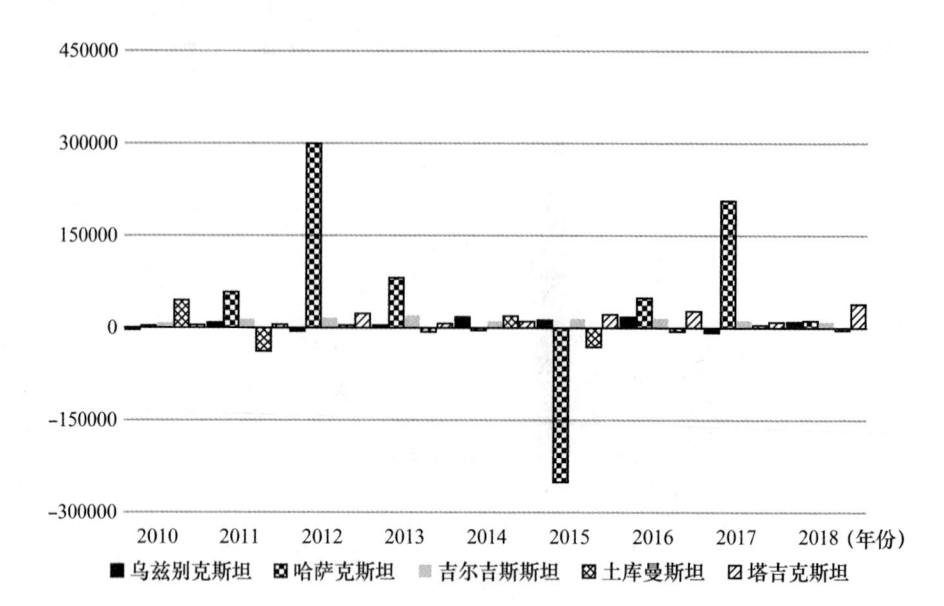

图 4-22 2010—2018 年中国对外直接投资年度流量（单位：万美元）①

从 2018 年中国对外直接投资年度流量直方图可以发现，中国内地对中亚五国的直接投资总体上趋于稳定，哈萨克斯坦和土库曼斯坦，总体增长迅速，但是也存在大幅反弹的现象。2018 年 6 月，习近平主席与来华访问的哈萨克斯坦总统纳扎尔巴耶夫举行会晤，两国元首一致同意在构建人类命运共同体道路上先行一步。

根据商务部统计整理出"一带一路"倡议下中国对中亚地区五个国家的重大投资项目如下：

表 4-14　　　　　　　中国对中亚五国的重大投资项目

国家	投资项目	投资额（美元）
哈萨克斯坦	中哈石油管道项目、PK 项目、ADM 项目、KAM 项目、曼格斯套项目、阿克纠宾项目、北部扎卡项目、肯—阿西北管道项目、里海达尔罕区块项目、中石化 FIOC 项目、中亚项目、阿斯塔纳北京大厦项目、卡拉赞巴斯油田项目、中哈铀开采项目等	若干

---

① 商务部、国家统计局：2018 年中国对外直接投资公报，2019 年 9 月发布。

续表

国家	投资项目	投资额（美元）
哈萨克斯坦	涵盖农工综合体、矿业、化工、冶金、机械工程等52个项目	240亿
	涵盖交通和能源、核、冶金及化工行业25个项目	230亿
	中哈产能33份合作项目	236亿
	霍尔果斯—东大门经济特区	35亿
吉尔吉斯斯坦	比什凯克热电项目	3.86亿
	北—南公路修复一期、二期	7亿
土库曼斯坦	巴格德雷合同三期地区设施EPCC项目、江苏国泰力天实业有限公司承建土库曼斯坦项目、巴格德雷合同区域吉尔桑、鲍—塔—坞、奥贾—桑迪气田内部集输EPCC项目、阿姆河天然气项目、中亚天然气管道项目	若干
塔吉克斯坦	EPC等工程承包	1.84亿

2018年2月，中国—吉尔吉斯—乌兹别克国际公路正式通车，令乌兹别克成为中国—中亚—西亚经济走廊中日益重要的运输节点。该走廊是"一带一路"倡议在欧亚地区的重要一环。中—吉—乌国际公路全长900公里，由塔什干经吉尔吉斯南部连接新疆喀什，把乌兹别克与中国西北部之间的路程由8日缩短至2日。在中亚区域经济合作计划（CAREC）支持下，该国的全国铁路网络由2016年全长约4200公里拓展至2019年的4700公里，其中电气化轨道更增加超过一倍至2300公里。另外，乌兹别克政府也和亚洲开发银行共同出资采购24架电气机车，以充分善用这些电气化轨道。乌兹别克正致力改善实体基础设施及外贸关系，以支持其出口主导型工业升级计划。

三 中亚地区中文人才培养要素分析

（一）培养理念

根据"一带一路"倡议下中亚地区中文人才需求状况和素质要求，有针对性地制订中亚地区人才培养方案相应的培养理念与培养原则，具体内容包含如下所述。① 培养理念方面除了培养学员掌握中文等语言技能之外，学生石油化工方面的专业能力也是最核心的技能，还要培养学习者跨文化交际能力、系统调控能力、管理能力、学习能力以及团队协作能力。

在明确培养理念的前提下，即培养精通中文、中亚地区文化与"一带一路"建设所需专业知识。中亚地区的国际化中文人才培养原则已经很清楚了：在现有中亚五国及蒙古人才培养的基础上，将"一带一路"中亚建设所需反映在课程设置和专业建设上，实行培养对象在中亚地区和中国的跨区域学习和培训，通过"互联网+"、AI人工智能等技术手段加强学习效果，提升人才培养的效率。

（二）培养目标

中亚地区国际化中文人才培养应以"一带一路"建设需求为导向，要求能够适应该地区工作环境，具有宽广的国际视野并掌握国际先进的技术，具备跨国界、跨文化的经营管理能力以及大数据分析处理能力。以中亚地区能源产业所需要的人才来看，这些人才在懂中文的同时还必须了解行业发展动态，熟悉国际石油联盟国家工程管理制度、国际石油工程师标准、中亚文化、法律制度等。在具体的工作中能够胜任能源产业工程设计、施工与管理，具备创新能力，满足中亚地区"一带一路"能源产业的应用型高级中文复合型人才，这既是"一带一路"在中亚国家建设的需要，也必将惠及沿线国家，推动其经济迅速发展。

（三）培养内容

"一带一路"倡议下中国与中亚地区之间的经贸合作日渐密切，合作项目建设所及主要集中在石油化工等能源领域。"一带一路"倡议下中亚地区中文复合型人才面临的是国际化的工作环境，与传统的人才培养相比，"一带一路"对人才的素质提出了更高的要求。中亚地区中文复合型人才应该是高素质的综合型人才，他们除具备中文交际能力之外，还应该具备能源方面专业知识和技术，并了解中亚国家的政治经济及文化风

---

① 余可华、蔡武、夏江义：《"一带一路"大数据视野下国际石油工程师培养模式研究报告——以中亚五国、东亚蒙古为例》，《海外华文教育》2017年第11期。

俗。通过梳理相关文献，并结合中亚地区的发展现状，将中文复合型人才应该具备能力素养作为重点培养内容，主要包括：

1. 全球化视野的培养。中亚地区中文人才要有全球视野、通晓国际规则，能够从国际化的角度审视行业所需，更好地为"一带一路"中亚地区建设服务，它是学习者在全球化背景下能力的综合体现。

2. "一带一路"建设所需能源专业技术包括基础知识和基本技能，比如在工作的过程中需要具有地质学知识、力学知识及数学知识，从而具备对石油、天然气等能源进行开发设计的能力、具有操作和设计油气钻采工程等能力。

3. 以中文为主导跨文化交际能力。要熟悉中亚地区的文化特征、民族风情、历史传统，增强跨文化、跨语言的交际能力主要是能在工作中进行高效的沟通，从而避免产生不必要的跨文化冲突。

4. 具备良好的心理素质。"一带一路"建设人才应该有良好的环境适应能力。在清楚认识自我的同时，时刻保持积极乐观的精神状态，对工作充满激情，能与周围环境建立健康的互动关系，具有融入环境和适应环境的能力，顺境中可以信心百倍的工作，逆境中也能坚定自己的意志。

5. 注重培养学习者创新能力。大数据时代的创新能力首先表现在对信息技术的掌握方面，高素质的中文人才除了掌握其专业技能之外，还必须具备信息处理、信息筛选和信息分析的能力，作为辅助性的但非常重要的能力，可以帮助"一带一路"中亚地区中文人才创造性地做好本职工作。

6. 具备跨学科知识并坚持终身学习。"一带一路"建设是一项复杂而庞大的工程，涵盖不同学科、不同行业、不同层次、不同门类的知识和技能，因此，中亚地区的国际中文人才应具备跨学科学习能力，并能够对这些相关知识进行有机整合，形成自己独特而又完整的知识体系，更好地服务"一带一路"建设。

（四）培养方式

"一带一路"倡议下的中亚地区中文人才培养包含两个系统，一是学历教育，高校完成从学士到博士阶段的培养；二是技术培训，根据中亚地区行业发展现状确定培训形式，可能是临时性的，可能是短期强化培训，也可能是中长期培训。人才的培养还需要建立跨国的专业教材资源库、跨国师资库、模块化课程体系以及跨区域的实践基地。

1. 建立国际化中文人才培养知识资源库。针对中亚地区开发专门化的语言及能源相关资源，与"一带一路"各培养主体合作开发系列教材。教材不仅涵盖中文及中亚国家语言和文化知识，还包括能源理论与技术、国际经营与管理、跨文化交际、国际合作法规、国际施工标准等。

2. 建立中国—中亚联合师资库。从横向的角度组建跨国的师资队伍，从中国和中亚甚至发达国家聘请企业专家与专业带头人形成校企合作双导师机制，加强"一带一路"双导师建设，建一支中亚地区需要的国际化的教师队伍专业从事中文复合型人才培养工作。根据需要从世界各地知名高校、智库和企业中聘请专家顾问，根据中亚地区中文复合型人才需求现状展开定制化的课程服务，改革传统教学模式，从而不断提高人才培养效果。

3. 建立"一带一路"人才培养模块化课程体系。

4. "一带一路"中文复合型人才培养实践基地。"一带一路"建设就是最好的实践平台和实践基地。一方面建立国际化的实践平台和立体化的实践基地；另一方面建立模仿真实的职业技能环境的校内实践基地和虚拟职业技能实践平台，使之具备教学、实训、技能鉴定和技术服务多种功能。借助"一带一路"中国与中亚地区能源合作项目，推进多学科的国际融合，实施产学研紧密结合。

（五）培养评价

"一带一路"国际中文人才的培养质量和效果需要通过三个方面的评价来实现：1. 通过人才培训机构主体之间联合进行专业化的自我评估或者委托第三方机构评估来实现。2. 建立"一带一路"中文覆盖下的国际能源专业人才资格认证制度。3. "一带一路"建设相关企业评价。"一带一路"国际中文人才培养供给侧方面质量的好坏，最终取决于"一带一路"中亚地区相关企业的需求侧来决定，"一带一路"中亚地区相关企业的用人满意度评价是人才培养质量的重要参考指标。

四 "一带一路"中亚中文人才培养模式构建

随着"一带一路"建设工作的深入开展,近年来中国同中亚地区的文化教育事业方面的交流合作越来越密切,在此基础上进一步进行"一带一路"中亚地区中文复合型人才培养模式构建工作。

通过以上对中亚地区"一带一路"倡议下中文复合型人才培养要素的分析,结合当前中国与中亚地区合作发展的态势,并梳理"一带一路"经贸投资合作大数据,本书发现"一带一路"中亚地区的国际石化企业对中文复合型人才有着较大的需求,例如"中文+能源产业"等类型人才。基于"一带一路"及国际石油贸易大数据,可以从培养目标、培养方式、培养内容、培养主体和培养评价等几个方面构建"一带一路"倡议下中亚地区中文复合型人才培养模式,如图4-23所示:

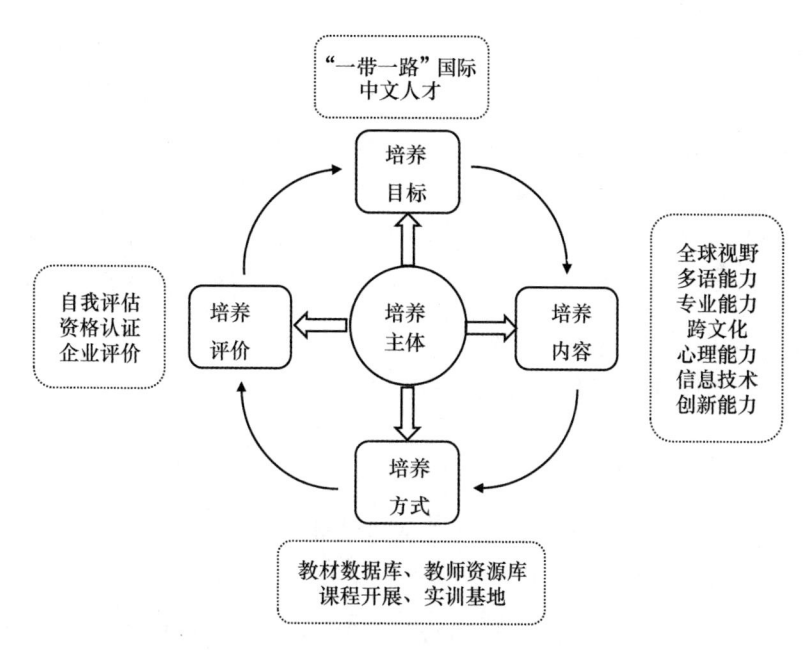

图4-23 "一带一路"中亚地区国际中文人才培养模式

综上所述,在这个模式中,人才培养主体居于中心的地位,其他几个要素相互关联并围绕着人才培养主体进行,这里的人才培养主体是政府、企业、智库和高校组成的联合主体，包含着人才培养的供给侧和需求侧。围绕这个人才联合培养主体的四个因素都有自己的限定条件：培养目标是中文复合型满足建设需求的人才；培养内容是全球视野下的多语能力、专业能力、跨文化能力、心理素质及技术使用能力；培养方式是资源库加师资库加实训平台；培养评价是自我评估、资格认证和企业评价。"一带一路"中亚地区的中文人才又可以分为长期培养模式和短期培养模式，最终为了能够适应"一带一路"在这些国家的建设需求，为"一带一路"其他四通的建设提供人才支撑。

第四节 "一带一路"南亚中文人才培养模式研究

本节研究的对象是"一带一路"倡议下南亚中文人才培养模式，基于 PEST 理论分析法，从南亚地区的政治、经济、社会状况和技术条件探讨南亚开展中文复合型人才培养的外部环境基础，同时分别考虑到"一带一路"倡议下中国与南亚区域合作联盟（SAARC）之间社会文化、政治、经济和技术因素的多样性，直面中国与南亚国家在沟通与交流中由于政治、社会文化和语言的多样性等原因带来的机遇和挑战，在此基础上分析出"一带一路"倡议下南亚国际中文人才的需求状况，据此提出适合南亚地区经济发展状况的"一带一路"跨文化短期中文复合型人才培养模式，该模式旨在短时期内培养熟练的本地人才。通过模式的运用增强中国和南亚地区彼此共赢的机遇，共同解决所面临的挑战。

一 "一带一路"南亚地区中文人才培养

从地理位置上而言，南亚地区三面环海，一面背山，阿拉伯海、印度洋和孟加拉湾将这块大三角形的地域包围起来，形成辽阔而开放的地理结构，喜马拉雅山既是北方气候的屏障，也是军事和国家安全的屏障，人们很早之前就在这里繁衍生息，并诞生了多样的文明，是四大古文明的诞生地。

现在这一区域内有南亚地区合作组织主理区内经济合作，其特殊的地理位置正好处在海上丝绸之路和陆上丝绸之路、大陆与海洋之间的交汇点,是"一带一路"倡议重要的交通枢纽,广阔的地域、众多的人口使其市场潜力巨大。但是长期以来,南亚地区是中国政治关切和外交投入的一片洼地,"一带一路"倡议提出以来,南亚地区成为重点关注的区域之一。目前,"一带一路"倡议之下,中国和南亚地区的经济贸易呈现出互补的态势,中国对南亚地区出口化工机电的产品,而进口纺织品及工业原材料。投资方面除了基础的工程设施之外,在科技文化等多个领域亦有广泛合作。王义桅在《世界是通的》一书中阐述关于"一带一路"的逻辑,概括这一倡议的内涵,如图4-24所示:

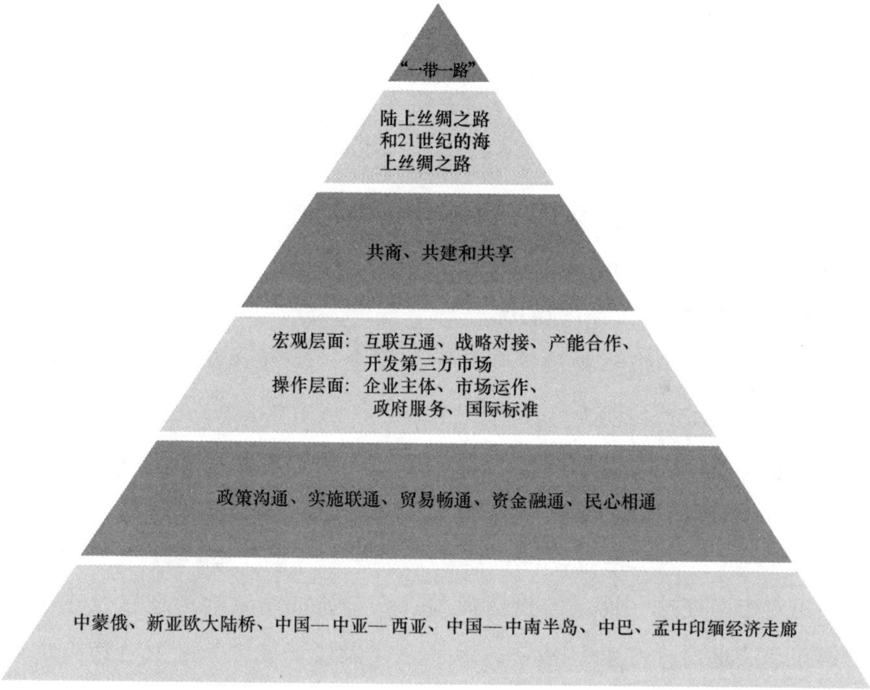

图4-24 "一带一路"倡议内容分析①

---

① 资料来源:王义桅:《世界是通的》,商务印书馆2015年版。

在"一带一路"这一个概念之下，围绕"一带一路"重点建设的"五通"，目前中国与南亚地区的项目合作进展顺利，并且已经取得很大的建设性成果。在稳步推进中巴经济走廊建设的同时，孟中印缅经济走廊和中、尼、印三国经济走廊的建议也被提上日程。此前的"一带一路"倡议及相关的建设引起了印度的戒备，甚至启动了"季风计划"进行反制。印度作为南亚地区最大的国家，此前曾经对中巴经济走廊的建设表示不满并保持戒备，此次孟中印缅经济走廊的建设则采取低调的态势。印度在采取较为谨慎态度的同时仍然同意就孟中印缅经济走廊建设展开研究与合作。虽然中尼印经济走廊的前景难免让人生忧，但是从现实的角度而言，其实中国和印度在经贸投资合作领域有着诸多互补之处，可以搁置争议、共同发展。所以，要慎重考虑经济走廊建设背景，深入挖掘中国与南亚其他国家合作潜力，以互联互通为契机实现区域性创造性发展。

南亚八国之间本身也存在明显的社会、政治、经济和文化等环境差异。在"一带一路"倡议下，这些国家也扮演着不同的角色。按照世界银行的世界治理相关的法治、管理、责任、稳定、效率和腐败程度六项指标来衡量南亚八国的治理情况。

通过以上六个指标衡量各国政治和安全，所得分数越高说明国内局势越稳定、安全越有保障。从世界银行每年为各国的政治情况打分的结果来看，中国的国家治理能力明显高于南亚其他国家，近年来中国政府所做的努力有了显著的结果，其项目规划落实和现实的可能性较之于其他国家要高。中国与南亚之间的政治沟通奠定了"一带一路"建设的基石，也对中国在这一地区的投资风险、安全挑战、政治沟通以及中国企业形象至关重要，这是中国"一带一路"倡议下推进与南亚合作方面必须认真面对的挑战。

南亚八国的国土面积、人口数量、宗教、官方语言等社会环境如下表所示。

表4-15　　　　　　　南亚国家社会文化特征（2017年）

国家	国土面积（平方公里）	人口	宗教信仰	官方语言	经济构成
阿富汗	64750	3256万人	穆斯林:99%（逊尼派占80%;什叶派占19%）	普什图语达里语	农牧业(全国总人口的80%)工业(纺织、化肥、水泥、皮革、地毯、电力、制糖、金属制造和产品、水果加工等)、矿业
孟加拉国	14.757万	1.61亿人	伊斯兰教、印度教、佛教、基督教	孟加拉语	服务行业(51%GDP) 农业(18.6% GDP;45% 劳动力) 工业(纺织,皮革制品、制药工业)
不丹	38394	7.5万人	藏传佛教、印度教	宗卡语	农业(5.4%人民)、旅游业 水力发电、家庭手工业(纺织、宗教有关的产品)工业(水泥、钢铁、铁合金)
印度	298万	13.1亿人	印度教(79.8%)伊斯兰教(14.2%)基督教(2.3%)锡克教(1.7%)佛教(0.7%)	印地语英语	服务行业(5.6%)工业(26.3%)农业(18.1%)
马尔代夫	9万(覆盖面积)(地的面积298)	40.9万人	伊斯兰教(逊尼派)	迪维希语(Dhivehi)	马尔代夫经济的三大支柱为:旅游业、船运业、渔业 农业:椰子树 工业:小型船舶修造,及海鱼和水果加工、编织、服装加工等手工业
尼泊尔	147181	2859万人	印度教(81.3%)佛教(9%)伊斯兰教(4.4%)吉拉提(3%)基督教(1.4%)	尼泊尔语	服务行业(48.5% GDP;18% 劳动力) 农业(36.1% GDP;76% 劳动力) 工业(15.4% GDP;6% 劳动力)
巴基斯坦	81913	1.89亿人	伊斯兰教(95%)	乌尔都语	服务行业(58.8%)农业(20.9% GDP;43.5% 劳动力)工业(20.3% GDP;30% 劳动力)
斯里兰卡	65610	210万人	佛教(70.2%)印度教(12.6%)伊斯兰教(9.7%)基督教(7.4%)	僧伽罗语泰米尔语	服务行业(60% GDP)农业(12% GDP)工业(28% GDP)

总的来说，南亚地区的保留完好的传统文化，由于历史和现实的原因，南亚的区域缺乏一体化，各国在国际关系方面错综复杂，"一带一路"在南亚地区建设所面临着非常严峻的挑战，同时也是难得的机遇。中国与南亚诸国的关注方面，除不丹王国外，南亚地区的绝大部分国家都与中国建立了外交关系，其中中国和巴基斯坦关系被定位为"真正的

好邻居、好朋友、好伙伴、好兄弟",南亚八国对中国"一带一路"倡议都表现出很高的积极性。

本小节首先对"一带一路"南亚地区中文人才培养相关的政治经济和社会文化等环境因素进行了仔细分析,然后挖掘出中国与南亚地区的经贸投资等各类数据并进行分析,最后探索针对南亚地区在"一带一路"倡议下,如何培养出契合现有的合作发展模式的人才,并仔细分析南亚地区中文复合型人才培养要素,最终构建出"一带一路"南亚中文人才培养模式。

二 "一带一路"南亚地区中文人才需求分析

为了解释中国和南亚国家的经济发展情况,本书以世界经济论坛公布的世界竞争报告(Global Competitiveness Report)为参照进行数据分析与呈现,同时对"一带一路"倡议下中国—南亚双边的经贸投资数据进行梳理并从中分析出南亚地区"一带一路"中文人才的需求状况。《全球竞争力报告》2019年版公布了新的指标体系,据此对南亚地区的8个国与中国的经济情况进行分析。全球竞争力报告指标分为政策环境、市场状况、人力资本和创新生态4个一级指标、12个二级指标共同解析世界各国竞争力状况:

(1)政策环境(Enabling Environment)

A. 机构(Institution)

B. 基础设施(Infrastructure)

C. 技术采用(ICT adoption)

D. 宏观经济环境(Macroeconomic Economic)

(2)市场状况(Markets)

A. 产品市场(Product market)

B. 劳动力市场(Labor market)

C. 金融市场(Financial system)

D. 市场规模(Market Size)

(3)人力资本(Human Capital)

A. 健康（Health）

B. 技术（Skills）

（4）创新生态（Innovation Ecosystem）

A. 商业活力（Business dynamism）

B. 创新能力（Innovation capability）[①]

参照上述指标体系，可以直观地了解南亚各国和中国在世界上竞争力状况，其竞争力排名及分值如下表所示。表4-16显示中国在全球竞争力得分73.9，其全球竞争力遥遥领先南亚各国，印度和斯里兰卡竞争力也较强，与此形成对比的是巴基斯坦和尼泊尔，竞争力显得较弱。

表4-16　　　2019年中国与南亚国家全球竞争力排名及分值

国家	中国	印度	斯里兰卡	孟加拉国	尼泊尔	巴基斯坦
分值	73.9	61.4	57.1	52.1	51.6	51.4
排名	28	68	84	105	108	110

截至2019年，中国近三年来的世界竞争力排名一直居于世界第28位。印度的排名起伏比较大，较之于去年下降10个名次；斯里兰卡上升1个名次；孟加拉国下降2个名次；尼泊尔增加1个名次；巴基斯坦下降3个名次。

表4-17　　　2019年南亚国家全球竞争力指标分值

项目	政策环境				人力资本		市场状况			创新生态	
子项目	机构	基建	技术采用	经济稳定	健康	技术	产品	劳动力	金融	规模	商业活力	创新能力
分值	50	59.2	35.1	74.1	68.4	50.1	45.8	51.5	60	67.7	57.8	36.3

---

① 资料来源，世界经济论坛：《全球竞争力报告》（2019）。

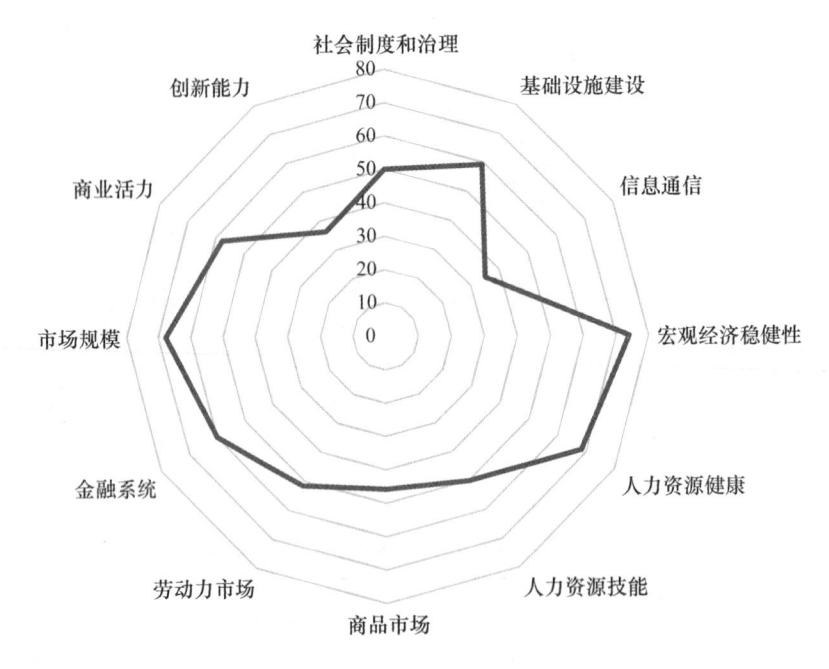

图 4-25　南亚国家 2019 年的全球竞争力指标

（一）"一带一路"中国—南亚经贸大数据分析

"一带一路"倡议下中国与南亚国家进出口贸易往来密切，通过统计 2013 年至 2017 年之间的贸易额，发现中国对南亚地区的出口远远大于进口。大卫·布鲁斯特（2016）提出，"一个担忧是与中国在物理上互联互通的加强可能导致不发达的当地市场被中国廉价的制造品所湮没，从而抑制当地工业的发展。这是印度对孟中印缅经济走廊倡议保持谨慎的一个重要因素，可能使这些地区成为中国的'经济殖民地'"。事实上正好相反，这是贸易全球化繁盛的结果，有利于促进产业分工和区域一体化发展。

"一带一路"倡议下中国与南亚地区贸易逐步发展，印度是中国在南亚地区最大的贸易伙伴，根据国家信息中心的具体统计：

中国与南亚地区进出口总额增长最快的国家分别是不丹、阿富汗和印度，增速超过了 20 个百分点，仅 2017 年与中国的贸易增速在 10 个百分点以上的国家是不丹、阿富汗、印度、尼泊尔，对斯里兰卡、马尔代夫的出口出现降幅，降幅分别为5.2%、9.5%。其中，印度、巴基斯坦和孟加拉国占中国自这些国家的进口额占中国自南亚地区进口额的98.3%。进口额增长最快的是马尔代夫，增幅超过一倍，不丹、印度的进口额增幅也在30%以上，阿富汗、尼泊尔、巴基斯坦3个国家出现不同程度的降幅，其中阿富汗降幅最大，达24.4%。

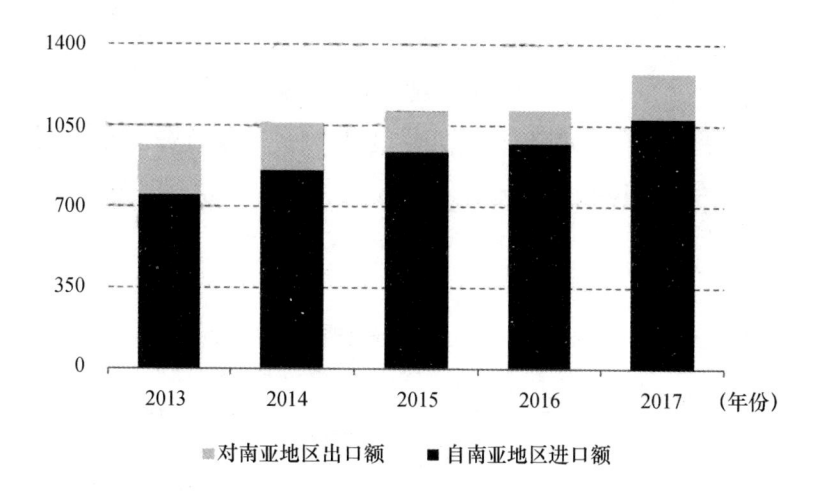

图4-26 中国与南亚国家之间进出口情况（单位：亿美元）

从商品结构看，进出口商品均较为分散，出口以电机电气设备为主，进口中钢铁、铜及其制品增幅显著。中国对南亚地区出口商品主要集中于电机设备及零件、电子媒体和工业器械，这几种合计占中国对南亚地区国家出口额的43%。其中印度是中国对南亚地区出口最主要的出口市场，中国对印度的HS85出口额为220.9亿美元，较2016年增长30.5%，占该类商品总出口额的78.9%；核反应堆等出口额为121.0亿美元，较2016年增长16.4%，占该类总出口额的66.1%。

2017年中国自南亚地区"一带一路"国家进口商品主要集中于珍珠宝石和贵金属；铜及其制品；矿砂、矿渣及矿灰；棉花等。以上四种商品在中国自南亚地区国家进口额占比中均超过10%，合计占比达48.4%。其中印度是中国自南亚地区进口最主要的来源国，中国自印度进口天然或养殖珍珠等为26.0亿美元，较2016年增长4.4%，占该类商品总进口额的99.6%；自印度进口铜及其制品为21.5亿美元，较2016年增长超过一倍，占该类商品总进口额的94.2%；自印度进口矿砂等为20.5亿美元，较2016年增长62.9%，占该类商品总进口额的90.9%；自印度进口棉花为13.0亿美元，较2016年增长1.7%，占棉花总进口额的57.8%。2017年中国自南亚地区进口前十的商品中，钢铁、铜及其制品增速均超过100%，分别为171.5%、107.3%，有机化学品增速也较高，为90.3%。

（二）"一带一路"中国对南亚投资大数据分析

根据国家统计局、商务部发布的《中国对外直接投资公报（2020）》统计，2010年至2019年中国对外直接投资存量在南亚地区的趋势如表4-18所示：

表4-18　　2010—2019年中国对外直接投资存量区位分布

年份 指标	流量	增速	存量	增速
2010	4.17	—	26.33	—
2011	9.13	118.86	35.5	34.83
2012	4.41	-51.72	42.15	18.74
2013	4.63	4.95	58.06	37.75
2014	15.15	227.56	83.27	43.43
2015	11.5	-24.09	94.82	13.86
2016	6.93	-39.73	95.44	0.66
2017	10.87	56.78	116.79	22.37
2018	6.08	-44.02	111.07	-4.9
2019	18.03	196.3	112.48	1.27

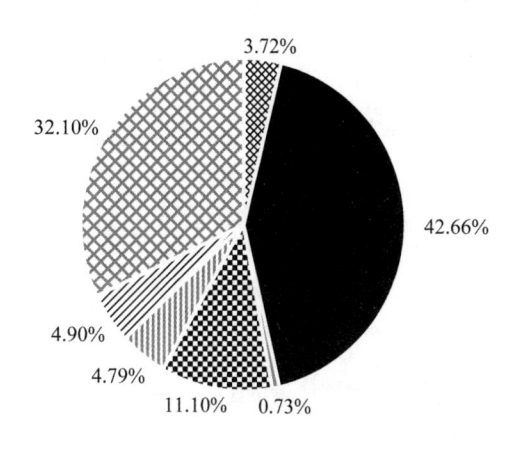

◆ 阿富汗 ■ 巴基斯坦 ■ 马尔代夫 ■ 孟加拉国 ‖ 尼泊尔 ∥ 斯里兰卡 ╲ 印度

图 4-27　2019 年中国对外直接投资存量①

"一带一路"投资方面在南亚地区主要表现在经济走廊的建设上，中巴经济走廊和孟中印缅经济走廊占据了"一带一路"6 个经济走廊中的两个，还有桥梁港口等大型项目。

南亚国家都是中等发展程度的发展中国家，对于科技的使用与亚洲的其他国家存在着不小的差距。为了提高本国的技术水平并克服这一劣势，许多南亚国家选择从中国进口科学技术设备。在这些国家中，印度充分利用了自己的优势，并培养了大批科学技术人才。信息技术的成就引起了全世界的关注。这个例子也为南亚其他以农业为导向的国家提供了如何发展各种产业范式支持的经济结构的范例。另外，值得一提的是南亚国家由于丰富的自然地理和历史文化旅游资源，旅游业也已成为南亚八国经济的重要支柱。因此，"一带一路"倡议下南亚地区人才需求也集中在这些产业和项目上，还包括旅游产业对中文人才的需求。

---

①　胡文远、范云：《"一带一路"背景下中国对南亚直接投资的特点、问题与对策》，《印度洋经济体研究》2021 年第 5 期。

表4-19　　截至2017年中国对南亚国家的重大投资项目①

发布日期	项目名称	所属行业	项目总金额	项目内容描述
孟加拉国				
2017-5-10	孟加拉国孟中友谊展览中心项目	公共建筑	3.8亿人民币	-
2017-3-8	孟加拉古拉绍电厂项目	火电		200MW的燃气机组
2017-3-3	西塔拉克什亚河第三座桥项目	桥梁隧道	44.8亿塔卡	900米
2016-12-23	孟加拉吉大港卡纳夫利供水工程二期输水管线项目	供水排水	W-3-1项目：6821万美元	W-3-1项目：21.4公里球墨铸铁管道的供货与安装、346公里HDPE管道的供货与安装
			W-3-2项目：5019万美元	W-3-2项目：8.4公里球墨铸铁管道的供货与安装、242公里HDPE管道的供货与安装
2016-12-7	孟加拉JICA/P8双回输电线路工程	电网		132千伏双回输电线路，系EPC交钥匙工程，分3个标段
2016-11-30	帕德玛大桥铁路连接线项目	轨道交通		新建铁路里程168.6公里，最高设计时速120公里
2016-10-13	孟加拉中国经济工业园	园区		位于吉大港，占地774英亩
				中国港湾工程公司（CHEC）与孟加拉经济区管理局（Beza）签署谅解备忘录
2013-1-31	吉大港医科大学医院血液透析中心	教育、卫生、文体、娱乐	600万美元	建设20个床位的透析中心
印度				
2016-6-4	印度水电站项目	水利、环境和公共设施管理业	30000万美元	-
-	江伽普尔西孟邦大型食品工业园	-	-	-
2016-12-23	印度16万吨/年锌渣处理项目	有色金属	-	-
2016-12-7	印度630MW太阳能产业园项目	园区（太阳能）	-	-
2015-6-5	农副食品加工业	工业	-	-
2014-3-17	Brandix印度服装城招商	工业	7万美元	-

---

① 转引自［尼泊尔］Rajiv Ranjit、［孟加拉国］Md. Shihabuzaman、［孟加拉国］Jhumur Biswas《"一带一路"框架下南亚地区短期人才培养模式浅析》，《海外华文教育》2017年第9期。

续表

发布日期	项目名称	所属行业	项目总金额	项目内容描述
巴基斯坦				
2017-4-21	巴基斯坦苏基克纳里(SukiKinari)水电项目	水电	18亿美元	-
2017-4-19	巴基斯坦鲁阿特水电站项目	水电	-	-
2017-3-29	巴基斯坦默-拉660千伏直流电工程项目	电网	-	-
2017-3-17	达苏水电站项目	电力	-	-
2017-3-6	瓜达尔港300兆瓦燃煤电站项目	火电	-	-
2017-3-6	巴基斯坦锡屏风电项目	风能发电	-	-
2017-3-2	Matiari 之 lahore 高压输变电项目	电网	-	-
2016-11-7	巴基斯坦35MW水电投资-EPC-运维项目	电力、热力、燃气及水生产和供应业	6098万美元	-
2016-7-25	旁遮普省工业地产发展与管理公司	房地产业	20000万美元	-
2016-11-22	巴基斯坦塔尔2*330兆瓦电站项目	火电	-	-
2013-12-3	巴基斯坦旁遮普省铁矿勘探项目	采矿业,开采辅助活动	-	-
	塔尔(THAR)煤矿采煤和煤气生产、80万千瓦坑口电站	煤炭开采和洗选业	130000万美元	-
尼泊尔				
2017-5-19	松柯溪2&3(Sunkoshi)水电站项目	水电站	-	1110兆瓦和536兆瓦
2017-5-19	尼泊尔黑托达公路项目	公路	-	四车道高速公路(含4.5公里隧道、长度为60公里)
2017-5-19	尼泊尔赛提6(Seti River 6)	水电站	-	642兆瓦
2017-4-26	纳瓦尔帕拉西县新型干法水泥生产线项目	水泥	-	6000吨熟料
2016-11-9	加德满都-博卡拉电气化铁路项目	轨道通道	-	规划铁路里程164.395公里,含27座隧道、53座桥梁和12座车站
2013-5-31(新华社)	博卡拉国际机场	教育、卫生、文体、娱乐	16700万美元	China CAMC Engineering Co(尼泊尔政府投钱)

续表

发布日期	项目名称	所属行业	项目总金额	项目内容描述
斯里兰卡				
2017-4-26	科伦坡港口城项目	公共建筑	-	-
2017-3-17	都喜天丽海滨公寓项目	公共建筑	6.7亿美元	-
2016-12-1	斯里兰卡北部前战区贾夫纳战后供水项目	供水排水	-	-
阿富汗				
-	艾纳克（Aynak）铜矿场	采矿业	35亿美元	-
2017-4-25	阿富汗国家职业技术学院项目	公共建筑	-	-
2017-01-16	巴米扬之萨曼甘公路修复与改造项目	公路	2.05亿美元	-

三 "一带一路"南亚地区中文人才培养要素分析

通过上文对南亚政治经济状况的分析，南亚地区不稳定的局面、与中国经济走廊合作建设的宏大项目、不断繁荣的旅游业等，决定了南亚地区对人才素质的需求并不是很高，可以通过短期的培训填补"一带一路"建设大量的人才缺口，而南亚地区丰富的劳动力资源为人才的培养提供了坚实的基础。

（一）培养理念

通过对南亚国家的"一带一路"国际中文人才培养环境等要素的分析，可以发现南亚地区最需要的是了解该地区的文化特点、熟悉制度环境、拥有跨文化的沟通技能且精通中文的人才，由于南亚地区的经济发展现状，培养高精尖的人才并不是其现实的选择，他们最需要的是快速培养出满足社会需要的拥有一定技能的人才。"一带一路"给这一地区带来了发展机遇，对人才的需求也凸显了人才培养的现实议题，目前来说，这种人才培养的周期也不可能过长，甚至比其他地区都要短，称之为短期人才。这是"一带一路"南亚地区中文人才的现实需求，也是他们的必然选择。

（二）培养目标

"一带一路"南亚国际中文人才的培养目标首先体现在对学员领导能

力和跨文化交流能力的培养，更重要的是还必须培养学员对核心技术知识的掌握，毕竟"一带一路"培养的人才要为"一带一路"建设所用，建设所及都是对学生交际能力和核心知识技术的检验，除此之外，还必须要培养学员的理解应用能力和组织协调能力，"一带一路"建设更多需要的是基于本土化的跨文化管理人才和技术人才。

（三）培养主体

根据南亚地区的实际情况，人才培养主体应该是本国国立大学或者中国的教育机构，或者官方、民间和国际组织组成的联合培养主体。因为在此之前，南亚地区一些教育机构和企业根据自身需要主要通过与中国高等教育进行合作来培养人才，这也使该地区的国际中文人才培养主体有现实的土壤。

（四）培养内容

宏观方面的跨学科知识体系的设计对南亚国家而言有点难以实现，这就需要中国与之进行紧密合作，针对"一带一路"建设在该地区的需求设定培养内容，上文已经论及；从微观方面而言，除了培养学员扎实的中文语言能力之外，还要培养持续的学习能力、应变管理能力和跨文化交际能力，还必须熟悉当地的投资法律和程序、当地的劳务工资制度、行为心理学等，提升人才的工作能力；还有相关的公路建设、电力建设、铁路、港口管理、IT技术、服装及纺织、旅游管理、进出口业务、健康和环境卫生、安全等具体的知识技能。

（五）培养方式

"一带一路"南亚中文复合型人才的培养方式主要为短期培训。"一带一路"中国企业涉及行业出现的人才短缺问题，也需要把业务扩大到南亚诸国，因此，从宏观上而论，短期国际中文人才的培养是非常必要的。

表4-20　　　　　　　中文人才短期培养国家培养项目

国家	培养项目
阿富汗	中方同意为阿开设农业、卫生、教育、经贸、通讯和禁毒等6个人员培训班

续表

国家	培养项目
尼泊尔	导游培训班 为银行的员工进行汉语培训课 为媒体记者举办汉语培训课 为军队举办汉语培训班 本土汉语教师培训
斯里兰卡	建筑业中的钢筋工职能培训、设备操作安全与保护和汉语日常用语及工程专用词汇培训 根据不同的行业技能要求，培训周期3—6个月，实习期3个月 培训领域将涉及建筑、机械、服务等行业技能以及安全教育和中国文化等方面
巴基斯坦	巴基斯坦旁遮普省纺织服装师资培训班开班（天津工业大学） 中巴能源工作组风电培训 分为理论教学与交流工厂参观考察、风场参观学习三大环节

从具体的方式上而言，在提高学生知识水平和技能培训方面，可以通过研讨会和进行实时的网络培训，开展沙龙讲座和现场讲述，穿插新生问训和问答环节；也可以举办专门的研讨班，通过组织集体活动，以案例学习、角色扮演和讲座模拟的方式进行授课，与学员进行充分的讨论和分享；日常基本开展2—3个小时的特殊目的的语言训练或者实习。但是在技能训练时除集体研讨会或者网络培训班外，必须以真实案例为依托进行演习，开展至少180天的训练，目的在于解决实践过程中可能遭遇的问题。

四 "一带一路"南亚地区中文人才培养模式构建

"一带一路"倡议下中国与南亚8个国家的经贸投资往来日渐频繁并持续增长，中国在这一地区的项目合作不但提振了当地的经济发展，也带来了南亚地区社会发展环境的改变。但需要注意的是南亚地区基础设施缺乏、技术落后仍是其发展的障碍，这些障碍也为中国"一带一路"倡议在该地区的合作提供了机遇。

培养"一带一路"共建项目所需要的大量专业人才,需要考虑到南亚地区社会、文化、政治、经济和科技发展因素,培养包括在跨文化的背景下去理解文化价值、思维方式、生活或者工作习惯、工作风格、规则等,在这个过程中,语言作为文化的载体和交际的工具就显得无比重要。专业技能培养是为了提高人力资源的整体质量,"一带一路"倡议下南亚国家在经济、科学技术、文化交流等方面需要大量的基础人才。通过对"一带一路"倡议下南亚国家与中国的经贸投资进行分析,梳理出南亚国家的人才需求状况,进而构建出适合南亚地区的中文复合型人才短期培养模式。如图4-28所示:

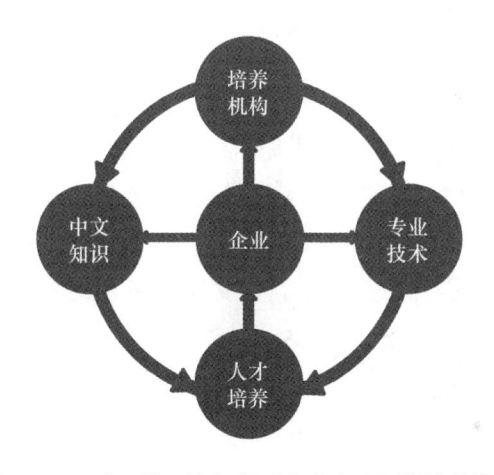

图4-28 "一带一路"南亚中文人才短期培养模式

基于南亚国家的多元文化背景和目前急需人才的状况,构建出"一带一路"南亚中文人才短期培养模式,是在南亚的多元文化背景下进行的。通过这种国际中文人才短期培养模式的运用,可以更加有效和更具针对性地培养出"一带一路"项目所需要的当地人才。需要特别指出的是在中文复合型人才短期培养模式中,企业是主要的人才需求侧,因为"一带一路"中国企业在该地区扎根未稳,很多民间企业普遍对技术含量和中文水平要求不高,因此该培养模式只是通过短期的方式教授中文知识和基本技术;专家是作为知识传授者的身份出现的,其地位举足轻重,当然这有赖于中国和南亚地区高级人才的携手合作。

第五节 "一带一路"中东欧中文人才培养模式研究

本节首先阐述"一带一路"倡议下中东欧地区所处的国际政治环境及其教育政策，详细梳理"一带一路"倡议之下中国和中东欧的经济贸易现状以及中国对中东欧国家的投资现状，通过对"一带一路"经贸投资大数据的分析，同时考量到国际环境和教育政策的影响，综合分析出中东欧地区的人才需求状况；然后根据该地区的人才需求特征对人才培养要素进行逐一分析，在此基础上，最终构建出"一带一路"倡议下中东欧地区的中文人才培养模式。

一 "一带一路"倡议下中东欧地区中文人才培养

中东欧地区是一个地缘政治的概念，泛指欧洲大陆地区受苏联影响或者控制的国家，冷战结束后，中东欧16国分化比较严重，在欧盟、英美和俄罗斯等大国博弈的夹缝中生存，一方面左右为难，受到各方力量的排挤；另一方面学会了左右逢源，发挥中坚力量，为本国谋取到最大的利益，其中波兰就是最好的代表。

中东欧国家是"一带一路"建设的重要伙伴，中国与中东欧国家自2012年开始建立领导人年度会晤机制，又称"16+1"合作机制。随着"一带一路"建设和"16+1"合作机制的不断推进，中国与中东欧国家的贸易取得了长足发展。

根据上述中国与中东欧国家签署的基本合作协议，双方共同制定了适应"一带一路"建设涉及多种行业和领域的多种合作框架，确立了不同层面的沟通机制，不仅丰富了双方的合作内涵，同时也积极实现双方之间多层次、多领域、全方位的合作交流，助推"一带一路"倡议在中东欧走向深入打好政策性的基础。与此同时，中国政府积极发挥在国际组织中参与国际事务的作用。

作为"一带一路"倡议的重要议题，"一带一路"中东欧地区的中文复合型人才培养已经成为双边合作重要的内容之一。"一带一路"倡议下中国与中东欧国家教育合作不断深化拓展，然而中东欧地区历来存在复杂的民族宗教关系，地缘政治引起个别地区政局不稳定，这些隐患给目前合作仍处于初始期的中国—中东欧国家教育合作带来风险挑战，需要小心规避。中国与中东欧国家的中文人才的国际化培养是一项需要持续完善的系统机制，需要多方共同参与，更进一步合作，完善顶层设计，才能培养适合"一带一路"中东欧地区切实所需的国际中文人才。

二 "一带一路"中国—中东欧经贸投资大数据分析

（一）"一带一路"中国—中东欧贸易数据分析

梳理近五年来中国与中东欧地区的进出口贸易情况，如表4-21所示：

表4-21　　　　2015—2019年中东欧货物贸易进口额　　（单位：千美元）

年　份	2015	2016	2017	2018	2019
从世界进口额	89262638	697939514	801802326	930900041	230205255
从中国进口额	59741220	61599889	69803463	84379646	18329302

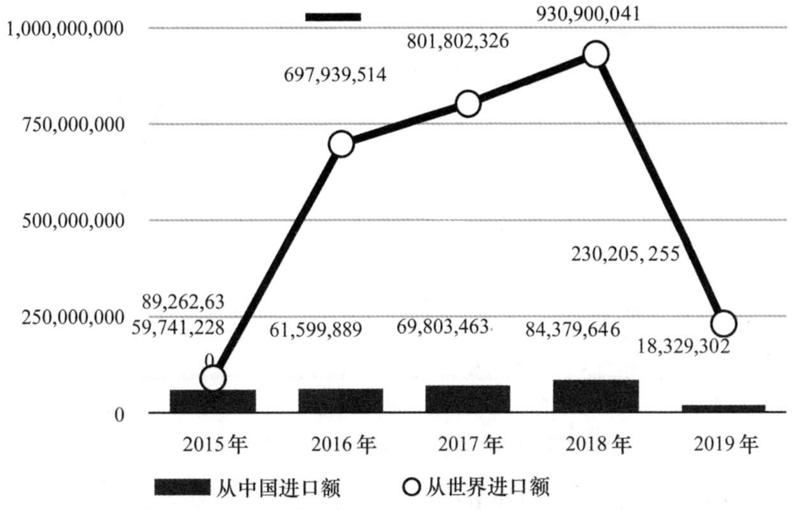

图4-29　2015—2019年中东欧货物贸易进口统计（单位：千美元）

从2015—2019年中东欧从中国进口货物的统计图可以看出，中国出口中东欧国家的商品在逐年增加，同时中东欧国家从世界进口的商品也是逐年增加，2019年为不完全统计数据，故只作参照。出现这种趋势一方面证明了中东欧国家是目前世界上比较活跃的经济体；另一方面说明了中国对中东欧地区的贸易呈稳步推进的态势。

2019年，中国对中东欧5国的主要出口商品，第一大类，也是"机电产品"，占比为60.2%；第二大类，是"纺织品及原料"，占比为7.1%；第三大类，是"贱金属及其制品"，占比为6.9%。出口增速最快的商品，第一大类，是"纤维素浆；纸张"，增速达21.2%；第二大类，是"纺织品及原料"，增速为14.9%；第三大类，是"食品、饮料、烟草"，增速为14.3%。[1]

表4-22　　　　　2015—2019年中东欧货物贸易出口额　　（单位：千美元）

年　份	2015	2016	2017	2018	2019
出口到世界	702717216	716309414	804959584	908475656	247664588
出口到中国	10792596	10818326	13093344	13528291	2903229

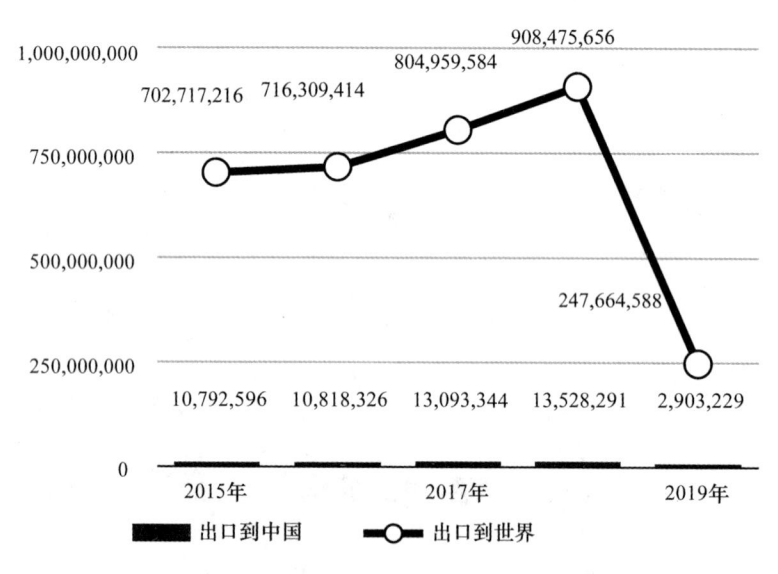

图4-30　2015—2019年中东欧货物贸易出口统计（单位：千美元）

---

[1] 姜建清主编：《中东欧经济研究报告2019—2020》，中国金融出版社出版2020年版，第208—212页。

从 2015—2019 年中东欧对中国和对世界的出口货物统计图可以看出，对比中东欧国家的进口额的大幅增长态势，中东欧国家对中国和对世界的出口额始终保持在较高的位置，并且稳定中有所推进，2019 年为不完全统计数据，故只作参照。中东欧国家有着成熟且稳定的产业结构，"一带一路"倡议下的中国与中东欧国家值得期许。

就 2019 年中国从中东欧国家进口的商品类别来看，排在第一位是咖啡、茶、香料和调味料；第二位是植物编织材料、蔬菜制品等；第三位是香烟及制品；第四位是矿渣、矿灰材料；第五位是稻草制品、编织材料、柳篮等制品；第六位是丝绸；第七位是皮制品、仿制花；第八位是软木和软木制品等。①

（二）"一带一路"中国—中东欧投资大数据分析

联合国贸发会议（UNCTAD）《2021 世界投资报告》显示，2020 年中国对外投资流量 0.74 万亿美元，占全球当年流量的 20.2%；存量为 39.25 万亿美元，占全球当年流量的 6.6%，全球排名投资流量占第二位，投资存量占第三位。截至 2020 年年末，中国企业及境内的投资者对"一带一路"沿线的 63 个国家设立境外企业超过 1 万家，涉及国民经济 18 个行业大类，当年实现直接投资 225.4 亿美元，投资主要流向制造业 76.8 亿美元，批发零售 16.1 亿美元，电力和生产供应 24.8 亿美元，租赁和商业服务 19.4 亿美元。中国对中东欧国家的直接投资大幅增加。

图 4-31 显示了"一带一路"倡议下 2018 年中国对中东欧 16 国的直接投资存量，中国对波兰的投资居于首位，其次是匈牙利、罗马尼亚、捷克、塞尔维亚和保加利亚。中国与波兰海关部门签署合作文件以深化沿线海关"信息互换、监管互认、执法互助"合作的协议已见成效，与此同时，中国与中东欧国家的工业园区和商贸物流园区的合作也取得新进展。

---

① 数据来源：International Trade Centre（ITC），http://www.trademap.org。

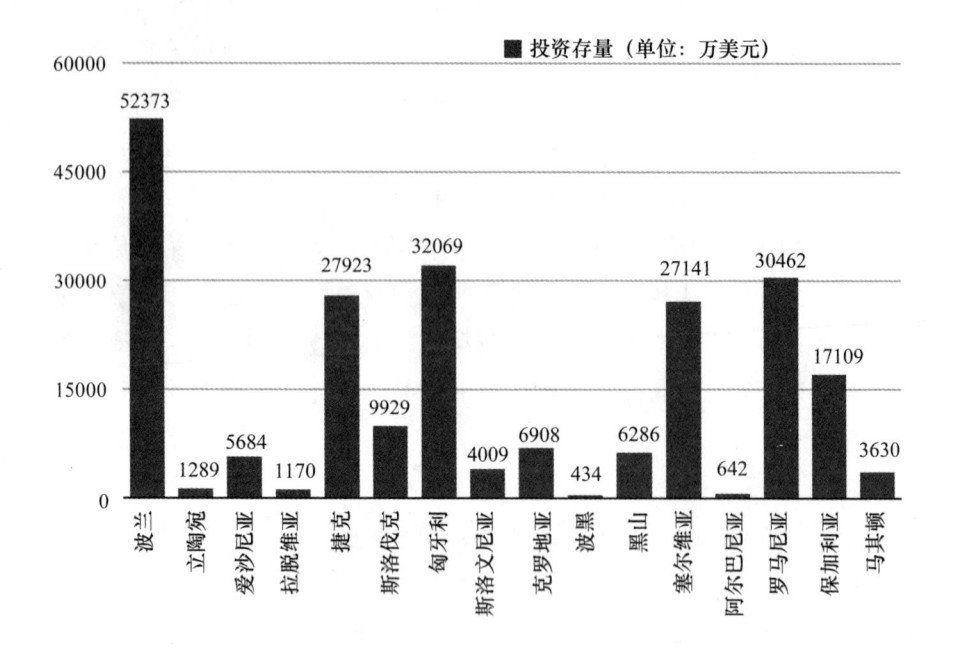

图 4-31　2018 年中国企业对中东欧国家直接投资存量统计①

基础设施建设方面，中国政府持续致力于中欧陆海快线建设、匈塞铁路建设和亚德里亚海、黑海、波罗的海等三海港区建设，其中最主要基础设施建设项目有贝博大桥、匈塞铁路、波黑火电站、黑山及阿尔巴尼亚及马其顿公路、罗马尼亚核电站建设等项目，合计项目投资额超过两百亿欧元。另外，中东欧来华留学生数量也在逐年攀升，为下一步加强与"一带一路"中东欧国家的教育合作和人才培养奠定良好的基础。

三　中东欧中文人才需求分析

根据"一带一路"建设的愿景和行动倡议，中文复合型人才的培养是中国在中东欧地区"五通"建设的重要人才支撑。通过对"一带一路"倡议下中国—中东欧国家经贸投资大数据分析，考虑到当前该地区政治、经济等环境因素对该地区中文人才素质的要求及影响，对"一带一路"

---

① 商务部、国家统计局：《2018 年度中国对外直接投资统计公报》，2019 年 9 月。

建设的中文复合型人才需求的特质进行宏观分析，这是"一带一路"中东欧地区中文复合型人才系统培养的必要的前提和基础。

　　本节所探讨的中文复合型人才指向的是"一带一路"在中东欧地区的建设。由于这些地区的政治经济、地理风貌、民族宗教、历史文化都呈现出差异化倾向，其地缘政治的纠葛、经济的合作等使得这一地区的情况变得极为复杂。正是多种因素构成的复杂动态环境决定了人才需求的特质。对这一地区而言，"一带一路"建设究竟需要什么类型的人才，经过对相关文献主要观点的归纳和分析，学者们进行了积极的探索，虽然基于不同的研究视角对此看法各不相同，但最核心的要素并无太大差异。中东欧地区"一带一路"建设对于人才需求要求重点围绕"五通"建设进行，其具体需求具有不同的层次，以"五通"作为宏观框架来对人才需求进行细分是比较合适的。

　　"一带一路"框架下的人才需求以中文为主导，着力培养专业化和国际化的复合型人才，主要培养在五个方面的应用，第一类是专门处理大国之间交往的政策性咨询或实战人才。研究人才则为国家的"一带一路"政策和国际服务问题提供专业咨询，这些都需要具备前瞻性的全球化视野、跨文化沟通能力、跨专业能力素养，这也是中国完善全球治理、促进人才全球规划、增强国际社会话语权和国际事务参与度的重要举措和现实需求；第二类是担任全球先进科技创新力量和先驱的综合性人才。"一带一路"倡议是中国科技走向世界，中国星、中国路、中国港遍及世界的过程，也是以技术创新为主导的中国科技是保障"一带一路"沿线国家基础设施联通的主要力量，懂得经营管理的工程技术类国际化人才尤为难得；第三类是承担社会经济发展所需的一线建设性人才；第四类是创新创业型国际化商贸人才。这类人才既要通晓贸易相关的营销、法律、财税等知识，覆盖经贸实践技能，又能在跨文化背景下交际问题，因为跨国贸易领域都将依赖于这类人才的参与和努力。"一带一路"倡议下的贸易畅通需要的是除传统经营管理的基本技能外，还应具有良好的跨文化交际能力和多语沟通能力；第五类是国际人文交流人才。"一带一路"在建设过程中沟通交流存在诸多困难，如何消除沿线各国在文化上的隔阂成为促进民心相通的重要议题；人才培养要服务于沿线国家的本土人才需求，我国已有非通用语专业的人才培养仍显不足，对翻译、文化、旅游、医疗、卫生、法律等方面的国际人文交流人才的培养，尚需要在互信互利的基础上加强合作意愿、完善合作方式。这五个方面为"一带一路"在中东欧的建设提供智力支持和人力资源保障。

四 "一带一路"中东欧中文人才要素分析

（一）培养理念

鉴于上述分析结果显示中东欧国家"一带一路"建设所需人才普遍为高层次人才，在政府决策和国家交往的层面应该充分发挥智库的智能，积极开展中文复合型人才的培养。美国和新加坡的例子可以作为借鉴，在美国特定的政治生态之中，美国智库的典型特点就是可以在政府官员与智库学者之间的有序流动，它是知识与权力最有效的结合。运作方式、功能定位都非常明确。近年来，以各级社科研究机构为代表的政府智库以及高校智库在政府的推动下呈逐渐增长的势头，但是民间智库占比很小，主要以行业数据为主，各类社会智库整体上也步入了蓬勃发展期。目前的情况来看，智库主要为政府决策提供咨询，甚至只是应国家政策设置的空头机构，在"一带一路"高端人才的培养上的功能尚未完全发挥。

这就需要作为人才培养主体的政府在教育运行机制上进行合理调控，在中文复合型人才的培养体系方面要保持开放的态度。师资团队建设上，借鉴美国和新加坡的方式，建设人才实践的平台，结合其自身优势，其对政策的研究才具有前瞻性与创新性；在管理上要采取国际通行的严格执行标准；教学和研究成果与国际社会保持同步性。政府要进行大量的资金支持，同时允许企业和社会投入，以保障智库在学术研究领域的客观性。

这些联合主体在管理运作和人才培养方面要保持相对的独立性，要创新管理机制，充分发挥自身优势，兼顾与高校管理和政府行政管理的特征并各取所长。在运作的形式上可以采用市场机制广纳人才，然后将他们置于政府现有政策研究项目中，在广泛的实践中更有针对性地高效培养，培养的人才和研究的成果又继续为政府所用，形成良性的循环。

"一带一路"中东欧中文复合型人才培养的根本目的就是服务政府,使政府的国际决策更加有效。

具体的人才培养执行过程也需要依托高校才能顺利进行,需要加强与高校的合作与交流,善用高校成熟的人才培养流程、良好的科研资源和科研环境,因此,在高端政策性人才培养方面,以智库为抓手培养人才需要依托高校,但又要与高校进行功能和界限上的区分。

(二)培养目标

"一带一路"建设是跨区域、跨国界、跨文化的环境下开展的,因此,"一带一路"中东欧中文人才培养的要义是实现中文全覆盖,培养学员拥有中文和其他方面的专业技能项。"一带一路"中东欧国家建设的顺利开展首先在于交流,通过交流达成理解和共识,再进一步发挥其专业技能方面的优势,共同服务于"一带一路"建设,其培养目标主要包括以下三类人才:

1. 高端研究型人才。在"一带一路"人才培养的主要目标中,负责政策沟通的高端研究人才主要由智库培养,由政府提供宏观方向和资金支持,影响公共决策。

2. 复合应用型人才。"一带一路"建设主要涉及基础设施、能源、科技等,中文覆盖下的复合应用型人才具有很大的需求量。

3. 基础实用型人才。"一带一路"建设需求量最大的就是基础实用型人才,他们是能胜任"一带一路"在沿线国家项目建设的基础人才,深厚的理论素养和专业知识对他们而言并非必须具备的素养,但这类技术型人才必须能熟练开展一线基础业务工作。

(三)培养内容

传统人才培养内容主要以学科划分为基础,培养学生某一方面的专业才能,例如语言学、文学、计算机等。各学科之间界限分明,人才培养的结果也是一专一能,这与"一带一路"建设所需跨学科的综合性人才有欠贴合性,因此需要进一步对培养内容、课程体系进行调整和革新,使之更加多元、更加贴近实际需求。

人才培养课程体系诸如课程设置和培养方案等要素,要充分考虑"一带一路"建设的实际需求,秉承理论和实践相结合的原则探索多维度的培养路径，以此来构建应用型课程体系内容。有别于传统高校人才课程体系所注重的探索性、理论性和学术性特征，课程内容的显著特征是注重应用性和实践性。同时发挥企业在人才培养中的需求反馈和实践性平台作用。注重语言类课程模块的作用，这样培养出来的才是中文复合型人才。

（四）培养方式

从宏观方面来说，"一带一路"中东欧中文人才培养方式主要有两种：复合型实用人才培养和基础实用型人才培养，无论哪种方式"中文"都是作为统领的要素出现的，两种方式其实都是中文复合型人才，只是根据"一带一路"建设需要在不同层面的表达而已。

1. 复合型实用人才培养方式

首先，可以采用案例教学的方式，同时依托企业进行实践教学；企业以市场需求为基础确立订单式人才需求方案，并为学生提供实习实训基地，可以培养学生分析和解决问题的能力，使高校更有针对性地为企业培养切合所需的人才。其次，要实现中文复合型人才的中外联合培养。

2. 基础实用型人才培养方式

"一带一路"企业所需这类人才可以通过短期培训进行。"一带一路"企业应该深植本土之根，培养的对象也是以沿线国家的当地人为主。短期培训和学历教育相比，受教育者不会受到工作、年龄家庭等诸多因素的影响，也可以是企业委托高校进行订单式培养。"一带一路"建设本身就是一个复杂动态自适应的过程，人才培养模式也会随环境的改变而改变。

五 "一带一路"中东欧中文人才模式构建

中国与中东欧 16 国在政策沟通、设施联通、经贸合作、资金融通和人文教育交流方面取得了令人瞩目的成绩，随着建设的推进，也产生了大量的人才缺口，"一带一路"建设需要人才提供支撑和后续力量。基于中国与中东欧国家的经济贸易、重大投资项目和教育交流等方面的大数据分析，进行清晰的培养路径阐述；最后综合构建出"一带一路"中东欧中文人才培养模式。以上文分析为出发点对该地区的人才需求进行系统分析，构建出切合"一带一路"所需的人才培养模式，为沿线国家政府、企业及高校进行人才培养提供借鉴参考。

"一带一路"中东欧地区各国的政治经济状况、社会结构组成和历史传统及文化存在差异，"一带一路"要在该地区成功建设，人才是最关键的要素，通过上文对这一地区人才需求的分析和"五通"视野下"一带一路"的人才素质分析。通过对文献的梳理和分析发现，中国高校传统的人才培养模式以单一型人才培养为主，对"一带一路"建设和社会发展需求反应相对滞后，新形势下很难支撑"一带一路"多主体、多层级的人才培养的要求，需要由政府、智库、高校、企业等组成的人才培养联合主体，在"一带一路"中东欧建设对人才真实需求的驱动下，通过协同合作、共商共建、资源共享等方式，分别开展高端政策型人才、复合应用型人才、基础实用型人才等不同层次的培养工作，他们之间是可以流动的，因此其人才培养模式也是开放的。

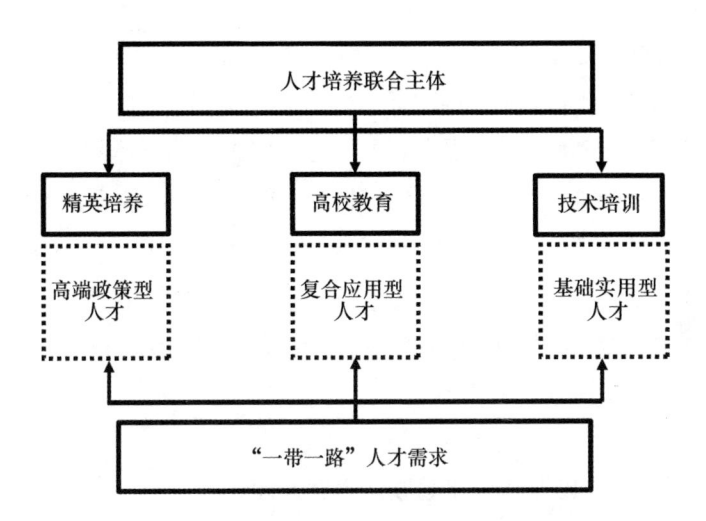

图 4-32　"一带一路"中东欧中文人才培养模式

在个人才培养模式中，高端政策型人才培养模式属于精英教育的范畴，可以由政府和智库主导来完成；复合应用型人才培养模式属于高校教育的范畴，可以由中外高校合作共同培养；基础实用型人才培养模式属于技术培训的范畴，可以由企业和高校共同协作完成。国际中文人才培养模式中的政府，不但包括中国政府，也包括中东欧国家的政府，以及联合国等国际组织，在人才培养的过程中他们负责提供宏观的政策支持和一定的资金扶持，同时在"共商、共建和共享"的原则下通过政策沟通协调人才培养的内容和方向。

如上文所述，在以精英教育为主的高端政策型人才培养模式中，政府和智库是人才培养的主体要素，并在政府的国际交往中得到实践，中国和中东欧国家之间高校进行合作，利用已有的设施条件和师资团队，发挥各自专业和区位优势，在以技术培训为主的基础实用型人才培养模式中，"一带一路"企业在跨文化的背景下培养切合其建设所需的基础性人才，实现"产学研"的紧密结合。这三种子模式是相互依存、不可分割，共同构成了"一带一路"中东欧中文人才培养模式的全貌。

第六节 "一带一路"独联体中文人才培养模式研究

本节首先阐述了"一带一路"倡议之下独联体国家人才培养状况，通过对独联体七国与中国的经贸投资合作大数据的搜集整理，分析出"一带一路"倡议下独联体国家对中文复合型人才的具体需求方向，并结合了现有的及中外合作办学现状，对"一带一路"倡议下独联体国家人才培养的目标、内容、方式和理念等要素进行详细分析，最终明确了多元化的人才培养目标、动态化的培养体系、层次化的培养过程、完善化的培养机制，通过层层递进的合作培养方式，构建出"一带一路"倡议下独联体国家中文人才的培养模式。

一 "一带一路"倡议下独联体中文人才培养

独联体的主要组成部分是苏联的加盟共和国，其协调机构设在白俄罗斯首都明斯克，在"一带一路"倡议的框架之下，独联体的有些成员国则属于中亚地区，而中亚地区有其自身大致相同的政治、经济、文化和资源特征，和中国"一带一路"建设合作的过程中亦有其最大公约数，前文已经详细的论述，故而本节所论的独联体国家是指"一带一路"沿线相邻七个沿线国家的统称，这七个国家包括俄罗斯、乌克兰、白俄罗斯、阿塞拜疆、格鲁吉亚、亚美尼亚和摩尔多瓦。这些国家不仅地理位置上相邻，在与中国的合作中也有一定的相似性，且商贸、教育合作逐渐增加。

2019 年的全球竞争力报告显示，独联体七国中除白俄罗斯外，其余六国均在全球前 86 名之内，俄罗斯联邦和阿塞拜疆分别排名第 43 位和第 58 位，全球竞争力较强，但乌克兰和格鲁吉亚则呈一定的下滑趋势。

表 4-23　独联体国家 2019 年的全球竞争力排名及较上一年变化

国家	总体得分	全球排名	名次变化	分数变化
俄罗斯	66.7	43	—	1.1
乌克兰	57	85	-2	—
阿塞拜疆	62.7	58	11	2.7
格鲁吉亚	60.6	74	-8	-0.3
亚美尼亚	61.3	69	1	1.4
摩尔多瓦	56.7	86	2	1.2

从图 4-33 对于全球竞争 4 个一级指标、12 个二级指标的具体得分情况可以看出，独联体七国在"经济稳定性"方面得分最高，达到 74.9 分，"健康和基础教育"项目评分也很高，达到 71.3 分，其次是"基础设施建设"和"人力资源的技术水平"，令人担忧的是独联体国家的"创新能力"指标项仅有 35.5 分，证明其创新能力普遍较低，并且市场的规模也不是很大。

表 4-24　独联体国家 2019 年的全球竞争力指标得分

项目	营商环境				人力资本		市场状况				创新生态	
子项目	社会制度和治理	基础设施建设	信息通信	宏观经济稳健性	人力资源健康	人力资源技能	商品市场	劳动力市场	金融系统	市场规模	商业活力	创新能力
分值	53.8	67.7	59.5	74.9	71.3	66.1	56.1	63.5	52	50.3	61.9	35.5

数据整理自：Global Competitiveness Report 2019。

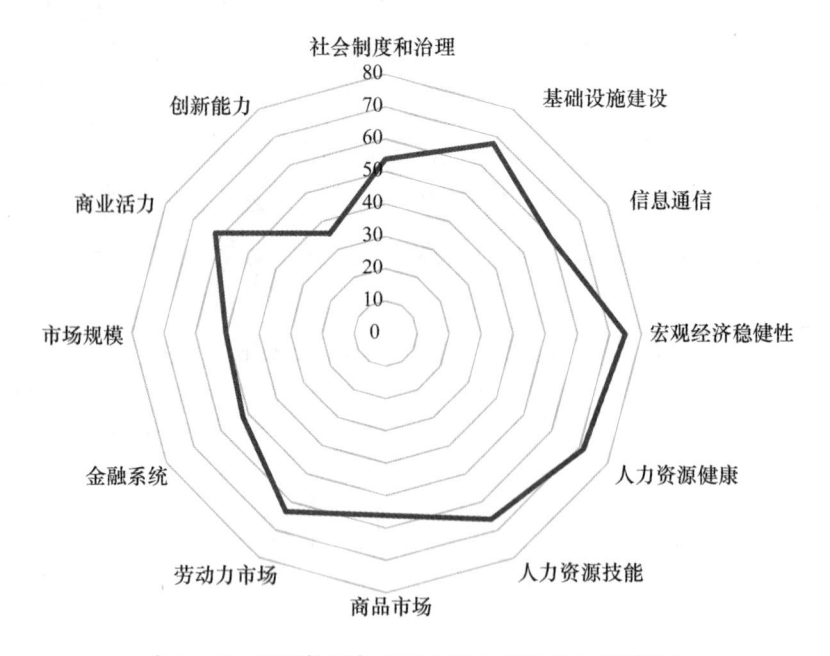

表4-33　独联体国家2019年的全球竞争力指标得分

2020年12月，中国与俄罗斯发表《中俄总理第二十五次定期会晤联合公报》，高度重视与大欧亚伙伴关系倡议。"一带一路"国别合作度中俄罗斯排名第一，经济贸易畅通度排名第二。[①] 市场规模排名全球第6位，技术应用排名第22位，"创新能力"排名也在全球的第32名。阿塞拜疆的世界竞争排名是第58名，排名最前的是"劳动力市场"，排名第23位，就业稳定程度高。其"产品市场"和"商业活力"排名第23位，基础设施建设相当完善，在全球比较中也是相当有竞争优势的。格鲁吉亚的"机构"和"劳动力市场"两个方面排名分别为第43位和第37位。亚美尼亚排名第69位，其相对排行较前的子项是"劳动力市场"排名第32位，"产品市场"排名第44位。摩尔多瓦近十年GDP平均增速3.8%，出口率达到了全球第44位，具有很大的发展潜力。

2021年，共建"一带一路"提出8年多来，得到越来越多国家和国

---

① 国家信息中心：《"一带一路"大数据报告（2018）》。

际组织的支持和响应，截至当年6月，已经与140个国家和32个国际组织签署206份合作文件。76大项的具体成果中，有11项与独联体七国有关，如表4-25所示。在这些合作协议中，除了经贸领域的合作，也加强了在技术领域、基础设施与运输以及教育等方面的合作。

表4-25 中国与独联体七国"一带一路"国际高峰论坛成果清单

国家	签署协议
俄罗斯	1. 关于化中欧班列合作协议
	2. 关于加强标准合作，助推"一带一路"建设联合倡议
	3. 中俄地区合作发展投资基金
	4. 教育领域合作文件
白俄罗斯	5. 国际运输及战略对接协定
	6. 关于深化中欧班列合作协议
	7. 经贸合作协议
	8. 关于加强标准合作，助推"一带一路"建设联合倡议
	9. 工业园、输变电、风电、水坝、卫星、液压器厂等项目贷款协议
	10. 中国出口信用保险公司同业机构合作协议
乌克兰	11. 标准、计量、认证认可等国家质量技术基础领域合作协议
阿塞拜疆	12. 经贸合作协议
	13. 标准、计量、认证认可等国家质量技术基础领域合作协议
	14. 化工、冶金、石化等领域产能合作融资合作协议
格鲁吉亚	15. 经贸合作协议
	16. 中国-格鲁吉亚自贸协定文件
亚美尼亚	17. 经贸合作协议
摩尔多瓦	18. 关于结束中国摩尔多瓦自贸协定联合可研的谅解备忘录

数据整理自"一带一路"国际合作高峰论坛成果清单。

二 "一带一路"经贸投资大数据下的独联体人才需求分析

（一）"一带一路"中国—独联体经贸大数据分析

"一带一路"倡议下这个与独联体各国的进出口贸易额如表4-26所示：

表 4-26　　　2014—2018 年中国与独联体国家的贸易额　（单位：千美元）

国家	类别	2014 年	2015 年	2016 年	2017 年	2018 年
俄罗斯	出口	53676944	34756877	37339601	42830600	48005203
	进口	41593505	33258663	32260148	41390293	58887066
乌克兰	出口	5106229	3515713	4216953	5040645	7025517
	进口	3483544	3555798	2490795	2339642	2635776
白俄罗斯	出口	1110594	748901	1090019	933362	1145353
	进口	738277	1010810	435189	515384	570989
阿塞拜疆	出口	645253	439145	345883	386971	516278
	进口	297063	222904	412082	577454	382090
格鲁吉亚	出口	908676	768675	745244	912619	1102603
	进口	53111	43785	53564	67591	53914
亚美尼亚	出口	122809	112400	111083	143852	213134
	进口	167173	208972	280618	302677	313972
摩尔多瓦	出口	15205	99955	76628	97916	108656
	进口	24793	21471	24372	33964	38426

数据整理自中华人民共和国国家统计局；trademap。

就 2018 年"一带一路"经贸大数据而言，从总体上看，中国与独联体国家贸易持续增长且长期保持贸易顺差，俄罗斯是中国在这一地区最大的贸易伙伴，其贸易额达到了 841.9 亿美元，贸易在东欧地区占比 52.2%。其次是乌克兰，贸易在东欧地区占比 13.2%。

2018 年中国对俄罗斯的出口额为 480.0 亿美元，占中国对整个东欧地区出口额的 43.6%；中国对俄罗斯的进口额为 480.0 亿美元 588 亿美元，占中国对整个东欧地区进口额的 65.8%。商品结构上来看，出口商品较为分散，以电机和电气设备为主，进口商品则比较集中，以矿物燃料为主，其中 99.8% 来自俄罗斯。

(二)"一带一路"中国对独联体投资大数据分析

根据商务部、国家统计局公布的《2021 年中国对外直接投资统计公报》，中国在 2020 年度对独联体国家的投资流量除阿塞拜疆外整体上呈上升态势，其中中国对俄罗斯直接投资存量 120.71 亿美元，占欧洲地区投资存量的9.9%,在俄罗斯联邦设立近1000家境外企业,雇用外方员工超过2.2万人。

中国对独联体国家投资量占绝对的优势,"一带一路"合作项目从农、林、牧、渔和能源开采业逐渐转向交通运输等基础建设方面。

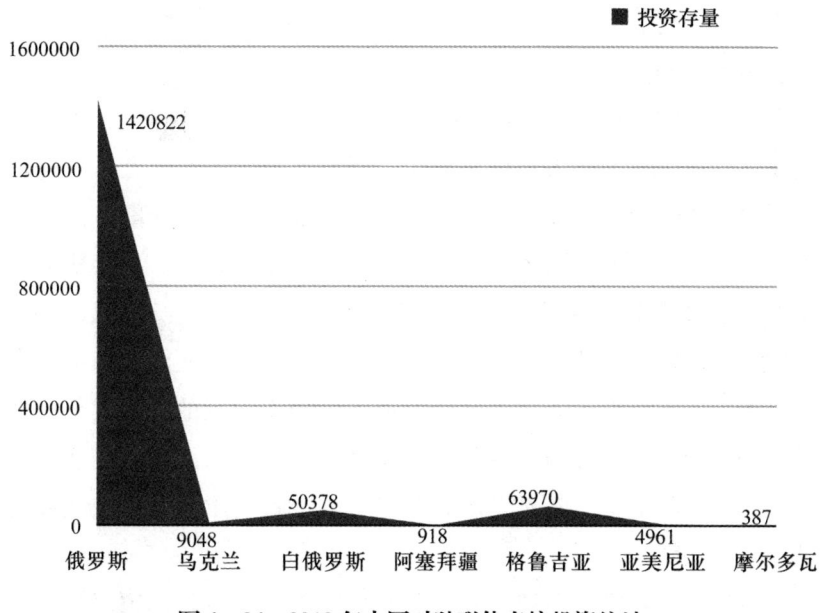

图4-34 2018年中国对独联体直接投资统计

"一带一路"倡议下中国同独联体七国的项目合作逐渐增多,这些合作项目主要集中在能源开发利用、基础设施建设、物流交通建设以及农、林、牧、渔产业等方面。独联体七国的能源储备和地理位置都较为重要,为更好地进行能源合作,需要先解决物流和交通运输等基础设施建设问题,公路、铁路和港口等基础设施建设合作前景广阔。

综上所述,独联体七国所处地理位置非常重要,这些国家的特点是竞争力强、社会环境稳定、能源资源无比丰富,同时高等教育保持较高水平,所培养的人才相对集中,能源等专业性的后备人才准备充足。独联体七国在"一带一路"语境下与中国合作的意愿比较强烈。然而就现实而言,独联体国家之间存在较大的发展差距,也面临着错综复杂的政治问题，有些国家的基础设施建设还不完善，因此其与中国合作主要集中在基础设施方面，能源行业位居其次，目前来看双边合作的方式比较单一。这些国家在人才政策方面严格控制人才入境，造成了这一地区高技术人才短缺和创新能力不足的问题，但是从另一方面来看，这正为"一带一路"倡议下中国和独联体国家精诚合作、共同培养"一带一路"所需的人才创造了条件和机遇。

（三）"一带一路"独联体中文人才需求分析

"一带一路"倡议下中国与独联体七国的合作主要集中在能源和技术两大领域，其所需要的人才也集中在这两类；从人才素质上看具有较大优势，这也体现了独联体七国现有的人才特征。目前，独联体七国既有的高等教育以培养能源人才为主，中国对人才需求量最大，其所需人才根据中国独联体七国的重点发展项目转变而发生转变。通过数据分析，显示目前这一地域除缺乏经贸人才外，更需要具有中文能力和综合素质的能源类、技术类专业人才。这些国家可以利用中国的技术优势，在能源采集、存储和输送方面发挥优势，通过智能电网系统、无线能量传输等方法实现能源配送；尝试发展太阳能、风能和潮汐等可再生能源行业领域。

稳定的教育发展生态和高质量的教育环境使得独联体国家基础性教育事业发展较好，"一带一路"倡议下独联体国家需要的是精通中文、熟悉国际规则、具有较强跨文化交际能力的专业化人才。对人才的心理素质也有很高的要求，也就是本书所提出的"一带一路"国际中文人才，其综合素质包括语言能力、创新能力和管理能力等。因此，中国和独联体国家可以通过具体的中外合作办学的方式增强双方的教育合作，共同培养出切合"一带一路"建设所需的中文复合型人才。

三 独联体中文人才培养模式要素分析

（一）培养理念

中央签发的人才文件以及独联体七国的实际发展水平决定了这不是中国和独联体国家高等院校之间的简单合作，而是"一带一路"需求下双方在中文人才培养上的相互合作，形成了人才培养的完整系统。这种培养模式打破了传统高校人才培养格局，使他们在传统培养方式之外有更多的选择，"一带一路"倡议下的中外合作进行人才培养，不但使人才的培养更有针对性，也为"一带一路"建设提供人才支撑。中国和独联体双方院校与相关企业的精诚合作，着力提升学生的中文水平和专业技能，通过企业平台将所学最大限度地应用到实际工作中。

（二）培养目标

"一带一路"重点建设的"五通"涵盖了建筑、交通运输、能源资源、信息通信和金融等行业。从数据分析和文献整理发现，独联体七国与中国的合作目前主要聚焦在能源资源行业、建筑行业以及交通运输行业方面。尽管不同行业对专业技术人才需求要素不同，但他们对人才素质的要求存在交集，其最大公约数就是国际视野、中文水平和跨文化交集能力。

在"一带一路"建设的进程中，独联体国家会优先与中国合作开展基础设施建设、能源开发和交通运输方面的合作，再根据各国发展特点有计划有步骤地拓宽合作领域。目前中国与独联体七国的中外合作办学培养目标是在语言、能源行业的复合实用型创新型人才。

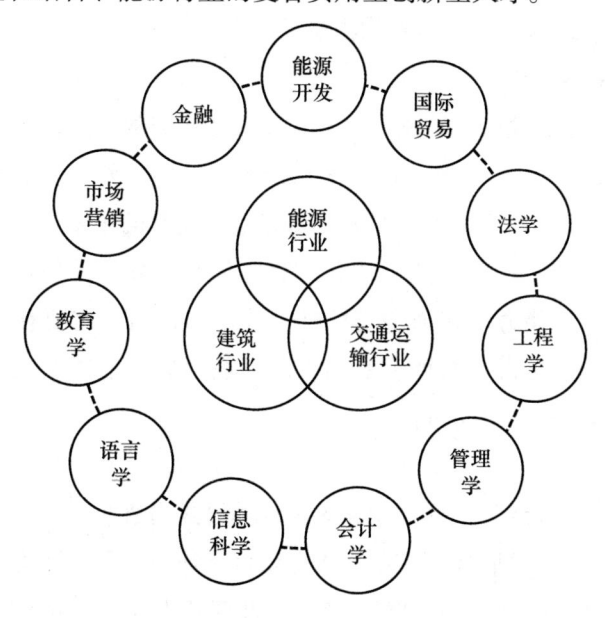

图 4-35 独联体国家人才需求行业统计

（三）培养内容

具体到人才培养的课程设置方面，应强化作为"一带一路"共通语的中文的位置。目前中外合作办学存在只有俄语而无中文专业的状况，这与"一带一路"倡议下中外合作办学的要求是不相符合的。"一带一路"所需的中文复合型人才其专业素质方面在独联体国家体现为与能源相关专业。除了必备的中文水平和跨文化交际能力之外，能源行业对人才素质的要求主要包括专业能力、认知能力、资源管理能力、解决复杂问题能力、适应和应变能力等。其对技术型人才的需求量更大。专业设置方面，工科数量遥遥领先，以工程类、城市建设类、医学类和管理类为主要的专业设置领域；艺术、理科、经济学、管理学紧随其后，文学、历史、哲学等文科专业的设置较少。

（四）培养方式

"一带一路"倡议下中国与独联体七国进行人才培养的主要方式是合作办学，目前独联体七国与中国的中外合作办学项目共122个，这是"一带一路"倡议下主要人才培养方式之一。从微观方面而言，中外合作办学不仅可以缩小中外办学机构办学水平差距、完善学科设置，更重要的是可以有效地保证人才培养的质量。

（五）培养评价

"一带一路"独联体国家中文复合型人才培养的质量需要国际化、标准化的评估，在对"一带一路"中文复合型人才进行评估和检验的同时，"一带一路"企业的反馈也是对人才培养质量提升的重要参考。关于人才的评估方式，在"一带一路"中国—独联体合作办学的环境下，需要人才的多元化、多能力培养为主要标准，人才的评估还需要在实践中进行检验，最重要的是人才的评价要纳入国际通用的评估体系之中，需要在国际范围内取得广泛的认同。

四 "一带一路"独联体中文人才培养模式构建

"一带一路"独联体国家中文人才培养是通过中外合作办学的方式来实现的，需要根据"一带一路"建设需求调整人才供需结构，优化人才培育模式，聚焦中文复合型人才的培养。"一带一路"倡议下的中外合作办学是专业化基础上的国际化人才培养。其优势在于通过中外高校的交流，实施"国际化+本土化"人才培养模式，更好地服务于"一带一路"建设。本书根据"一带一路"倡议下独联体七国对建设人才的需求，立足中国目前与独联体国家合作办学的实际状况，提出了中外合作办学环境下的"一带一路"独联体中文人才培养模式，如图4-36所示。

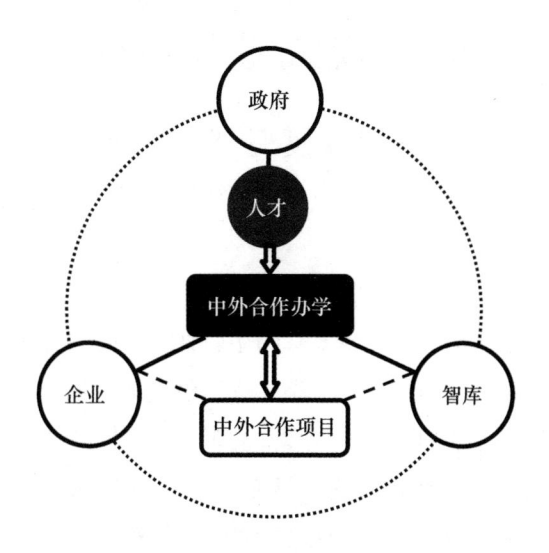

图4-36　"一带一路"独联体中文人才培养模式

必须指出的是，中国与独联体七国合作办学模式以中外合作项目为抓手，以合作办学为人才培养平台，在"一带一路"倡议下，协调中国和独联体国家政府、建设企业和研究智库等培养主体，培养切合"一带一路"在独联体国家建设所需的中文复合型人才，这不但是本书研究的主要议题，也是未来实践的方向，需要进一步发展和完善。

"一带一路"与沿线各国的政治经济往来和文化交流合作带动了双方教育合作的长足发展。"一带一路"倡议下的国际化中文人才培养，强调的是在跨文化的场域内，以中外合作办学的形式培养更具国际视野和国际竞争力的中文复合型人才，从而满足"一带一路"建设所需。因此，独联体七国与中国的合作办学中，需要从独联体各国与中国的合作项目入手，发挥本区域优势，重点突出各国所需，从需求出发进行人才培养。

第五章

"一带一路"国际中文人才培养模式微观研究

——以印度尼西亚为例

"一带一路"所涉及的至少65个国家中以发展中国家为主，这些国家具有不同的政治文化背景，"一带一路"语境下它们都在历史上与中国有着某种的渊源关系，现实中与中国的经贸合作日渐密切。如果在这些国家中找一个代表，那么首先它应该是与中国有着渊源关系并且有共建计划的发展中国家；其次，其与中国有着非常密切的经贸合作往来；最后，其体量应该比较大，文化上的大体量能代表"一带一路"沿线国家多元文化的丰富性，经济上的大体量保证了与中国合作的潜力和发展空间，也保证了"一带一路"国际中文人才培养的意义。从这些因素出发，印尼是最具有代表性的国家，不仅是发展中国家，也是东盟的首脑国家，其所提出的"海洋支点"战略正契合"一带一路"建设愿景，并且有意愿与中国共建"一带一路"。不但如此，印尼有2.64亿人，文化丰富，与中国的经贸往来在"一带一路"国家中名列第八，其基础设施需要中国进行大规模的投资建设，对中文复合型人才有着巨大的需求。因此，选择印尼作为"一带一路"国际中文人才微观模式研究的对象是比较有代表性意义的。

本章首先阐述"一带一路"倡议下印尼中文人才培养的政治环境及语言政策和教育现状等，再通过梳理中国和印尼经贸投资大数据分析出印尼中文人才的需求分布和需求特征，然后通过对企业进行访谈调查出

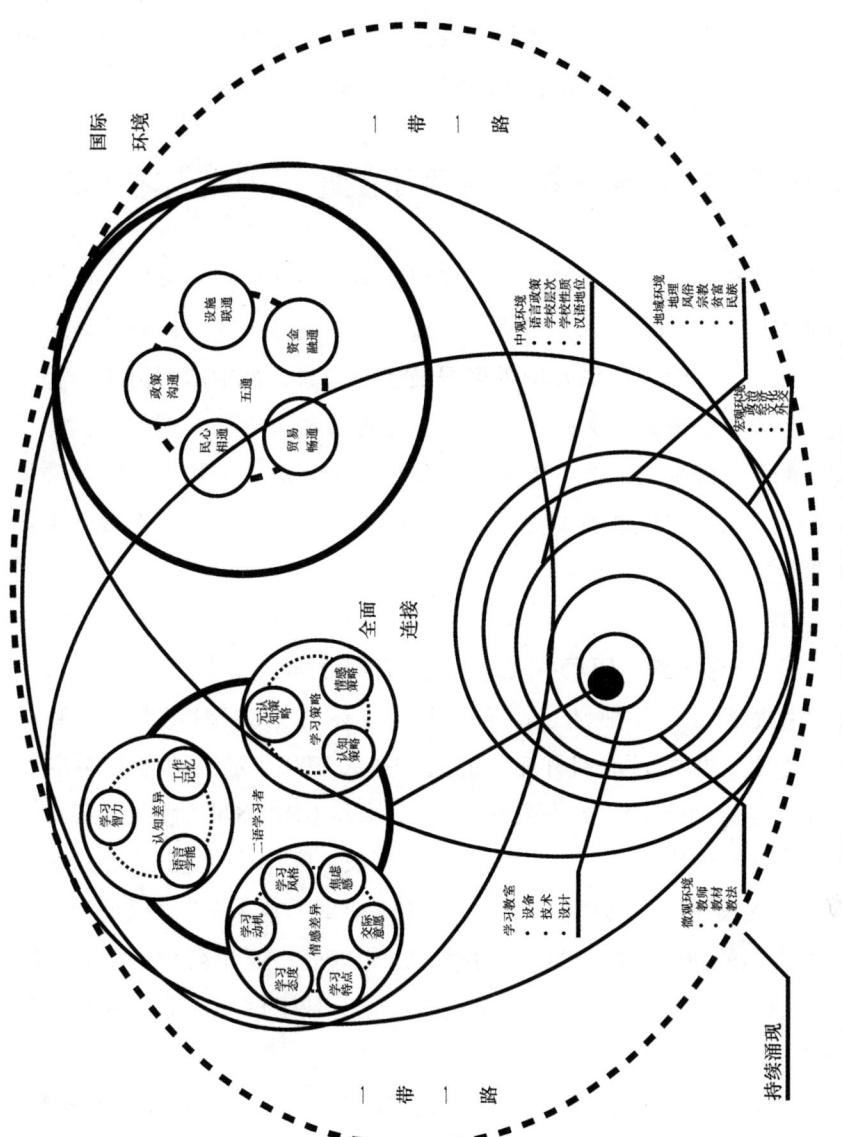

图5-1 "一带一路"中文人才微观培养模式要素关系

"一带一路"人才的真实需求类型，对学习者进行问卷调查，分析出学习者的特征，完成人才培养模式的要素分析；最后根据这些要素特征构建出"一带一路"印尼中文人才培养模式，窥一斑而知全豹，从中可以投射出"一带一路"国际中文人才国别化培养模式的全貌。

第一节 "一带一路"倡议下的印尼中文人才培养

作为东南亚最重要的国家，印尼扼太平洋与印度洋之要冲，以其关键的地理位置、2.64亿的人口规模以及广阔的腹地成为东盟经济体的主导国家之一，同时也是华人华侨聚居最多的国家，被中国列为中国外交的优先方向。印尼的中文教学、中华文化传播和人才培养工作也经历了升温、断层和蜕变，正处在转型期的印尼因为宗教、文化、民族等独特性，中文作为第二外语教学有着显著的差异化特征，语言教育教学工作的开展更需要注重其差异化。

一 "一带一路"印尼中文人才培养背景分析

印度尼西亚位于亚洲东南部，实际拥有大小岛屿 17508 个，称为"千岛之国"，印尼目前拥有庞大的人口基数，2019 年统计为 2.642 亿，国内生产总值（GDP）占世界的 2.59%，人均 GDP 3870.6 美元，近十年来平均每年经济增长率 4.8%，虽然经济增长速度比较稳定，但是印尼的失业率依然维持在较高的位置，2019 年失业率达到 4.3%。根据世界经济论坛发布的 2019 年全球竞争力报告，印度尼西亚排名世界第 50 位，得分 64.6 分，较之于去年下降 5 个名次，分数下降 0.3 分，其具体指标如图 5-2 所示：[1]

在社会环境、人力资本、市场状况和创新生态 4 个一级指标和机构、技术采用、市场规模、商业活力、创新能力、产品市场、经济稳定、基础设施、健康、工人技术、劳动力市场、金融体系 12 项二级指标的全球评分中，印尼整体上表现良好，其中市场规模指标一项全球排名第 7 位，

---

[1] 世界经济论坛：《2019 年度全球竞争力报告》。

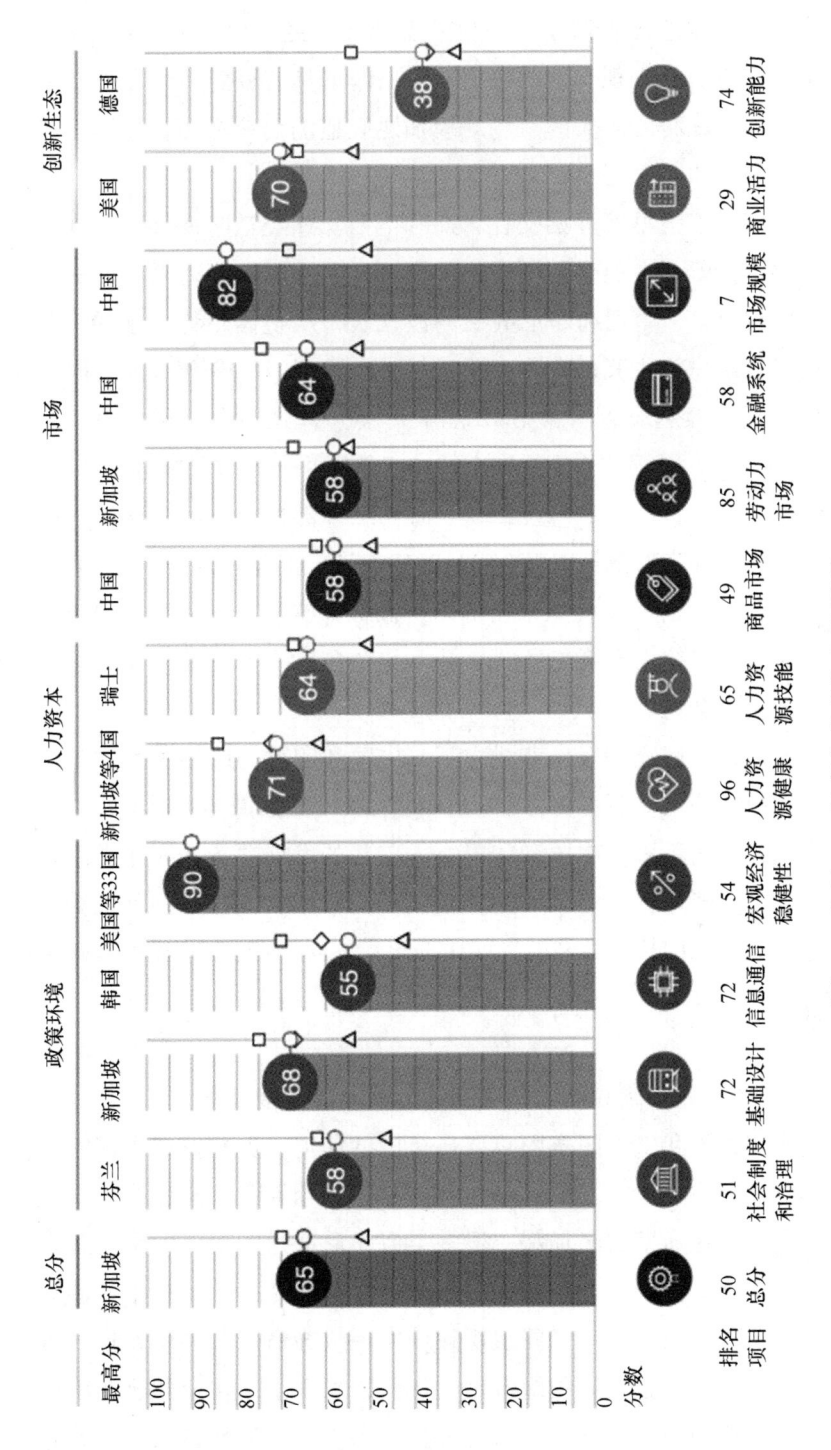

图5-2 印尼2019年度全球竞争力指标图

商业活力以上全球排名第 29 位；其在产品市场、经济稳定和金融体系 3 个指标上亦有不俗的表现，这些数据显示出印尼具有稳定而可靠的发展环境，来自人口红利的巨大的市场规模加之旺盛的商业活力，使印尼成为最具发展潜力的国家之一。

中国与印尼于很早就开始交往，郑和下西洋途经爪哇海峡，即是今天的印尼领土，留下了很多两国交往的事迹，是两国文化往来的历史见证。进入现代以来，中国和印尼关系一波三折，从整体趋势上来看，两国关系已经走出民族主义的阴影，关系越来越紧密。2018 年 8 月，时任国务院副总理孙春兰应邀出席第 18 届亚运会开幕式并会见印尼总统佐科。2018 年 9 月，全国政协副主席李斌访问印尼并会见印尼国会领导人。2018 年 4 月和 10 月，印尼总统特使、海洋统筹部长卢胡特两次访问中国，国务委员兼外交部部长王毅会见。2018 年 11 月到 2019 年 4 月期间，外交部副部长孔铉佑五次会见来访的印尼高级外交官代表团。2019 年 4 月，印尼副总统卡拉出席第二届"一带一路"国际合作高峰论坛，中国国家主席习近平会见。

总而言之，全球经济合作背景之下，中国和印尼的政治关系趋于常态化，经贸投资往来日渐密切，"一带一路"建设虽然遭遇一些波折，但是总体向前，从长远看，中国和印尼有着广阔的发展前景，人才需求缺口越来越大，培养适合"一带一路"建设的国际中文人才是当前极为迫切的任务，因为两国长远的经济发展在于此，"一带一路"建设的成败也在于此。

二 "一带一路"倡议与"海洋支点"战略的对接合作

作为东盟大国和二十国集团重要成员国的印尼，也是发展中国家中的中等强国，在世界经济发展区域化和全球化的今天，贸易保护主义逐渐抬头，全球治理赤字逐渐加深，很多类似印尼这样的发展中国家逐渐失去自己在全球事务中的发言权，鉴于此，以印尼为主导的东南亚国家组成国家联盟，从松散的国家间组织逐渐发展成为命运共同体，这些国家以其重要的地理位置发挥地缘政治的优势，确立了其在全球事务中的话语权。新时期中国和印尼的政治经济合作和文化交流是在这样的背景之下开展的，因此，两国之间的贸易投资合作都是在充分考量自己的利益基础上进行的，双方的合作也真正体现了"一带一路"倡议中"共商、共建、共享、共赢"的宗旨。

建设"21世纪海上丝绸之路"倡议是习近平2013年访问印尼时首次提出的，出于自身发展考虑，同时作为对"一带一路"倡议的回应，佐科·维多多作为印尼总统新上任不久便提出"全球海上支点"战略，战略基本内容分为五大支点：复兴海洋文化、保护和经营海洋资源、发展海上交通基础设施、进行海上外交、提升海上防御能力等，这使"一带一路"倡议下与印尼在经贸与投资方面合作潜力巨大。[①]

与此同时，印尼对"一带一路"倡议的负面认知是植根于历史的现实存在，负面认知在佐科政府的政策体现是对我国政策的模糊性，中国和印尼合作共建"一带一路"面临的持久难题是如何超越精神文化层面的负面认知问题。[②] 这一现象也反映了印尼精英阶层在战略合作与战略防范间徘徊，这是他们对"一带一路"倡议的认知悖论，印尼在战略合作意志上的高度脆弱性，他们对于中国和印尼贸易的相对收益有误判，最后的结果是他们采取精神内核并不统一的策略：与中国合作时保持积极的战略与谨慎的战术，这也造成了日后中国与印尼合作过程中的曲折和障碍。

其实，印尼的发展道路有其内在的逻辑一致性，早在苏西洛时期印尼就顺应美国等国家提出的"印太"概念并加以改造，成为具有印尼特色的"印太"战略，主要包括重建国家间信任、维护地区和平、避免冲突和战争以及实现该地区可持续经济增长与发展两方面内容。2014年佐科政府上台后，重新重视"印太"并推出了具有印尼特色的"印太愿景"，这是印尼基于国家利益考虑、区域合作现实以及国际战略重心转移大背景等因素综合作用的结果。当前，佐科政府主要以维护东盟中心地位为根本支撑，以环印度洋区域合作联盟为重要抓手，通过加强与美日

[①] 吴崇伯、张媛：《"一带一路"对接"全球海洋支点"——新时代中国与印度尼西亚合作进展及前景透视》，《厦门大学学报（哲学社会科学版）》2019年第5期。

[②] 王勇辉：《印尼对"一带一路"倡议的负面认知与我国的应对》，《国际论坛》2018年第4期。

印澳等大国的接触来推进实施其"印太愿景"。① 印尼的"海洋支点"战略也是印尼"印太愿景"的延续和外在表现。

因此,在这一背景下,中国"一带一路"的推进必须清晰地认识到这一问题,在重视双方合作机遇的同时,更应认识和仔细研判其所带来的挑战。印尼是中国"一带一路"建设的重点国家,中国则是佐科政府推动经济改革发展议程的重要外部国家,这一现实构成了中国和印尼两国战略对接的重要基础。当前中国给予佐科政府高度的重视,然而从一年多的执政实践来看,佐科政府仍面临着相对严峻的国内政治环境。佐科推动的经济改革进程面临着传统寡头政治、反对党控制的国会、地方自治导致的政令不畅等结构性难题,② 从承诺和设想到真正执行还需要相当长的时间和复杂的过程,需要认真面对和考量。

虽然现实的政治考虑如此,毕竟印尼"全球海上支点"计划与中国"一带一路"倡议有着高度的契合性,该战略为深化中印尼双边关系、拓展经贸合作注入了新动力、提供了新平台。随着印尼经济体量的不断增长,中印尼的经贸合作也在不断提速,给人才培养带来了巨大的机遇,在此背景之下的"一带一路"印尼中文人才培养必须注重"顶层设计"工作,包括两国政府、"一带一路"相关企业等组成人才培养的主体,必须在达成充分理解的基础上共同推进,时刻保持戒慎恐惧之心,这样才能取得成效。

三 印尼"一带一路"中文人才培养及语言政策

印尼的华文教育及语言政策随历史上两国关系的状况经历了兴衰起伏,而当代印尼的华文教育从1990年中国和印尼恢复邦交开始。根据印尼2009年7月颁布生效的《国旗、国语、国徽及国歌法》,印尼的语言可分为国民语言、官方语言、地方语言和外国语四种。这就从法律的角度上界定了印尼华语的地位和功能,这将对华语教学产生深远的影响。

---

① 韦红、李颖:《印尼的"印太"构想:特征、动因、影响及中国应对》,《印度洋经济体研究》2019年4月。
② 周玉渊:《佐科时期"一带一路"在印尼推进面临的挑战与对策分析》,《太平洋学报》2016年第10期。

经过艰难民主进程的印尼虽然从法律上承认印尼华人作为一个民族合法存在，按照其法律和教育政策的规定，华语并不属于印尼国家内部的民族语言或地方语言，华语的地位和功能均属于外语。因此，为了确保华语教学在印尼的可持续发展，印尼华语教学主要属于第二语言教学，这将影响印尼华文教学的顶层设计及实施。①

根据庄国土的研究以及印尼华人华侨人数的最新统计结果，截至2019年印尼华人华侨数量超过1000万，占印尼总人口的5%左右，这样庞大的体量和他们对华语的天然亲近感遮蔽了我们对印尼整体华文教学现状的判断。长期以来，对印尼华语文教育的研究存在着将华语教学与国际中文教学相混淆，将华语教学枯木逢春的热烈情怀延伸到国际中文教学的场域。②

事实上，印尼国民学校对华语文教育的定位比较清晰，但是就整体而论，中文作为第二语言教学在印尼还处于一种相对弱势的地位，尽管印尼政府2001年颁布法令，允许任何机构或个人不受任何限制地兴办外语学校，HSK考试也同步开展；作为一项政策，中文作为选修课进入到各中小学，但是由于师资缺乏及其他原因，真正在国民学校开展中文课的数量不多；与此同时，作为华人着力兴建的三语学校，使用印尼语、英文和中文授课，中文每天两节课，占总课时的1/4左右，但是数量上并不占多数，以印尼第三大城市万隆为例，几十所中小学之中，三语学校仅有3所，开展中文系的大学只有2所；作为课堂辅助的中文补习班大大小小几十个，人数从两三千人到几人不等，无论从数量上还是规模上都远胜于正规学校教育，倒呈现了一种可喜的景象。

所以，从这个角度而言，"一带一路"国际中文人才培养工作仍处于一种弱势的地位，无法与英语、日语等强势语言相颉颃，但是在印尼倡导多元文化共生共荣与中文国际传播的宏大叙事背景下，"一带一路"国际中文人才培养尽管在取得权威地位上任重而道远，但仍有很大的发展潜力。

---

① 卓宥佑、吴应辉：《印尼华语的法律地位对华语教学的影响》，《南洋问题研究》2018年第4期。

② 庄国土：《21世纪前期海外华侨华人社团发展的特点评析》，《南洋问题研究》2020年第1期。

第二节 "一带一路"中国—印尼经贸投资大数据分析

一 "一带一路"中国—印尼经贸大数据分析

中国在印尼对外经贸关系中占有比较重要的地位，近年来双边投资贸易合作呈快速上升的趋势。中国—东盟自贸区已于2010年1月1日全面启动，2016年7月，中国—东盟自贸区升级版议定书正式生效，双边贸易投资自由化和便利化程度进一步提高，中印尼经贸关系发展面临着历史性机遇。2020年11月15日，区域全面经济伙伴关系协定（RCEP）签署，当前世界上人口最多、经贸规模最大、最具发展潜力的自由贸易区启航。目前，中国政府已正式核准RCEP，中国与印度尼西亚的经贸合作由此站上新的历史起点上。

据商务部亚洲司主管国别贸易2021年统计数据，2020年1—12月，中国和印尼贸易额783.7亿美元，同比下降1.7%。其中，中国对印尼出口410亿美元，自印尼进口373.7亿美元，同比分别下降10.2%和增长9.5%。对印尼投资方面，2020年1—12月，中国企业对印尼全行业直接投资19.8亿美元，同比增长86.5%。印尼对中国投资方面，2020年1—12月，印尼对华投资1334万美元，同比增长7.4%。工程承包合作方面，2020年1—12月，中国企业在印尼新签工程承包合同额119.2亿美元，同比下降15.3%；完成营业额71.2亿美元，同比下降18.2%。

表5-1　　　　2014—2020年中国—印尼商品进出口统计　　（单位：千美元）

类型	2014年	2015年	2016年	2017年	2018年	2019年	2020年
进口	24485247	19886194	21414036	28574306	34154685	34060000	37370000
出口	39059606	34341965	32117495	34757385	43246345	45600000	41000000

印尼自中国进口的主要产品分别为锅炉、机械器具及零件、电机、电气、音像设备及其零附件、钢铁、钢铁制品、车辆及其零附件、船舶

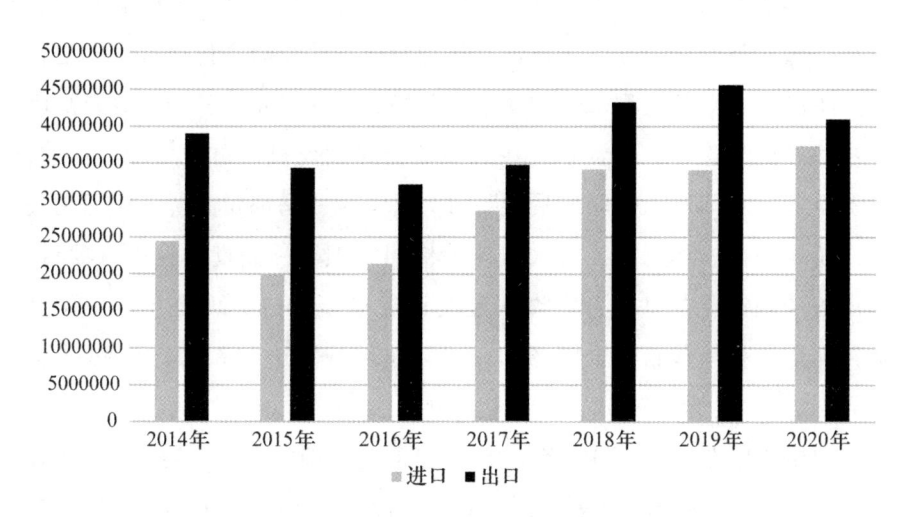

图 5-3 2014—2020 年中国—印尼商品进出口统计（单位：千美元）

及浮动结构体、贵金属的化合物、棉花、化学纤维长丝、针织物及钩编织物、有机和无机化学品、塑料及其制品、涂料、油灰、家具、灯具、活动房、蔬菜、食用水果及坚果、烟草及烟草代用品的制品、矿物燃料、矿物油及其产品沥青、铝及其制品、光学、照相、医疗等设备及零附件、橡胶及其制品、肥料、纸及纸板；纸浆、纸或纸板制品、陶瓷产品、玻璃及其制品；等等。向中国出口的主要产品分别为矿物燃料、动植物油脂、塑料、橡胶、化工产品、纤维素浆及纸张、木及制品、纺织品及原料、机电产品、贱金属及制品、活动物及动物产品、食品、饮料、烟草、植物产品、鞋靴、伞等轻工产品、光学、钟表、医疗设备、运输设备，等等。

二 "一带一路"中国—印尼投资大数据分析

世界银行《全球营商环境报告》的排名从 2015 年的第 106 位持续提升至 2020 年的第 73 位。在中国对外投资快速发展的背景下，印尼已成为中国企业对外投资的"热土"。面对新冠疫情的不利影响，2020 年中国对印尼直接投资逆势增至 48.4 亿美元，同比增长 2.1%，连续两年成为印尼第二大外资来源国。中国对印尼投资包括矿冶、电力和基础设施、制造业、数字经济、农渔业及其他广泛领域,为提升印尼制造业水平及增加就业作出了巨大贡献。基础设施合作持续高位运行。印尼长期是中国企业对外工程承包的前十大市场之一。近年来,印尼政府高度重视基础设施建设,中资企业在其中积极寻找商机、贡献力量。目前,中资企业已在印尼承建印尼最大跨海大桥泗水—马都拉大桥、印尼最大钢拱桥塔园桥、印尼第二大水坝佳蒂格德大坝等一大批建设重点项目,印尼首条高铁雅加达—万隆高铁建设正在稳步推进。2020年,中国企业在印尼工程承包新签合同额和完成营业额分别达119亿美元和71亿美元。

根据印尼方统计,2019年,中国在印尼实际投资47亿美元,位列印尼第二大外资来源国。当前,到印尼寻求投资合作的中国企业不断增多,涉及领域日益广泛,大型投资项目不断涌现,中国对印尼投资主要领域包括矿冶、农业、电力、地产、家电与电子和数字经济等。据中国商务部统计,2019年,中国对印尼直接投资流量22.2亿美元,截至2019年年末,中国对印尼直接投资存量151.3亿美元。[①]

据中国商务部统计,2019年中国企业在印度尼西亚新签承包工程合同1295份,新签合同额140.81亿美元,完成营业额87.05亿美元。累计派出各类劳务人员18356人,年末在印度尼西亚劳务人员24983人。新签大型承包工程项目包括中国葛洲坝集团股份有限公司承建印度尼西亚卡扬A水电站项目;中国水电建设集团国际工程有限公司承建印度尼西亚卡扬河1级900MW水电站项目;上海电气集团股份有限公司承建印度尼西亚巴厘岛2400MW燃机联合循环电厂项目等。中国企业在印尼主要投资和承包的项目有:风港电站、达延桥项等工程项目,爪哇7号、南苏1号等一大批电站建设项目,以及青山镍铁工业园、西电变电器生产项目等。随着这些项目的推进,"一带一路"背景下相关企业对人才的需求将会一直持续增加,这就为"一带一路"倡议下的人才培养提供了客观的物质基础和时间准备。

---

① 商务部:《对外投资合作国别(地区)指南之印度尼西亚》,2020年版,第24页。

第三节 "一带一路"印尼中文人才培养要素分析及模式构建

本节着重探讨基于在地化视野下印尼国际中文传播特征研究的"一带一路"印尼中文复合型人才培养要素分析，通过对印尼特殊的国情、地情和民情特征，着重论述在地化教学的必要性和可行性。培养理念方面，需要培养能融入多元文化，具备开放包容的心态的中文人才。培养目标方面，建立在印尼自身建设需要的基础之上的，"一带一路"国际中文人才培养不仅要满足国家和个人发展的内在需要，还要在"一带一路"倡议下通过需求驱动选择中文、学习中文和使用中文的动机。培养方式方面，不仅需要宏观层面的国别化、在地化培养，还需要在微观层面进行培育，例如更新教学方法，广泛运用新媒体等。培养内容方面，建立起能全方位、多维度的国别化中文教材评价指标体系，将教学设计、内容安排、学习效果、教师支持等各因素纳入该体系内，必将使国别化中文教材的编写更具规范性、科学性，提高其编写效率与使用效果。培养评价方面，需要建立国际化的第三方质量评估机构，建立人才评估资质认证标准体系，规范引导人才质量评估行为。最后通过对印尼中文学习特征进行调查分析，完成印尼中文人才培养模式主要组成部分的构建。

根据上述对"一带一路"背景下印尼中文复合型人才培养要素的探索，可以得知印尼目前需要大量的基础技术型人才，这些人才是在"一带一路"的语境下开展工作的，中文则是其必需的交际语言，这些正是印尼中文复合型人才培养模式构建的出发点。由政府、高校、企业等组成的人才培养联合主体，以全球观为人才培养理念，以"一带一路"建设需求为目标驱动，以国际化的行业协会为质量认证保障，对人才进行融合性培养。积极发挥中国—印尼"双师型"导师的作用，开发模块化的语料库、技术资源库，注重多模态教材的研发，"一带一路"相关企业提供实训平台，还需要大数据、AI等技术的大力支持。

通过"一带一路"所涉及的企业与高校的互动，高校根据"一带一路"企业实际所需有针对性地培养国际中文人才，企业也参与到课程的

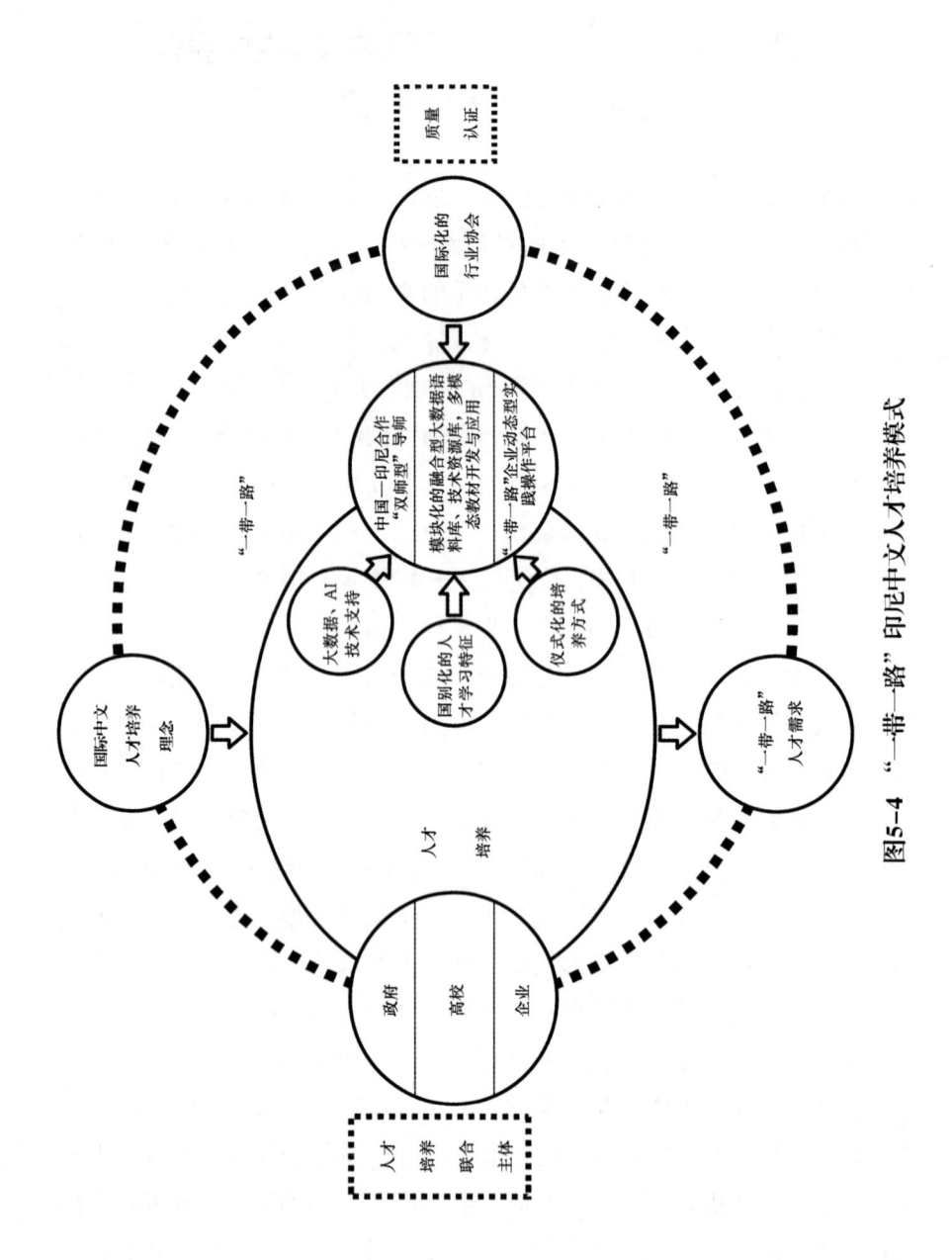

图5-4 "一带一路"印尼中文人才培养模式

建设之中，校企互相发挥优势共建师资队伍和实践基地,① 将科研和技术优势落实到课程中，共育拔尖人才，共同指导毕业设计，以学校和企业的利益共赢点为基础，以区域、国别和行业需求为导向，订单式地全程参与培养"一带一路"建设所需中文复合型人才。以学校和企业的利益共赢点为基础，以区域、国别和行业需求为导向，订单式地全程参与培养"一带一路"建设所需中文复合型人才。通过组织创新发挥各方所长、兼顾各方利益，将跨境各中文教育合作主体凝聚力充分调动起来，形成一股合力，将跨境中文教育合作工作推向前进，更好地服务于"一带一路"建设。

---

① 赵艳林：《突出区域特色，改革人才培养模式》，《中国高等教育》2016年第7期。

第 六 章

结　　论

第一节　研究结论

"一带一路"倡议既是今后中国对外开放的总纲领，也是全面深化改革、共建人类命运共同体的总钥匙，对"一带一路"沿线国家的未来发展有着深远的历史影响。"一带一路"倡议重点围绕"五通"进行的建设在全球范围内广泛开展，使"一带一路"倡议从愿景延伸到行动上，并取得了一系列令人瞩目的成绩。作为全球化治理的中国方案和中国表达，"一带一路"建设的特征体现在体量大、范围广、合作深入等方面，也就意味着其对人才的需求数量不但巨大，对人才素质的要求也紧贴"一带一路"在沿线国家和地区建设的实际需要，"一带一路"人才培养的内容和方式已经完全打破了传统人才培养的阈限，因此，本书首先要解决的问题就是厘清"一带一路"建设究竟需要什么样的人才，然后论述如何进行人才培养、人才培养模式应该怎样应用以及本书的创新和局限等问题。

"一带一路"建设的实质是中国完备的工业体系和先进的技术走出国门服务世界，在这个进程中，合作交流和技术传递的语言媒介理所应当是中文，培养的人才自然也是"一带一路"国际中文人才。以此为出发点，根据"一带一路"建设的需求明确提出"一带一路"国际中文人才培养的六大核心要素，即1. 树立全球观、多语言、跨文化、跨学科、复合型的培养理念；2. 确立直接服务于"一带一路"建设的培养目标；3. 中外合作背景下的政府、企业、高校、智库等多元培养主体；4. 以中文交际能力为核心的跨专业培养内容；5. 在地化的"一带一路"国际中文人才培养方式；6. 与"一带一路"沿线国家合作打造国际化的中文复合型人才培养评价体系。围绕上述六大要素，以复杂动态理论的视角对"一带一路"国际中文人才在宏观、中观和微观三个层面进行立体化考察，分别构建出"一带一路"国际中文人才的总体理论模型、"一带一路"建设所覆盖六大区域的区域化中文人才培养模式以及"一带一路"国别化中文人才培养模式。

"一带一路"，语言铺路；国家出行，语言先行；语言先行，人才先行。在人才培养的具体工作在，要发挥中国语言学界固有的本土意识和家国情怀的文化优势，共情共通，推动中国语言研究从本土走向世界，努力研究解决中文在多学科教学中的应用问题。此外，还必须深入研究语言在全球治理中的作用，完善"一带一路"建设相关的语言规划，探索"一带一路"倡议下中文复合型人才培养模式的落实方案，借助并善用"一带一路"建设平台积累人才资源，逐步培育出以中文和中国科技思维为基础的世界创新平台，把全世界的智慧吸引到中国，共同开发，拓展中国全球治理体系下的中文战略规划能力。

对于"一带一路"人才的培养问题，目前中国各级政府、科研机构和高校都积极响应并付诸行动，"一带一路"科学共同体、区域化的教育共同体和中外联手合作的创新共同体初步成型，科学技术人才的培养工作已经纳入规程，科技创新能力稳步提升，科技教育资源也通过"一带一路"建设平台实现共建共享。中国主导的世界范围内的科技合作项目已经初成体系，且已普惠于很多国家的民众生活，以中文为载体的科技成果完全可以自主服务于中国和世界，也完全可以在独立自主基础上与其他国家的科技、文化和生活深度融合。

第二节 模式的应用

"一带一路"建设应对接沿线各国发展对人才的需求，寻求中外教育合作最佳契合点，有针对性地开展人才培养培训合作。本书旨在培养大批与"一带一路"建设需求相适应的各类专门人才，这是持续深入推进

"一带一路"建设的重要支撑和有力的人才保障。总而言之，"一带一路"倡议下国际中文人才培养模式的应用价值主要体现在为顶层设计层面的国家人才政策制定提供参考，为中国高校人才培养制度的全方位改造提供依据，为中文人才的国际化培养实践指明方向。其模式应用至少体现在以下两个方面。

一 设立"一带一路"人才培养中心

正如上文所论，"一带一路"中文人才培养体系的构建属于顶层设计的工作，是在"一带一路"背景之下根据现实所需、整合各方面有利资源建立独立、高效，更有针对性和广阔前景的人才培养体系。正如孔子学院的设立，可以以国家为主倡者，在世界各地大学生根发芽，传播中文和中华文化。不同的是孔子学院代表着国家的意志，是传播国家形象和文化交流的阵地，而"一带一路"人才培养中心则是为"一带一路"建设工作培养各层次人才，做更倾向于实绩性的工作。

"一带一路"人才培养中心可以仿效孔子学院，国家设立"一带一路"人才培养总部，体现国家倡导的指导性作用，也只有政府才有力量将"一带一路"企业和相关智库整合在一起，然后根据国家和地区的情况分层次、分行业地建立国别化或地域化的人才培养分中心。以"一带一路"现实需求为导向，这些地域的、行业的、层次性的"一带一路"人才培养基地可以充分地发挥地域优势或行业优势培养出高质量的人才，例如中国科学院和义乌市政府合作成立的"一带一路"人才培养基地，可谓得风气之先，还需要进一步深化、贯通和普及。

人才培养的运行机制方面，可以仿效德国和法国所做出的努力，实行"公共—私人伙伴关系"的方式，鼓励企业和具有区位和专业优势的组织参与，一方面可以发挥他们的专业所长、提高人才培养的效率、减轻政府的财政负担；另一方面也可以充分调动民间的力量，加大国际合作的力度，减少给国际社会留下政府干预的负面形象。这样切合所需、适时而做的"一带一路"国际中文人才培养中心必将受到"一带一路"沿线国家和人民的欢迎。

二 优化现有的中文人才培养模式

回归到"一带一路"国际中文人才的培养现场，现有的几种中文复合型人才培养模式：孔子学院、校地合作、校企合作、校智合作、高校联盟，以及"一带一路"沿线国家的三语学院、中文系或以中文为中介语的专业教育等，一些先期的调研显示基本上都存在资源的匮乏或重叠浪费、"三教"问题、生源不足等情况，新的人才培养模式可以为这些人才培养机构优化自身资源、扩大对外合作、提高培养效率和人才培养针对性起到很好的借鉴和补充作用。

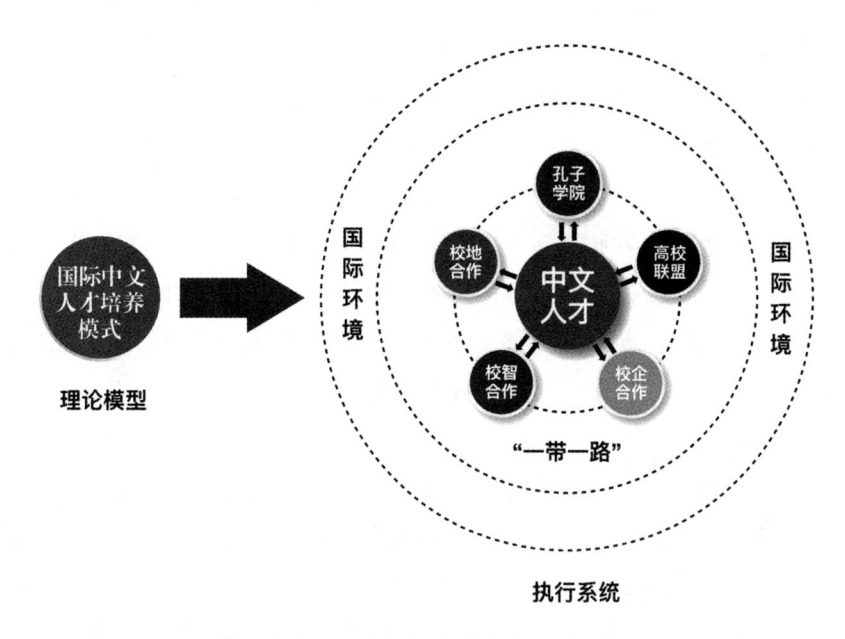

图 6-1 "一带一路"国际中文人才培养模式对现有人才培养的优化

"一带一路"国际中文人才培养的主体不但包括服务于"一带一路"建设的学生，还包括在地培养这些学生的师资力量；培养内容已经单纯地超出了中文本身，包括外语、专业以及交际能力等培养等，概括起来就是"中文+"，就是中文复合型人才培养；培养方式方面，学分互认、证书融通等国际的紧密合作是大势所趋，跨文化、跨学科、跨校园多元化培养成为新的主流；政府引导、高校落实、企业反馈、智库研究等共同组成人才培养评价队伍，实践和理论的紧密结合建立起健全的人才培养评价体系，通过这一系列的过程完善"一带一路"国际中文人才培养模式。

第三节 局限与展望

中国对"一带一路"沿线国家的贸易投资是物质基础，也是教育区域融合发展的现实需要，在"一带一路"建设对人才的真实需求下，按照《教育行动》所指示的轨迹，本书所构建中文复合型人才培养模式有着针对性强、效率高、节省资源、流动性强、跨专业跨文化跨语言能力、国际视野和较强的实践操作能力等明显的优势，要保障人才培养模式的有效性和工作效能，必须注意以下几个方面的问题：1. 协调好政府、智库和"一带一路"企业之间的关系；2. 加强三个数据库的建设，即"一带一路"人才需求数据库、模块化的课程设计语料库以及"一带一路"人力资源库；3. 要注重新技术的使用，5G时代的来临、AI技术、融媒体等都对人才培养方式、周期和效果起着重要的作用；4. 注重跨文化环境中以表演理论等培养和发展学习者的交际能力；5. 注重人才培养品质为保证的国际品牌传播。

2020年底新冠疫情席卷全球，不但造成了逆全球化的趋势，世界经济贸易局部萎缩，中国对于新冠疫情的有效控制，在全球贸易中贡献巨大。与此同时，新冠疫情也对本书的调查工作造成了严重的阻碍，很多数据存在缺失的状况，或者调查所及不够详尽全面，这些都有可能对"一带一路"国际中文人才培养模式的构建产生影响，相信随着社会的进步和技术的发展，届时可以以更精确的数据和更全面的信息，精准构建"一带一路"国际中文人才培养模式。总而言之，国际中文教育要在新时代为构建人类命运共同体服务，为人类贡献中国智慧。[①] "一带一路"国际中文人才培养模式的构建属于顶层设计工作，本书的研究目的意义在

---

① 崔希亮：《汉语国际教育与人类命运共同体》，《世界汉语教学》2018年第4期。

于通过以"一带一路"国际中文人才的真实需求为导向,考量到人才培养各变量的影响,综合构建出适合"一带一路"沿线各国国情的中文复合型人才培养模式,作为"一带一路"建设的人才支撑,具有非常广阔的应用前景。

参考文献

一 中文文献

（一）著作

[1]［德］滕尼斯：《共同体与社会》，林荣远译，商务印书馆 1999 年版。

[2]［古希腊］亚里士多德：《政治学》，吴寿彭译，商务印书馆 1965 年版。

[3]［美］亨利·基辛格：《世界秩序》，中信出版社 2015 年版。

[4]［美］马汉：《海权论》，萧伟中、梅然译，中国言实出版社 1997 年版。

[5]［美］尼古拉·斯皮克曼：《和平地理学》刘愈之译，商务印书馆 1965 年版。

[6]［美］塞缪尔·亨廷顿：《文明的冲突与世界秩序的重建》，周琦等译，新华出版社 1998 年版。

[7]［美］斯塔夫里阿诺斯：《全球通史：1500 年后的世界》，北京大学出版社 2006 年版。

[8]［美］索尔·科恩：《地缘政治学：国际关系的地理学》，严春松译，上海社会科学院出版社 2011 年版。

[9]［美］托马斯·卢克曼、彼得·L. 伯格：《现实的社会建构》，吴肃然译，北京大学出版社 2019 年版。

[10]［美］帕拉格·康纳：《亚洲世纪》，丁喜慧、高嘉旋译，中信出版社 2019 年版。

[11]［美］阿特巴赫：《比较高等教育：知识、大学与发展》，人民教育出版社教育室译，人民教育出版社2000年版。

[12]［美］阿维纳什·迪克西特，维克多·诺曼：《国际贸易理论：对偶和一般均衡方法》，中国人民大学出版社2011年版。

[13]［新西兰］尼古拉斯·塔林主编：《剑桥东南亚史》，贺圣达等译，云南人民出版社2003年版。

[14]［英］杰弗里－帕克：《地缘政治学：过去、现在和将来》，刘从德译，新华出版社2003年版。

[15]"一带一路"课题组：《建设"一带一路"的战略机遇与安全环境评估》，中央文献出版社2016年版。

[16] 北京大学课题组：《"一带一路"沿线国家五通指数报告》，经济日报出版社2017年版。

[17] 财新传媒编辑部：《"一带一路"引领中国》，中国文史出版社2015年版。

[18] 曹云华：《东南亚国家联盟：结构、运作与对外关系》，中国经济出版社2011版。

[19] 东盟：《东南亚国家联盟成立宣言》（即《曼谷宣言》），1967年8月。

[20] 葛剑雄等：《改变世界经济地理的"一带一路"》，上海交通大学出版社2015年版。

[21] 国家发展改革委等：《推动共建丝绸之路经济带和21世纪海上丝绸之路的愿景与行动》，外文出版社2015年版。

[22] 国家信息中心、"一带一路"大数据中心：《"一带一路"大数据报告（2018）》，商务印书馆2018年版。

[23] 胡键：《一带一路战略构想及其实践研究》，时事出版社2016年版。

[24] 拉尔森－弗里曼、莱妮－卡梅伦：《复合系统与应用语言学》，外语研究与教学出版社2017年版。

[25] 李义虎：《地缘政治学：二分论及其超越——兼论地缘整合中的中国选择》，北京大学出版社2007年版。

[26] 李宇明：《汉语传播的国际形象问题》，De Gruyter（德古意特）出

版社 2015 年版。
[27] 林金辉、刘志平：《高等教育中外合作办学研究》，广东高等教育出版社 2010 年版。
[28] 刘从德：《地缘政治学导论》，中国人民大学出版社 2010 年版。
[29] 刘晓阳：《"一带一路"战略下航海院校人才培养的问题探析》，美国华盛顿西雅图 2017 年版。
[30] 马方方：《中美软权利博弈东南亚》，中国社会科学出版社 2017 年版。
[31] 石源华：《中国周边外交十四讲》，社会科学文献出版社 2016 年版。
[32] 斯波斯基：《语言政策——社会语言学中的重要议题》，张治国译，商务印书馆 2011 年版。
[33] 王辉主编：《"一带一路"国家语言状况与语言政策第 1—3 卷》，社会科学文献出版社 2015 年版。
[34] 王灵桂、赵江林主编：《"周边命运共同体"建设：挑战与未来》，社会科学文献出版社 2017 年版。
[35] 王义桅：《"一带一路"：机遇与挑战》，人民出版社 2015 年版。
[36] 王义桅：《世界是通的："一带一路"的逻辑》，商务印书馆 2016 年版。
[37] 王子昌：《东盟外交共同体：主体及表现》，时事出版社 2011 年版。
[38] 魏所康：《培养模式论》，东南大学出版社 2004 年版。
[39] 吴琳：《冷战后中国周边地区政策的动力机制研究》，中华书局 2016 年版。
[40] 向阳：《"一带一路"定位、内涵及需要优先处理的关系》，社会科献出版社 2015 年版。
[41] 许利平等：《中国与周边命运共同体》，社会科学文献出版社 2016 年版。
[42] 许勤华：《中国国际能源战略研巧》，世界图书出版广东有限公司 2014 年版。
[43] 杨亦鸣、赵晓群主编：《"一带一路"沿线国家语言国情手册》，商务印书馆 2016 年版。

[44] 于建忠、范祚军：《东盟共同体与中国——东盟关系研究》，人民出版社 2018 年版。

[45] 赵世举、黄南津主编：《语言服务与"一带一路"》，社会科学文献出版社 2016 年版。

[46] 赵阳：《"一带一路"背景下的多语种人才培养研究》，社会科学文献出版社 2017 年版。

[47] 郑通涛：《国际教育背景下的语言跨学科研究》，世界图书出版公司 2017 年版。

[48] 郑通涛：《汉语话语言谈标志的理论及个例研究》，厦门大学出版社 2009 年版。

[49] 郑通涛、方环海、陈荣岚编：《一带一路视角下的教育发展研究》，世界图书出版公司 2017 年版。

[50] 郑通涛、方环海、陈荣岚编：《一带一路视角下的人才培养研究》，世界图书出版公司 2017 年版。

[51] 郑通涛、方环海、陈荣岚编：《一带一路视角下的文化交流与传播》，世界图书出版公司 2017 年版。

[52] 郑通涛、方环海、陈荣岚编：《一带一路视角下的语言战略研究》，世界图书出版公司 2017 年版。

[53] 郑通涛：《"一带一路"：国别化人才需求与人才培养研究》，世界图书出版社 2017 年版。

[54] 周幸巧：《东南亚华文教育》，暨南大学出版社 1996 年版。

（二）论文

[1] Sciences, S.：《孔子学院与国际汉语教育的公共外交价值》，《新疆师范大学学报（哲学社会科学版）》2012 年第 33 卷第 4 期。

[2] 安俊丽：《"一带一路"背景下中外语言融通的动机和策略》，《南通大学学报社会科学版》2017 年第 33 卷第 2 期。

[3] 曾砥平、邓鹏图、王正明、周良柱：《KAQ 的结构内涵与高层次人才培养》，《学位与研究生教育》2000 年第 3 期。

[4] 曾向红：《"一带一路"的地缘政治想象与地区合作》，《世界经济与政治》2016 年第 1 期。

[5] 曾小燕、吴应辉、袁萍、郭晶、梁宇、李东伟：《汉语国际教育发展报告（2015—2016）》，《辽宁师范大学学报（社会科学版）》2019年第3期。

[6] 陈海燕：《"一带一路"战略实施与新型国际化人才培养》，《中国高教研究》2017年第6期。

[7] 陈茜：《语言生态学和生态语言学辨析》，《湖北大学学报（哲学社会科学版）》2014年第4期。

[8] 陈权、温亚、施国洪：《拔尖创新人才内涵、特征及其测度：一个理论模型》，《科学管理研究》2015年第4期。

[9] 陈婷婷、方环海、郑通涛：《全球化趋势下的"汉语在外教学"》，《海外华文教育》2016年第3期。

[10] 陈小鼎、王翠梅：《周边国家应对中国崛起的战略选择：一种基于制衡能力和制衡意愿的解释》，《当代亚太》2019年第1期。

[11] 陈新明：《论独联体国家外交空间的拓展》，《俄罗斯东欧中亚研究》2019年第5期。

[12] 陈颖：《"一带一路"背景下中国—东盟自贸区的潜在语言市场研究》，《语言文字应用》2017年第3期。

[13] 陈章喜、徐丝：《"一带一路"背景下中国与南亚国家贸易的竞争性与互补性》，《华南师范大学学报（社会科学版）》2018年第1期。

[14] 陈志锐：《"一带一路"视野下的汉语师资培训策略——从新加坡"先研—后证—再教"培训模式谈起》，《北华大学学报（社会科学版）》2019年第3期。

[15] 成雪岩：《"一带一路"国际化背景下高等教育创新人才培养的路径》，《教育理论与实践》2016年第26期。

[16] 程晓农、杨娟、袁志钟、严学华、刘强：《以"产教融合"为内涵的"全素质链"人才培养模式探索与实践》，《中国高等教育》2018年第3期。

[17] 初国刚：《产学研合作创新型人才培养模式和机制研究》，《哈尔滨工程大学》2018年第1期。

[18] 褚照锋、李明忠：《智库背景下高等教育研究机构的组织特征、职

能使命及发展对策》,《高校教育管理》2018 年第 5 期。

[19] 崔卫杰、李泽昆:《中国与中东欧贸易合作:现状、问题与建议》,《国际经济合作》2018 年第 11 期。

[20] 崔希亮:《汉语国际教育的若干问题》,《语言教学与研究》2018 年第 1 期。

[21] 崔希亮:《汉语国际教育与人类命运共同体》,《世界汉语教学》2018 年第 4 期。

[22] 戴运财、王同顺:《基于动态系统理论的二语习得模式研究——环境、学习者与语言的互动》,《山东外语教学》2012 年第 5 期。

[23] 邓晨佑、王世圆、李丽容、阮文清:《"一带一路"视角下东南亚职业型人才培养模式分析》,《海外华文教育》2017 年第 12 期。

[24] 邓海清:《兵马未动,粮草先行:"一带一路"与金融基础设施建设》,《国际经济评论》2015 年第 4 期。

[25] 邓新:《孔子学院参与"一带一路"建设的方法与途径研究》,《民族教育研究》2016 年第 4 期。

[26] 刁俊、刘文燕:《基于 SWOT 的西北地区高校孔子学院发展研究》,《云南师范大学学报(对外汉语教学与研究版)》2017 年第 2 期。

[27] 丁任重,陈姝兴:《中国区域经济政策协调的再思考——兼论"一带一路"背景下区域经济发展的政策与手段》,《南京大学学报(哲学·人文科学·社会科学)》2016 年第 1 期。

[28] 丁一凡:《让金融创新为"一带一路"战略铺平道路》,《国际经济评论》2015 年第 4 期。

[29] 丁忠毅:《"一带一路"建设中的西部边疆安全治理:机遇、挑战及应对》,《探索》2015 年第 6 期。

[30] 董希骁:《中东欧国家语言政策对我国非通用语人才规划的影响》,《西南民族大学学报(人文社科版)》2018 年第 10 期。

[31] 杜德斌、马亚华:《"一带一路":中华民族复兴的地缘大战略》,《地理研究》2015 年第 6 期。

[32] 段胜峰、彭丽芳:《"一带一路"背景下国际化人才培养路径》,《长沙理工大学学报》2016 年第 1 期。

［33］方环海、郑通涛、陈荣岚：《基于"需求"导向的汉语国际教育的发展与创新》，《海外华文教育》2017年第3期。

［34］费文晓：《试论高等教育发展趋势对人才观的影响》，《四川师范大学学报》2003年第2期。

［35］冯传：《"一带一路"视野下南亚地缘政治格局及地区形势发展观察》，《南亚研究》2017年第3期。

［36］高皇伟、吴坚：《"一带一路"战略下东南亚汉语人才培养探析》，《比较教育研究》2016年第12期。

［37］郭旭、陶陶、黄丽君：《大数据视野下西亚北非与中国经贸合作人才需求与培养模式分析》，《海外华文教育》2017年第8期。

［38］郭烨、许陈生：《双边高层会晤与中国在"一带一路"沿线国家的直接投资》，《国际贸易问题》2016年第2期。

［39］韩星、吕郢康：《"一带一路"倡议下中国与南亚国家贸易便利化的经济影响》，《人民论坛·学术前沿》2018年第17期。

［40］韩永辉、韦东明、谭锐：《"一带一路"沿线国家投资价值评估研究——基于GPCA模型的测算分析》，《国际经贸探索》2019年第12期。

［41］郝天聪：《我国高技能人才培养的误区及模式重构——基于高技能人才成长的视角》，《中国高教研究》2017年第7期。

［42］洪柳：《"一带一路"背景下东盟国家汉语教育发展研究》，《河北师范大学学报（教育科学版）》2018年第2期。

［43］黄方方：《"一带一路"沿线国家汉语教育状况探析》，《河南师范大学学报（哲学社会科学版）》2017年第3期。

［44］黄福涛：《全球化时代的高等教育国际化：历史与比较的视角》，《北京大学教育评论》2003年第2期。

［45］黄国文：《生态语言学的兴起与发展》，《中国外语》2016年第1期。

［46］黄行：《我国与"一带一路"核心区国家跨境语言文字状况》，《云南师范大学学报（哲学社会科学版）》2015年第9期。

［47］黄俊、董小玉：《"一带一路"国家战略的传播困境及突围策略》，

《马克思主义研究》2015年第12期。

[48] 贾益民:《新时代世界华文教育发展理念探讨》,《世界汉语教学》2018年第32卷。

[49] 教育部:《让"一带一路"愿景与行动在教育领域落地生根》, 2016年8月,http://www.moe.edu.cn/jyb_xwfb/s271/201608/t20160811_274678.html。

[50] 金碚:《论经济全球化3.0时代——兼论"一带一路"的互通观念》,《中国工业济》2016年第1期。

[51] 金磊磊:《"一带一路"背景下的人才困境与高等教育路径转向的应然态势》,《中国成人教育》2017年第15期。

[52] 鞠维伟:《"一带一路"建设下的中国与中东欧国家互联互通合作》,《当代世界》2018年第12期。

[53] 阚阅、周谷平:《"一带一路"背景下的结构改革与创新创业人才培养》,《教育研究》2016年第37期。

[54] 康继军、张梦珂、黎静:《孔子学院对中国出口贸易的促进效应——基于"一带一路"沿线国家的实证分析》,《重庆大学学报(社会科学版)》2019年第5期。

[55] 孔锴:《我国高等教育国际化研究综述》,《现代教育科学》2004年第2期。

[56] 匡增杰、高军:《"一带一路"倡议下中国与中东欧国家贸易潜力研究》,《统计与决策》2019年第13期。

[57] 李宝贵、刘家宁:《"一带一路"战略背景下孔子学院跨文化传播面临的机遇与挑战》,《新疆师范大学学报(哲学社会科学版)》2017年第4期。

[58] 李宝贵、于芳:《俄罗斯汉语传播与中俄经贸合作相关性研究》,《辽宁大学学报(哲学社会科学版)》2019年第3期。

[59] 李东伟、吴应辉:《国际汉语教师人才培养状况报告(2015—2016)》,《辽宁师范大学学报(社会科学版)》2019年第3期。

[60] 李东伟:《大力培养本土汉语教师是解决世界各国汉语师资短缺问题的重要战略》,《民族教育研究》2014年第5期。

[61] 李嘉曾：《拔尖人才基本特征与培养途径探讨》，《东南大学学报》2002年第3期。

[62] 李军、田小红：《中国大学国际化的一个全球试验——孔子学院十年之路的模式、经验与政策前瞻》，《中国高教研究》2015年第4期。

[63] 李鲁奇、孔翔、李一曼、许杨博文：《"一带一路"倡议下中国与中亚合作的战略支点选择》，《地理研究》2019年第7期。

[64] 李年俊、李增华：《新时代习近平人才观探析》，《学术探索》2018年第1期。

[65] 李如龙：《华人地区的语言教学与教学语言》，《华文教学与研究》2016年第2期。

[66] 李睿、庞燕：《"一带一路"背景下跨文化人才培养研究》，《长春工程学院学报》2017年第1期。

[67] 李盛兵：《中国与"一带一路"国家高等教育合作专题讨论》，《华南师范大学学报（社会科学版）》2017年第1期。

[68] 李卫国：《汉语国际教育人才培养储备前瞻性研究》，《河南大学学报（社会科学版）》2013年第4期。

[69] 李晓、李俊久：《"一带一路"与中国地缘政治经济战略的重构》，《世界经济与政治》2015年第10期。

[70] 李雅、夏添：《"一带一路"背景下中亚汉语国际教育与中华文化传播机遇与挑战》，《当代教育与文化》2019年第6期。

[71] 李琰、聂曦：《中亚高校汉语国际教育发展现状研究》，《新疆师范大学学报（哲学社会科学版）》2016年第5期。

[72] 李燕、肖建华、李慧聪：《我国科技创新领军人才素质特征研究》，《中国人力资源开发》2015年第11期。

[73] 李杨、刘翠凤、吕维忠：《"一带一路"背景下复合型外语人才的需求分析》，《高教学刊》2015年第11期。

[74] 李远、刘志民、张红生：《推动"一带一路"沿线孔子学院战略联盟与企业合作共赢》，《中国高等教育》2017年第10期。

[75] 林杰、王松婵：《大学本科人才培养体系改革的"双中心论"——基本内涵、立论依据及落实策略》，《现代教育管理》2017年第9期。

［76］林新奇、苏伟琳：《"一带一路"背景下的国际化人才流动与培养机制研究》，《现代管理科学》2019年第7期。

［77］刘保民：《新中国人才观发展三阶段论》，《社会科学》2003年第2期。

［78］刘昌明、杨慧、刘洪正：《"一带一路"框架下中国—中亚能源互联网建设：机遇、挑战与政策建议》，《青海社会科学》2018年第1期。

［79］刘国斌、孙雅俊：《高等院校人才培养助推"一带一路"战略的对策研究》，《职业技术教育》2016年第17期。

［80］刘国斌、杨富田：《服务"一带一路"战略的人才培养机制研究》，《长春教育学院学报》2016年第7期。

［81］刘红军：《高层次创造性人才的内涵与素养》，《中国人才论坛》2018年第1期。

［82］刘进、刘真：《从人才流失到人才获得——"一带一路"沿线国家的机遇与挑战》，《河北师范大学学报》2017年第4期。

［83］刘进、张露瑶：《"一带一路"沿线国家学生流动轨迹研究——基于UNESCO（2006—2015）数据》，《教育学术月刊》2018年第9期。

［84］刘进、徐丽、刘真：《全球"一带一路"教育研究的宏观图景——基于SSCI教育期的分析》，《高教发展与评估》2019年第3期。

［85］刘进等：《"一带一路"沿线国家的高等教育现状与发展趋势研究（一至二八）》，《世界教育信息》2018年第5期—2019年第10期。

［86］刘淑华、宋永华：《"一带一路"背景下的中俄高等教育合作：问题与对策》，《高等教育研究》2019年第4期。

［87］刘岩：《基于WOS数据库的高等教育国际化评价研究评介》，《黑龙江高教研究》2018年第5期。

［88］刘影：《首脑外交视域下的新时期中国与中东欧国家关系》，《学术交流》2019年第5期。

［89］刘用明、朱源秋、吕一清：《"一带一路"背景下中俄双边贸易效率及潜力研究——基于随机前沿引力模型（SFGM）》，《经济体制改革》2018年第5期。

［90］刘振天：《现代化视野中高等教育国际化与民族化》，《教育发展研究》2003 年第 2 期。

［91］卢俊霖、祝晓宏：《"一带一路"建设背景下"语言互通"的层级、定位与规划》，《语言文字应用》2017 年第 2 期。

［92］陆俭明：《"一带一路"建设需要语言铺路搭桥》，《文化软实力研究》2016 年第 2 期。

［93］陆俭明：《汉语国际教育与中华文化国际传播》，《同济大学学报（社会科学版）》2015 年第 2 期。

［94］陆俭明：《加大中华文化海外传播力度》，《人民日报》2017 年 9 月 5 日。

［95］马佳妮、周作宇：《"一带一路"倡议下中国与中东欧教育合作：挑战与机遇》，《中国高教研究》2019 年第 12 期。

［96］马素霞、宋建成、吕萍：《特色专业的人才培养创新体系构建》，《高等教育研究学报》2014 年第 3 期。

［97］马勇：《"一带一路"建设中本土化人才培养的教育路径构建——基于缅甸福庆孔子课堂的实践》，《中国成人教育》2016 年第 21 卷。

［98］买琳燕：《高职院校国际化人才培养模式的内涵与构建》，《高职研究》2015 年第 1 期。

［99］米拉、施雪琴：《印尼对中国"一带一路"倡议的认知和反应述评》，《南洋问题研究》2016 年第 4 期。

［100］穆正礼、罗红玲、蓝玉茜等：《"一带一路"背景下的人才需求及人才培养模式：基于中国—中东欧国家合作大数据的分析》，《海外华文教育》2017 年第 7 期。

［101］娜塔莎·马里奇、魏玲：《务实制度主义：中国与中东欧国家的合作》，《世界经济与政治》2018 年第 7 期。

［102］彭兰玉、郭格：《汉语教育国际人才培养的视野构架、细节构架》，《湖南社会科学》2016 年第 4 期。

［103］彭文钊、游邢珊：《上合组织大学框架下中俄高校本科阶段"俄语＋区域学"课程体系构建：理念与实践》，《中国俄语教学》2019 年第 3 期。

［104］钱玉莲：《"三型一化"汉语国际教育本科专业人才培养方案的探索》，《中国大学教学》2014 年第 6 期。

［105］郄海霞、刘宝存：《"一带一路"教育共同体构建与区域教育治理模式创新》，《湖南师范大学教育科学学报》2018 年第 17 期。

［106］秦炜炜：《中国创新人才的自主供给及其提升对策》，《苏州大学学报》2017 年第 2 期。

［107］任吉特、星光、朱慕：《"一带一路"框架下南亚地区短期人才培养模式浅》，《海外华文教育》2017 年第 9 期。

［108］沈鹏熠：《"一带一路"倡议下我国高校国际化人才培养研究》，《职业技术教育》2017 年第 31 期。

［109］沈骑、夏天：《"一带一路"语言战略规划的基本问题》，《新疆师范大学学报（哲学社会科学版）》2018 年第 1 期。

［110］盛毅、余海燕、岳朝敏：《关于"一带一路"战略内涵、特性及战略重点综述》，《经济体制改革》2015 年第 1 期。

［111］师慧丽：《工业 4.0 时代技术技能型人才：内涵、能力与培养》，《职业技术教育》2017 年总第 866 期。

［112］施雪琴、叶丽萍：《契机与挑战：当代中国与印尼新型互动关系的构建——以"21 世纪海上丝绸之路"建设为背景》，《当代世界与社会主义》2017 年第 3 期。

［113］石超、张荐华：《"一带一路"背景下中国—东盟自由贸易区人才需求预测》，《广西社会科学》2018 年第 3 期。

［114］石泽：《能源资源合作：共建"一带一路"的着力点》，《新疆师范大学学报（哲学社会科学版）》2015 年第 1 期。

［115］孙春兰：《2019 国际中文教育大会主旨演讲》，2019 年 12 月 9 日，http：//www.gov.cn/guowuyuan/2019－12/09/content_5459817.htm。

［116］孙宜学：《"一带一路"沿线国家华文教育：现状、问题与对策》，《海外华文教育》2017 年第 7 期。

［117］田原、张滔：《"一带一路"倡议下中国与中亚国家经贸合作现状及展望》，《国际贸易》2019 年第 8 期。

［118］万筱铭：《"一带一路"进程中汉语国际推广问题探究》，《江西社

会科学》2017 年第 4 期。

[119] 王海燕：《"一带一路"视域下中国与中亚国家地缘经济合作比较研究》，《世界地理研究》2020 年第 1 期。

[120] 王辉、王亚蓝：《"一带一路"沿线国家语言状况》，《语言战略研究》2016 年第 2 期。

[121] 王辉：《一带一路构建区域协调发展新格局》，《智慧中国》2015 年第 1 期。

[122] 王娟、吴梦云、左秀霞：《孔子学院与中国出口规模关系的统计考察——基于"一带一路"沿线国家数据》，《统计与决策》2019 年第 2 期。

[123] 王娟娟、杨冰如：《中国在"一带一路"区域的投资结构变化及发展趋势》，《中国流通经济》2020 年第 1 期。

[124] 王俊生：《"一带一路"与中国新时期的周边战略》，《山东社会科学》2015 年第 8 期。

[125] 王珺鑫：《"一带一路"倡议下中国—南亚跨境自贸区建设路径》，《对外经贸实务》2019 年第 8 期。

[126] 王科：《服务"一带一路"倡议的理工科人才培养实践与研究》，《云南民族大学学报（哲学社会科学版）》2018 年第 2 期。

[127] 王立非：《面向国家"一带一路"建设，培养复合型语言服务人才》，《当代外语研究》2018 年第 3 期。

[128] 王丽：《"一带一路"背景下中国与中亚国家能源合作的问题及对策》，《对外经贸实务》2018 年第 9 期。

[129] 王烈琴、于培文：《"一带一路"发展战略与中国语言教育政策的对接》，《河北学刊》2017 年第 1 期。

[130] 王灵玲：《"一带一路"建设背景下高校创新型外语人才培养的思考》，《教育探索》2016 年第 5 期。

[131] 王士元：《语言是一个复杂适应系统》，《清华大学学报（哲学社会科学版）》2006 年第 6 期。

[132] 王涛：《动态系统理论视角下的复杂系统：理论、实践与方法》，《天津外国语大学学报》2011 年第 6 期。

[133] 王威:《基于德尔菲法的应用型创新人才内涵特征实证研究》,《中国成人教育》2017年第18期。

[134] 王巍:《"一带一路"背景下中俄贸易发展对策》,《学术交流》2018年第7期。

[135] 王雪梅、徐璐:《国际化复语型人才的内涵与培养模式探索》,《外语与外语教学》2011年第1期。

[136] 王雪梅:《全球化、信息化背景下国际化人才的内涵、类型与培养思路——以外语类院校为例》,《外语电化教学》2014年第155期。

[137] 王彦伟、周冰玉:《一带一路沿线孔子学院有限市场化路径研究:新东方模式的借鉴与启示》,《云南师范大学学报(对外汉语教学与研究版)》2019年第4期。

[138] 王艺静:《"一带一路"背景下国际化外语人才培养研究》,《高教学刊》2016年第9期。

[139] 王祖嫘、吴应辉:《汉语国际传播发展报告(2011—2014)》,《新疆师范大学学报(哲学社会科学版)》2015年第4期。

[140] 温红、吴德建、汪维鹏等:《国际化视野下高校创新人才培养体系构建的探索——以苏州大学药学本科生培养为例》,《中国成人教育》2018年第21期。

[141] 温辉:《"一带一路"战略下中国对中亚地区能源行业直接投资的风险与策略》,《对外经贸实务》2019年第11期。

[142] 文秋芳:《"一带一路"语言人才的培养》,《语言战略研究》2016年第2期。

[143] 文秋芳:《对"国家语言能力"的再解读——兼述中国国家语言能力70年的建设发展》,《新疆师范大学学报(哲学社会科学版)》2019年第5期。

[144] 吴崇伯、张媛:《"一带一路"对接"全球海洋支点"——新时代中国与印度尼西亚合作进展及前景透视》,《厦门大学学报(哲学社会科学版)》2019年第5期。

[145] 吴崇伯:《战略伙伴关系框架下中国与印尼经济关系的发展与对策研究》,《南海问题研究》2010年第3期。

[146] 吴宏伟：《"一带一路"视域下中国与中亚国家的经贸合作》，《新疆师范大学学报（哲学社会科学版）》2018年第3期。

[147] 吴建南、杨若愚：《中国与"一带一路"国家的科技合作态势研究》，《科学学与科学技术管理》2016年第1期。

[148] 吴晓昱、魏大为：《复杂科学视域中的应用语言学——〈复杂系统与应用语言学〉述评》，《外语教学》2015年第3期。

[149] 吴中江、黄成亮：《应用型人才内涵及应用型本科人才培养》，《高等工程教育研究》2014年第2期。

[150] 夏立平：《论共生系统理论视阈下的"一带一路"建设》，《同济大学学报（社会科学版）》2015年第2期。

[151] 夏文斌：《"一带一路"对人才培养的新要求》，《中国教育报：理论周刊》2016年第3期。

[152] 夏先良：《构筑"一带一路"国际产能合作体制机制与政策体系》，《国际贸易》2015年第11期。

[153] 谢东华：《"一带一路"沿线的语言发展态势及教育应对思考》，《教育理论与实践》2018年第9期。

[154] 谢孟军：《文化能否引致出口："一带一路"的经验数据》，《国际贸易问题》2016年第1期。

[155] 辛越优、倪好：《国际化人才联通"一带一路"：角色、需求与策略》，《高校教育管理》2017年第4期。

[156] 邢欣、张全生：《"一带一路"倡议下的语言需求与语言服务》，《中国语文》2016年第6期。

[157] 徐财龙：《技能型人才职业素养的时代内涵、价值与培育路径》，《中国职业技术教育》2017年第32期。

[158] 徐菲、张春和、谢琨：《"一带一路"倡议下中国—南亚区域合作：发展、困境与转向》，《南亚研究季刊》2018年第1期。

[159] 徐琳、胡宗锋：《"一带一路"建设视阈下语言规划之语言能力与服务》，《西北大学学报（哲学社会科学版）》2018年第2期。

[160] 徐胜男、吴法：《"一带一路"战略实施中青年人才培养模式的构建研究》，《山东青年政治学院学报》2016年第2期。

[161] 徐盈：《"一带一路"背景下高职院校人才培养路径探析》，《职教论坛》2017年第29期。

[162] 徐赟：《我国在"一带一路"的直接投资对双边贸易的影响研究》，《上海经济》2018年第2期。

[163] 许红娥、熊辉：《探索孔子学院"合作共赢"之路、助力"一带一路"经济建设——以奥斯特大学孔子学院为例》，《湖北师范大学学报（哲学社会科学版）》2018年第2期。

[164] 许利平：《战略伙伴关系框架下的中国——印尼合作：基础、现状与趋势》，《东南亚研究》2011年第3期。

[165] 闫坤：《新时期印度尼西亚全方位外交战略解析》，《东南亚纵横》2012年第1期。

[166] 闫珊珊：《高校语言人才培养策略探究》，《语文建设》2017年6月。

[167] 闫衍：《"一带一路"的金融合作》，《中国金融》2015年第5期。

[168] 杨宝国：《论科学人才观与人才强国战略》，《华北电力大学学报》2005年第1期。

[169] 杨红英、林丽：《论"一带一路"背景下中国高校国际化人才核心素养的培养》，《西南民族大学学报（人文社科版）》2018年第2期。

[170] 杨会：《"互联网+"时代的"三创"人才：内涵、特征及培养路径——以数字媒体艺术专业为例》，《教育理论与实践》2017年第3期。

[171] 杨吉春：《汉语国际教育专业本科"知—行—研"人才培养模式探索》，《民族教育研究》2015年第1期。

[172] 杨进：《亚美尼亚政治危机探析——兼论中国与亚美尼亚"一带一路"合作》，《俄罗斯东欧中亚研究》2019年第5期。

[173] 杨君岐、任禹洁：《"一带一路"沿线国家的投资风险分析——基于模糊综合评价法》，《财会月刊》2019年第2期。

[174] 杨文艺：《全球竞争的文化转向与孔子学院的转型发展——孔子学院十周年回眸与展望》，《中国高教研究》2015年第4期。

[175] 杨云升：《"一带一路"建设与外语人才培养》，《海南师范大学学

报》2015年第9期。

[176] 姚侃、冯增俊：《比较教育视角下新时代中国语言教育政策的战略走向》，《比较教育研究》2018年第2期。

[177] 姚威、李恒：《"一带一路"沿线国家人才分布与交流开发战略》，《清华大学教育研究》2018年第4期。

[178] 易丹：《东盟视角下汉语国际教育专业本科人才培养模式研究》，《广西社会科学》2015年5月。

[179] 于波：《"一带一路"背景下高校国际传播人才文化传播能力培养》，《东南传播》2016年第10期。

[180] 余宏亮、刘学忠：《论大学人才培养质量根本标准的核心内涵》，《中国大学教学》2013年第10期。

[181] 余可华、蔡武、夏江义：《"一带一路"大数据视野下国际石油工程师培养模式研究报告——以中亚五国、东亚蒙古为例》，《海外华文教育》2017年第11期。

[182] 俞继仙、薛庆忠、苏玉亮、林承焰：《服务"一带一路"战略的工程硕士研究生教育实践与探索》，《学位与研究生教育》2017年第1期。

[183] 喻恺、胡伯特·埃特尔、瞿晓蔓：《"一带一路"战略下我国高等教育国际输出的机遇与挑战》，《清华大学教育研究》2018年第1期。

[184] 苑承丽：《"一带一路"倡议下中国与中东欧的贸易发展研究》，《学术交流》2019年第5期。

[185] 詹海玉：《"一带一路"背景下的孔子学院发展策略探讨》，《河北师范大学学报（教育科学版）》2017年第6期。

[186] 张飞、解玲：《"一带一路"战略下复合型、应用型人才培养模式改革研究》，《高教学刊》2016年第11期。

[187] 张纪凤、宣昌勇：《"一带一路"战略下我国对东盟直接投资"升级版"研究》，《现代经济探讨》2015年第12期。

[188] 张利满：《"一带一路"沿线国家跨文化交际规约研究》，《中国海洋大学学报（社会科学版）》2017年第3期。

[189] 张日培：《服务于"一带一路"的语言规划构想》，《云南师范大

学学报（哲学社会科学版）》2015 年第 4 期。

[190] 张如梅：《"一带一路"视野下西南地区高校面向南亚东南亚国际汉语人才的区域化培养》，《大理大学学报》2016 年第 11 期。

[191] 张伟、徐广宇：《高校顶尖青年人才的分布特征与集聚策略》，《国家教育行政学院学报》2016 年第 8 期。

[192] 张晓南：《略论应用型语言人才培养策略》，《语文建设》2017 年第 1 期。

[193] 张兄武、谢冉：《服务"一带一路"战略建设工程的国际化人才培养研究》，《教育探索》2016 年第 11 期。

[194] 赵可金：《"一带一路"的中国方略研究》，《新疆师范大学学报（哲学社会科学版）》2016 年第 1 期。

[195] 赵蕾、王国梁、吴樱、韦素琼：《"一带一路"背景下中国在南亚的贸易格局分析》，《世界地理研究》2019 年第 5 期。

[196] 赵丽君：《"一带一路"背景下，国际化人才培养的知与行》，《光明日报》2018 年 7 月 7 日。

[197] 赵世举：《汉语国际教育类专业的困境与出路》，《中国大学教学》2017 年第 6 期。

[198] 赵世举：《全球竞争中的国家语言能力》，《中国社会科学》2015 年第 3 期。

[199] 赵世举：《"一带一路"建设的语言需求及服务对策》，《云南师范大学学报（哲学社会科学版）》2015 年第 4 期。

[200] 赵永乐：《从特色到优势：进一步提升我国人才制度体系的全球竞争力》，《南京社会科学》2018 年第 6 期。

[201] 郑刚、马乐：《"一带一路"战略与来华留学生教育——基于 2004—2014 的数据分析》，《教育与经济》2016 年第 4 期。

[202] 郑通涛：《复杂动态系统与对外汉语教学》，《国际汉语学报》2014 年第 2 期。

[203] 郑通涛、郭旭：《"一带一路"倡议下国际汉语人才培养模式研究》，《厦门大学学报（哲学社会科学版）》2020 年第 1 期。

[204] 郑通涛：《社会语言学视角下的对外汉语教学改革》，《海外华文

教育》2011年第3期。

[205] 郑通涛：《复杂动态系统理论与语言交际能力发展》，《海外华文教育》2017年第10期。

[206] 郑咏滟、温植胜：《动态系统理论视域下的学习者个体差异研究：理论构建与研究方法》，《外语教学》2013年第3期。

[207] 钟秉林：《人才培养模式改革是高等学校内涵建设的核心》，《高等教育研究》2013年第11期。

[208] 钟祖荣：《人才内涵的时代性》，《中国人才》2011年第60期。

[209] 周谷平、阚阅：《"一带一路"战略的人才支撑与教育路径》，《教育研究》2015年第10期。

[210] 周丽华：《在桂高校东盟留学生跨文化教育策略探析》，《民族教育研究》2018年总第144期。

[211] 周平、冯建滨、刘永辉：《中国与中东欧16国贸易效率和潜力研究——基于非效率项随机前沿引力模型》，《国际商务研究》2020年第1期。

[212] 周庆生：《"一带一路"与语言沟通》，《新疆师范大学学报（哲学社会科学版）》2018年第2期。

[213] 周泉：《汉语搭桥"一带一路"的文化战略意义》，《新闻战线》2017年2月（下）。

[214] 周泉：《"一带一路"背景下汉语国际教育的新发展》，《中国职业技术教育》2017年第26期。

[215] 周汶霏、宁继鸣：《空间分析视域下的孔子学院全球发展研究》，《山东社会科学》2017年第10期。

[216] 朱晓妹、林井萍、张金玲：《创新型人才的内涵与界定》，《科技管理研究》2013年第1期。

[217] 朱晓妹、朱嘉蔚、周欢情：《创新型人才心理契约结构和特征研究：基于比较的观点》，《科技管理研究》2014年第6期。

[218] 朱学义、董靖、黄国良：《当代人才观新论》，《未来与发展》2012年第4期。

[219] 庄腾腾、张志强、孔繁盛：《中亚五国的高等教育现实：发展与挑

战》,《教育学术月刊》2019 年第 7 期。
[220] 庄媛媛、郭琼琼、常汞:《"一带一路"倡议下中国与南亚标准化合作探析》,《南亚研究季刊》2018 年第 4 期。
[221] 左志德、王阳明:《人才观及其价值解读》,《湖南师范大学社会科学学报》2013 年第 5 期。
[222] [美] 索尔·科恩:《地缘战略区与地缘政治区》,《人文地理》1991 年第 1 期。

(三) 中文学位论文

[1] Muhammad Salman Ahmad:《论"一带一路"中语言和组织文化对知识传播的影响》,中国科学技术大学,2019 年。
[2] 董学峰:《国家语言战略背景下的汉语国际推广研究》,东北师范大学,2016 年。
[3] 鞠丽华:《政治传播视域下当代中国国家政治安全维护问题研究》,山东大学,2019 年。
[4] 刘梦恒:《中国对外直接投资的空间效应研究》,浙江大学,2019 年。
[5] 刘毓民:《汉语国际教育》,华东师范大学,2012 年。
[6] 刘震:《中国企业对"一带一路"沿线国家 OFDI 决策研究》,山东大学,2019 年。
[7] 宁继鸣:《汉语国际推广:关于孔子学院的经济学分析与建议》,山东大学,2006 年。
[8] 魏智慧:《复杂动态理论下的汉语交际类型特征研究》,厦门大学,2017 年。
[9] 阎莉:《语言生态学视角下"一带一路"核心区跨境语言规划研究》,西南大学,2018 年。
[10] 杨煜:《"一带一路"背景下汉语国际推广研究》,西北大学,2018 年。
[11] 于海阔:《人类表演理论视角下的对外汉语交际能力研究》,厦门大学,2013 年。
[12] 张丽:《印度对"一带一路"倡议的认知与应对实证研究》,中共

中央党校，2019 年。

[13] 郑昊庆：《"一带一路"背景下中国与东南亚国家经济合作》，中国社会科学院研究生院，2019 年。

二 外文文献

（一）著作

[1] Asia Society, *An Introductory Guide: Creating a Chinese Language Program in your School*, New York: Asia Society, 2006.

[2] Bourdieu and Pierre, *Language & Symbolic Power*, Cambridge, MA: Harvard University Press, 1991.

[3] Guthrie and Doug, *China and Globalization: The Social, Economic and Political Transformation of Chinese Society*, New York & London: Routledge, 2012.

[4] Nye and Joseph S. Jr., *Soft power: The Means to Success in World Politics*, New York: Public Affairs, 2004.

[5] Potowski. K., *Language Diversity in the USA. Cambridge*, UK: Cambridge University Press, 2010.

[6] Rachelle Peterson, *Outsourced to China: Confucius Institutes and Soft Power in American Higher Education*, National Association of Scholars, 2017.

[7] Scott, Peter. Ed., *The Globalization of Higher Education*, Buckingham, SRHE and Open University Press, 1998.

[8] Shin, Jung Cheol, Gerard A. Postiglione, Futao Huan. Ed., *Mass Higher Education Development in East Asia: Strategy, Quality, and Challenges*, Springer, Switzerland, 2015.

[9] Stearns, Peter N., *Educating Global Citizens in Colleges and Universities: Challenges and Opportunities*, Routledge, New York, 2009.

[10] Streitwieser, Bernhard, *Internationalization of Higher Education and Global Mobility*, Symposium Books, 2014.

[11] Phil Hiver, Ali H. Al-Hoorie, *Research Methods for Complexity Theory in Applied Linguistics*, Multilingual Matters Limited, England, 2019.

［12］ Young, Jeffrey R. , *Beyond the MOOC Hype: A Guide to Higher Education's High – Tech Disruption*, The Chronicle of Higher Education, 2013.

［13］ Yong Yan, *Research on the Objectives – oriented Driving Mechanism of International Trade Talents Training under the Background of the Belt and Road Strategy*, Huzhou, China, 2018.

［14］ Beeso M. Fujian Li, *China's Regional Relations: Evolving Foreign Policy Dynamics*, Boulder: Lynne Rienner Publishers, 2014.

［15］ Axelrod, R. M. , R. & Cohen, M. D. , *Harnessing Complexity: Organizational Implications of a Scientific Frontier*, New York: Basic Books, 2000.

［16］ Ellis, R. , *The Study of Second Language Acquisition (2nd edtion)*, Oxford: Oxford University Press, 2008.

［17］ Gardner R. , *Social Psychology and Second Language Learning: The Role of Attitude and Motivation*, London: Edward Arnold, 1985.

［18］ deBot, Lowie & Verspoor, *A Dynamic Systems Theory Approach to Second Language Acquisition*, Bilingualism: Language and Cognition, 2007.

［19］ Dörnyei Z. , *The Psychology of the Language Learners: Individual Differences in Second Language Acquisition*, Mahwah: Lawrence Erlbaum, 2005.

［20］ Diane Larsen – Freeman & Lynne Cameron, *Complex Systems and Applied Linguistics*, Oxford: Oxford University, 2008.

［21］ Spivey, *The Continuity of Mind*, Oxford: Oxford University Press. 2007.

［22］ Robinson P. , *Practice in Second Language Learning: Perspectives from Linguistics and Cognitive Psychology*, Cambridge: Cambridge University Press, 2007.

（二）论文

［1］ Finch, "A. E. Complexity in the Language Classroom", *Secondary Education Research*, Vol. 47, 2001.

［2］ Dörnyei, "New Themes and Approaches in Second Language Motivation Research", *Annual Review of Applied Linguistics*, Vol. 21, 2003.

［3］ deBot, K. , "Introduction: Second Language Development as a Dynamic Process", *The Modern Language Journal*, Vol. 92, No. 2, 2008.

[4] Dosch, Jam. , "Relations between ASEAN and China Two – level Games in Trade and Security", *International Asian Forum*, 2015.

[5] Altbach, Philip G. , "Chinese Higher Education in an Open – Door Era", *International Educator*, Vol. 16, No. 4, 2007.

[6] Altbach, Philip G. , and Hans de Wit, "Trump and the Coming Revolution in Internationalization", *International Higher Education*, Vol. 89, 2017.

[7] Brandenburg, Uwe and Hans de Wit, "The End of Internationalization", *International Higher Education*, Vol. 62, 2011.

[8] De Wit, Hans and Fiona Hunter, "The Future of Internationalization of Higher Education in Europe", *International Higher Education*, Vol. 83, 2015.

[9] Gil. Jeffrey, "The Promotion of Chinese Language Learning and China's Soft Power", *Asian Social Science*, Vol. 10, No. 4, 2008.

[10] Garrison. Jean. A. , "China's Prudent Cultivation of 'soft' Power and Implications for US Policy in East Asia", *Asian Affairs: An American Review*, Vol. 32, No. 1, 2005.

[11] Robson, Sue, "Internationalization: a Transformative Agenda for Higher Education", *Teachers and Teaching*, Vol. 17, No. 6, 2011.

[12] Yun Xiao, "Confucius Institutes in the US: Platform of Promoting China's Soft Power", *Global Chinese*, Vol. 3, No. 1, 2017.

后 记

"一带一路"国际中文人才培养的选题早在2012年就开始萌芽,那时我作为国家汉办(现教育部语合中心)公派教师负责厦门大学印尼合作教育项目,同时负责印尼本土一所大学的管理工作,这两项工作的核心统一于如何高效培养本土需要的中文人才;彼时"一带一路"建设正如火如荼,我负责厦大文化班的学生皆是雅加达各企业董事长,他们立足企业发展角度对"一带一路"倡议极为热忱,每周四小时课程,我给他们讲授中国语言和文化,他们畅谈"一带一路"发展机遇,一时间整个教室春风怡荡,此班也因此命为"雅聚"。

我看见了"一带一路"建设需求为中文人才培养带来强大的驱动力,对原有中文人才培养问题的调查和人才培养系统的调整都顺理成章,万隆劲松基金会的领导同志不厌其烦地和我详细协商人才培养的诸项事宜,万隆国际外语学院的同志们贯彻执行各项计划,事无巨细靡不用心,我负责的厦门大学项目也因此扩大了八倍之多,影响也深入到印尼教育界和企业界。印尼四年中文人才培养工作,为我的博士论文提供了深入的实践基础。

带着这些问题,我于2016年回厦门大学跟随郑通涛教授从事研究工作。如果从2010年初入厦门大学开始算起,已经是十二年时间了。十二年间,郑老师或金刚怒目、当头棒喝,或菩萨低眉、耳提面命,他谆谆教诲都为我们在学术道路上走得更加坚实。有一次郑老师突发感慨,要给我们一点人生的经验了,他说:"现在研究工作到了一个新阶段,给你们三点个人的建议:第一,就是在今后研究上要注意跨学科的视角,这个可能是今后研究的趋势；第二，要不断地学习，掌握一套系统而行之有效的研究问题的理论和方法，无论你们身居何地、身处何职，要把学习当成终身事业；第三，要珍视师长教诲和同学情谊，这是伴随终生的宝贵财富。"

我的研究正是基于"一带一路"人才需求、立足跨学科研究视野、采用复杂动态理论框架对国际中文人才培养要素进行全方位考察，对中文人才培养模式进行系统化构建。数年来夙夜忧虑，焚膏继晷、旁搜远绍，总算有了初步的研究成果，而一路走来，都是师友的提携与帮助才有了今天的成绩，无限江山，无尽往事，于我都是可感，于我都是可怀。

首先，感恩于我的导师郑通涛教授，在郑老师指导下学术研究方面已经确定了稳固的研究框架和清晰的研究方向。柏拉图说，过去和将来都不会有柏拉图的著作，所有以他署名的著作都属于苏格拉底，从这个意义上讲，这篇论文是郑老师思想和学术研究在我身上的延伸，事实上，它更像是海德格尔笔下的路标，在不断指示着我今后研究的方向，给我嬗变延续、继承发展的研究愿景生生不息的研究动力。

其次，感念于孙宜学教授、马秋武教授、张龙海教授奖掖后进、慷慨教导的精神品格，老师们学识渊博、字字珠玑，每次聆听这些都感觉如星珠串天，处处耀眼，每次都如登春台、如享太牢，实在受益良多；还有厦门大学方环海教授、朱宇教授、陈端端教授、陈荣岚教授、蒋有经教授，都在我的学术研究道路上给我诸多启发和帮助。

最后，感谢时任厦门大学海外教育学院的傅万里副院长、华文系连志丹主任、远程教学部刘强主任和研究生教学秘书王碧华老师，十多年来对我关怀备至，给我一如既往的支持与鼓励，让我体味到为学道路上无限的温情与美好；感谢我的同学和同门们，因为人数众多，恕不能一一列举，和你们的交流不但激荡了我的思想，更让我感受到大家庭般的温暖；感谢印尼万隆基金会的领导们，感谢万隆国际外语学院 Sophiani Regina 院长和同事们，感谢我负责的厦大项目中雅加达雅聚班、万隆文化班还有我带过的三届师范班的同学们；感谢我的家人和朋友的支持，让我无力时有力，不断地前行。

郭旭
二〇二二年十二月二十八日